五南出版

吳東明 著

海難事故調查與鑑識工程對策

MARITIME ACCIDENT INVESTIGATION AND FORENSIC ENGINEERING COUNTERMEASURES

EUR ING. DR. TONG-MING WU, CENG, PE.

- 大學船舶、航技、海洋交通管理與行政執法科系之教材
- 海巡執法與航運從業人員在海事工程鑑識及安全調查管理之參考

五南圖書出版公司 印行

王　序

　　政府於2010年起，以十年為期程，總經費逾新臺幣200億元，由海巡署執行「強化海巡編裝發展方案」，內容包括新建一千噸以上艦船9艘（含最大噸位，三千噸級巡防艦2艘）、一百噸級巡防艇28艘，並逐年增加海勤人力計六百餘人。我國投入可觀的經費及人力，發展海上實力，以具體行動落實「藍色革命・海洋興國」的政策遠景。

　　近年來，海洋事務在各部會通力合作下，已有長足進展。尤其，2013年4月10日《臺日漁業協議》簽署後，不但讓我國漁船作業範圍增加4,530平方公里，為漁民帶來豐沛的漁獲收入，更令全世界看見《東海和平倡議》的具體效益及可行性。

　　依據行政院組織改造規劃，行政院將設立部會層級的「海洋委員會」，為我國海洋政策的統合機關，現在的海巡署將改隸該委員會，成為三級機關。可以預期的是，隨著政策對於海洋的重視，未來海巡署的任務將更趨多元，掌職分工也將更為專業、細膩。

　　2014年4月16日，南韓籍「世越號」客輪翻覆事件，造成近三百人死亡及失蹤，舉世為之震驚。在我國，隨著海洋遊憩產業的發展，以及兩岸航線日益頻繁，往來船舶的航行安全，更是應當居安思危的課題。海巡署身為藍色國土的守護者、海域災害的救護者、海洋事務的推動者，對於應處海事案件的「量」與「能」亦須與時俱進。

　　欣聞，中央警察大學水上警察學系吳東明教授新著《海難事故調查與鑑識工程對策》即將出版，吾人早已企盼許久。蓋重大海難事故發生後，相關跡證可能隨著船舶的翻覆、沉沒而受到破壞或滅失，現場及證據保存不易。吳教授俱備船舶工程深厚的學理基礎，以及豐富的實務經

驗，專研海域執法教學工作數十載，本書兼融「科學與法制」、「理論與實證」，也展現作者的學術成就。

海難事故須經由「調查與鑑識」還原真相，除了作為保險理賠及究責的依據，更有助於預防意外的發生，知悉原因方能防範未然，健全的海難事故調查與鑑識機制，對於海事安全至關重要。希望此書能帶來廣大迴響，吸引更多先進投入相關研究領域，共同打造安全的海洋環境。

行政院海岸巡防署　署　長

王進旺

於　辦公室

中華民國一〇三年七月八日

李　序

　　東明教授畢業於國立交通大學航海暨輪機工程學系（原為航運技術學系），主修輪機工程，選修機械工程，並且同時修習航海科學，因此對於航海科技、海事安全、海難救助及海洋油污染防治等航技學門領域饒有心得，並且對於船舶輪機的熱力、電力及動力等系統機具設備知識豐富。後因自覺僅具有船舶操作使用知識，無法充份瞭解船舶工程建造設計功能之學理，於是立志投考國立台灣大學造船暨海洋工程研究所。

　　由於造船工程學科與航海、輪機學科專長科目頗有差異，惟有透過課餘自修方式學習，終於得償宿願，入學臺大攻讀碩士學位。因原本航海輪機學科知識與造船工程修習課程範圍重疊部份極近闕如，必修課程學習發生莫大困難，後經師生課外學習心理輔導，得以順利安頓學習情緒，浸泳於船舶暨海洋工程知識理論學海之中（當年是研究生導師）。最終對於船體結構強度、振動噪音，阻力推進、操縱耐航等性能理論均有所涉略，亦可稱為船舶工程理論的全面耕耘人。

　　臺大畢業後，深入認識船舶工程學理，更覺得船舶工程建造實務的重要性，於是立志服國防工業役，任職於中國造船公司高雄總廠、台北總公司及聯合船舶設計發展中心等，累積豐碩造船工程技術經驗，亦有效印證工程學術理論。早年奉經濟部國營會派赴英國公費留學，精修造船暨海洋工程，隨後獲得英國國家Overseas Student Awards及格拉斯哥大學Postgraduate Research Scholarships等全額獎學金，研究成果傑出豐碩，終於榮獲格大校教委員會一致決議，提前授與工學博士學位。紮實產業經驗加上嚴謹學術基礎，更顯其本業專精、學識淵博，更難得是有著濃郁海洋親水情感及關懷社會熱忱。

　　學成歸國後，並未隨波逐流的擠進名門大學任教，有感於傳統利用

海洋觀念，早已被永續經營海洋所替代，維護我國海洋秩序與權益日愈重要；而且台灣之利基來自海洋，災害威脅亦多源自海洋，台灣必須重新面對海洋，因此東明教授選擇到中央警察大學任教，致力於水上警察與海巡人力所需幹才培育外，另亦勤於學術研究，指導研究生對海域執法、海難救助、海事安全、海巡科技及調查鑑識等課題進行深入研究，其精闢之研究成果及其與國內外交流頻繁之心得，均透過海巡專業諮詢服務，協助政府相關海洋行政單位。

本《海難事故調查與鑑識工程對策》一書內容係屬橫跨工程及法政學門領域，分屬「海事科學」與「鑑識工程」領域，實為國內首開先例，足見東明教授的專業功力及深切用心，值得積極讚許鼓勵。同時以海事工程為基礎的航海安全、行政調查與對策建議多係參考歐盟或國際報導論文，並且蒐集船舶海難事件及鑑識工程案例，探討未來海事人員教育訓練課程的設計方針，故內容立意甚佳。

有鑑於海難事故調查對於海事安全政策的影響甚大，引進鑑識工程概念，改進海事安全實務甚為重要，亦有其必要性。作者從海事意外案件調查，至深入船舶工程鑑識，探究發生原因，進而研議有效提昇海事人員教育訓練的品質需求，該書內容編纂具有「邏輯性」與「完整性」，並且其「原創性」、「重要性」等方面亦給予正面肯定，應屬近年來海事安全調查與船舶工程鑑識領域中不可或缺的出色著作。期盼東明教授，持續堅守一本熱愛藍色海洋的初衷，再接再勵，開創國家「藍色革命海洋興國」的重要里程碑。

考試院 考試委員

國立臺灣大學 特聘教授

李雅榮

於 考試院

中華民國一○三年七月八日

李　序

　　東明教授是我「海洋人生」中的老戰友，他不僅是學有專精的船舶工程博士，也是具有產業實務經驗的學界精英，更難得的是他那濃濃的海洋情懷及科技人文兼修的學術奉獻精神。多年來他在海巡人才培育與海事諮詢領域的貢獻有目共睹，但令我十分佩服的是，他幾年來一系列有關海巡應用科技與海事安全之論著，見解之獨到、文筆之流暢，較之一般艱澀的學術論著，更能促進「船舶科技」、「海事安全科技」之再進化。

　　海洋是全球化運行的大「動脈」，而運輸科技是推動此一動脈循環之基本元素；另一方面世界上對「海洋資源」與「海洋權益」的爭奪方興未艾！船舶科技的重要更是不言而喻。但一則船在「動」、海在「動」、大氣在「動」、船上機具也在「動」、人也在「動」，所以複合性之危險無所不在！加上船舶所帶來的相關問題日益受到國際關注，從人員安全、船舶安全、機具安全、貨物安全，逐步推展到海洋、大氣污染之防治……，不僅要避免工傷、海損、機損、貨損與污染之發生，更要防患於未然。特別是我國是航運大國、漁業大國，也是海洋權益維護需求孔急的國家；但一則因為船隻的大型化、節能化與構造之複雜化，「航運技術」隨之更加複雜化，加上我國水域之海象多變，潛在的不安全因素也無所不在；二則船員正進入世代交替期，新世代船員以年輕外籍船員為多，其經驗、敬業與忠誠度均不足，工作質量安全勘慮；再則國際趨勢對港口國與船旗國的檢查要求愈來愈高。為此，東明教授將其與航運安全有關之研究成果彙整改編為《海難事故調查與鑑識工程對策》之專書，不只對船舶安全工作的落實有極大之參考價值，其對海

難事故調查與鑑識工程之事故經過、原因分析與其應記取的教訓，更是以事故、案例為實例，將之作為具主題性與活用性的培訓教材，一定能有效提高船上工作人員的技術與操作水準，讓我國海上之弄潮兒有充分而安全的揮灑舞台，裨益航運經營的永恆主題——安全！故樂為之序。

國立台灣海洋大學　講座教授
國立台灣海洋大學　校長（前）

於　研究室
中華民國一○三年六月二十三日

邱　序

　　2014年4月，韓國渡輪「世越號」（初譯「歲月號」）由仁川港駛往濟州島的途中沉沒，超過300人罹難。這艘取意「超越塵世」而命名的船舶，卻因改造、超載與突然轉向，30分鐘內翻覆，3小時後沒入「韓國第二危險的海域」；由於海難應變缺失甚多，朴瑾惠總統向全體國民道歉，並裁撤了「海洋警察廳」，職務將由新成立的國家安全部門接手。這起事件不但凸顯了航運管理的重要性，對於船舶安全設計、船員教育訓練、海難緊急救援、海難事故調查鑑識技術，以及海域風險地圖的研究等都不乏啟示。

　　2008 年11 月，巴拿馬籍貨輪「晨曦號（Morning Sun）」自新加坡前往韓國釜山港途中，風浪過大於我國基隆港錨泊區下錨避風，嗣因流錨而沿南岸航行，由於船員不諳海岸地形，以致擱淺於石門外海約300 公尺處，船艙破裂導致百噸燃油外洩，污染了 3 公里海岸。本次事故共動員11,162 人次，清除廢棄物1,061.14 噸，移除船上殘油共215 噸及清除岸際廢油水共287.5 噸，從清理、拆除到復原，時間長達半年。本人時任行政院環境保護署政務副署長，負責現場協調指揮；當時除著重現場緊急清理外，必須敦促農業委員會漁業署儘速進行求償所需的漁業與海洋資源損害之調查評估，與基隆港務局和海岸巡防署探究海難事故原因及我國雷達監控系統有否缺失，和「日本打撈公司（Nippon Salvage）」與國內海歷公司研究船體結構、殘油移除計畫和殘骸拆除計畫，以及研商保險賠償之法律責任問題。為避免前車之鑑，我們也深入討論危險海域是否應重行規劃航道、海圖標示或建立即時通報預警系統等。此一事件，讓我們充分感受到海難事件之原因、調查和處理環環相

扣，極為複雜，實需有一套完整的教案，以減少海難事故發生之機率，即時調查鑑定，從而進行損害求償。

　　中央警察大學水上警察研究所吳教授東明學經歷豐富，是我十分敬重的學者及好友，大作「海難事故調查與鑑識工程對策」一書，含括國際海難案例、海上事故調查制度、調查應用科技、鑑識分析與改進對策、船舶查驗資訊系統，並就國際海事教育訓練、船舶工程師培訓等提出探討與建言，企盼未來能建立「終身、持續和專業」之海事調查員制度，其熱誠和專業令人感佩。本書由法制、理論、技術到實踐，可說軟硬內涵兼俱、層次架構清晰、案例素材豐富，深信必能給我國海事教育提供一套因應目前急需、且能展望未來制度、詳實有用的好教材。特此力薦，並敬謹為序。

中華民國　立法院　委　員
行政院環境保護署　政務次長（前）
國立臺灣海洋大學　教　授

於　立法院委員辦公室
中華民國一○三年七月三○日

蔡　序

　　吳東明教授於民國八十二年完成英國格拉斯哥大學造船暨海洋工程博士學位後歸國，曾服務於經濟部財團法人聯合船舶設計發展中心（財團法人船舶暨海洋產業研發中心的前身），隨後受邀到中央警察大學水上警察學系任教，除致力於水上警察與海巡人力之培育外，對海域執法、海難救助、海事安全、海污防治、艦艇籌建等課題進行深入探討，並將其精闢之研究成果，透過諮詢服務，協助政府維護我國海洋之秩序與權益，並防止源自海洋的災害威脅，這種無求奉獻的職志值得讚佩。

　　東明教授的學、經歷完整，多處資訊可查，無庸在此複述，但對其致力於海巡專業的情懷與海洋安全的關懷不得不談。前些年拜讀其所著《海巡應用科技》一書，發現東明教授不但在船舶設計與維修實務的領域有精闢的研究成果，更對我國海巡人才培育及海洋事務建言都有重大的見地，為國內造船及海洋工程界少數結合產業實務與學術研究的傑出學者，也是我國海巡事務難得的專家。

　　去年拜讀東明教授的第二本書《海事安全與船舶設計》，除了精闢詳述將船舶安全考量導入船舶設計工作流程的論點，並提供若干海難事故實例佐證目前國際海事安全法規的適切性，同時也提出以風險管理為基礎的船舶設計概念，其中包括強化設計與認證作業流程、建立海事相關權責管理架構、以及開發風險管理船舶設計之典範，並整合設計、營運與法規，以改善海事運輸的安全性。

　　有鑑於國際海事船難案件發生頻繁，而國內對相關的「海事調查」及「鑑識工程」等海事科技專業領域尚待琢磨，東明教授以其多年的相關教學與研究經驗，著作《海難事故調查與鑑識工程對策》專書，論述

海難事故發生後調查與鑑識的策略思維與實務程序，期盼以瞭解事故發生的種因預防未來相同事故的再次發生。另外，針對實務上處理海難事故所衍生的法律責任、執行國家管轄的法理基礎，本書比較分析先進海事國家的海上事故調查制度與執行現況，對海上事故調查的依據及現代海事科技的取證方法等面向加以探討，進而提出若干有關海上事故調查制度的建議，為我國航政主管及海巡執法機關的重要參考資料。

由於海事安全生態環境改變迅速，往往超過經驗取得與累積的速度，因此系統性歸納彙整海運意外事故的不定期偶發因素，及推測現今所需專業知識，在許多船運大國都積極開展。其中許多重要議題以及實際海難事故解析，本書均有詳細的論述，建立了海事安全與船舶運維、人員訓練等關聯性理論的基礎。

本書理論與實務並重，為我國海運、海巡科技的重要著作。欣見本書出版，相信能帶給國內船舶產業與海巡機構之創新思維與卓越見解，也誠摯的希望本書能成為台灣海洋發展策略的重要文獻，更能成為海運、海巡教育訓練的重要資料。最後祝福東明教授，繼續本著熱愛海洋的初衷，再接再勵成就國家海洋興國的使命。

財團法人船舶暨海洋產業研發中心　董事長
美國俄亥俄州州立大學　教　授

蔡宗亮　博士

於　中心辦公室
中華民國一○三年七月十一日

邊　序

　　初識東明是民國八十三年秋天，好奇的是他擁有傲人的學經歷，為何來警察大學水警系謀職？我們在福華飯店談得很融洽，感覺到他有潛在的警察意識，時任水警系主任的我，慶幸為系裡找到必要且充分的好老師。

　　東明教學生涯二十餘載，以校為家，循循善誘，不慍不火的親子作風，形成亦師亦友的開明景象。擔任系主任期間，將水警研究所分為科技及法制二組，走向專業化道路。記得他卸任行政主管後，我倆曾相互鼓勵為建立海巡學術體系而努力；自2010年始，先後推出《海巡應用科技（2010）》及《海事安全與船舶設計（2012）》，今年（2014）再度推出新著，不由感嘆的說，廉頗是我，他乃常山趙子龍也。

　　談鑑識工程（Forensic Engineering）必追溯其母體——鑑識科學（Forensic Sciences）。歷史悠久而享譽全球的「美國鑑識科學學會」（American Academy of Forensic Sciences）設有十一個學術研討組，分別為刑事鑑識（Criminalistics）、文書鑑定（Questioned Documents）、毒物學（Toxicology）、數位及多媒體科學（Digital Multimedia Sciences）、工程科學（Engineering Sciences）、法理（Jurisprudence）、法齒學（Odontology）、病理／生物（Pathology/Biology）、人類學（Physical Anthropology）、精神病學／行為學（Psychiatry /Behavioral Sciences）、及一般（General）。由上可知，鑑識科學既廣且深，而鑑識工程是它的一個分科（Sub-field），不論民事或刑事，都需要它的服務。

　　台灣是小而美的島國，海難事故頻仍，民國101年交通部成立航港

局，同年頒布「海事評議小組設置及評議作業要點」，其實效尚難評估，唯海難事故與鑑識工程之研發乏人耕耘確是事實，東明教授乃第一人也。其次，配合警大豐富資源及校務發展。目前中央警察大學鑑識科學系所，除設有碩、博士班外，傑出校友馳名國際；今年警大設置警察科技學院及警政管理學院，而水警及鑑識均隸屬於前者，東明教授率先研發鑑識工程，除開拓水警研究所科技組新領域，並且在警察科技學院的整合下與名滿全球的鑑識科學系所合作，可謂是得天獨厚的基礎條件。另外，根據「行政院海岸巡防署海洋巡防總局組織條例」第二條第三項第二款規定：海上船舶碰撞及其他糾紛之蒐證、處理事項。如此，發生船舶碰撞及其他糾紛，海巡或水警人員（包括鑑識人員）必須迅速趕到現場救難、蒐證、及處理，故研發及培育鑑識工程的迫切需要，其理甚明。

　　最終正值行政院組織再造之際，期許東明教授，持續一本熱愛海巡國安的初衷，再接再勵，開創國家「藍色革命、海洋興國」的重要政策里程碑。

大連海事大學法學院　訪問學人講座

行政院海岸巡防署海洋巡防總局　副總局長（前）

中央警察大學　警監教官兼系主任（前）

於　淡水　寓所

中華民國一〇三年八月十二日

于 序

探尋真理、征服海洋

古人教育，以讀史為核心，因為知古，乃得以鑑今。

在人類挑戰大自然、企圖征服海洋的歷史中，有數不盡的挫折、災難與悲劇。由錯誤中學習，是一個沈痛但多少難以避免的成長過程。吾人於震撼於悲劇之餘，最應警醒的，是我們是否已深入了解事故、失敗的原因，而以之為教訓，修改產品的設計、加強人員的教育訓練，並制度化，使之能融入我們的系統，成為本能反應？

船舶相關的法規與安全管理制度，就是循著這樣的痛苦教訓，逐步演進而來。最為大眾熟知的，就是一九一二年的「鐵達尼號」的故事，此一慘痛的悲劇，由於小說、電影的影響，知名度歷百年而不衰；而深入探究事故原因的調查與研究，竟也是熱度不減，由事故甫發生後英美兩國的官方調查，到一九八五年深海潛艇發現沈船遺跡後，帶起又一波的研究發現，直到今天民間學者專家的研究仍在持續，並著有值得參考的新發現與觀點誕生。

然而一般社會大眾所不知道的是，「鐵達尼號」也直接促生了海上人命安全國際公約；這第一部關係海運安全的公約，百年來相當深遠的影響甚至形塑了現代商船；並隨著許多重大事故與科技的進展，持續更新。到今天，海上人命安全國際公約的規範，涵蓋了由船舶結構、完整與破損穩度、水密隔艙、航行操控、防火、消防、救生、逃生、通信、航儀、乃至特殊危險貨品的運輸、船上安全管理制度、甚至反恐與保全措施等各方面。新科技如衛星通訊、定位、電子海圖等，也與時俱進地納入公約之中。

　　一件慘痛的悲劇，產生如此深遠的遺敘，雖是啓始於人們在冒進之後亡羊補牢的後見之明，但由此促使海運界建立防患未然的安全意識，也算是人類文明的一項進步，而可瞥見人性良善的一面了。在海運這個領域，國際海運社會確實是很認真的在錯誤中學習與進步。

　　本人服務於驗船協會，驗船師的工作與專長，基本上是環繞著「海運安全」；事實上，世界各主要驗船協會，都是為了這一個目的而存在，尤其是國際海運所關係的船舶安全與人員操作；驗船協會的船級法規、驗船師的檢驗、稽核、與所製發的船級與法定證書，都是在預防、避免事故發生。整個船舶檢驗體系是植基於對於過去事故的分析，從錯誤中學得的寶貴教訓，建立規範與制度來避免重蹈覆轍。

　　《海難事故調查與鑑識工程對策》，集海事相關知識與技術的大成，這是一部吾人、台灣海洋運輸相關產業的從業人員，都可以引以為傲的鉅著。這不是一本寫給一般社會大眾輕鬆讀的書，但由於其豐富、廣博而架構完整的知識，對於海事從業人員、驗船師與相關學門的學生而言，則是非常寶貴的工具書與參考書。

　　吳東明教授，是我欽佩的學長與前輩。近四十年來專注於在台灣非常冷僻的海洋事務與船舶工程領域，並投身教導及引領後進，在孤獨的學術研究中，始終堅持理想。我謹以這篇短文，向這位執著於傳承、探尋真理的孤舟勇士致敬；並期待年輕學子，由研讀本書之中，一窺吳教授的睿智與風采，以之為典範，效法他寬廣的視野，而懷抱高遠的理想，勇敢投入海洋產業。

法國驗船協會台灣分會　總經理

于家成

於　辦公室

中華民國一○三年七月十一日

自 序

　　職早年服工學院研究生轉服國防工業役，接受國防部陸軍砲兵飛彈學校分科訓練，結訓後退伍轉服中國造船股份有限公司（CSBC）初任助理工程師，從訓練中心、電銲切割工場實習生做起，現場施工、設計繪圖、工程管控、品質保證、業務談判、專案管理、新船試航、修船承攬，乃至國際訂單洽辦等工作，頗有完整學習船舶工程實作訓練經歷。在完成英國造船暨海洋工學博士後，回國服務於經濟部財團法人聯合船舶設計發展中心（USDDC，現為船舶暨海洋產業發展中心；SOIC），擔任經濟部技術處「產業科技資訊服務專案計畫」（IT IS）的船舶產業技術輔導專責工作，足跡遍佈全台大小型造船工廠及遊艇公司等，從而接觸船舶工程設計、市場研究、產業研發及輔導推廣等船務管理工作。

　　承蒙前中央警察大學水上警察學系邊主任子光先生抬愛，邀請擔任系定「造船工程學」課程兼任教師，忝受已故丁所長維新先生賞識，隨後辦理試講晉用，從而開啟進入誠園警大服務的機緣。回顧水上警察學系大學部、二技班、研究所，乃至開辦科技與法制分組歷程，從艱辛生澀、逐漸邁步成長，業已擔負培育我國海巡行政執法幹部的神聖使命。由於任職中央警察大學，係以法政專長著稱，對於科技工程背景的我，缺乏同儕協助及設備支持，因此晉升教授三送三退過程更是備感艱難困頓。無論如何，「理工為本、文法為輔」，淬礪耕耘，屢敗屢戰，終於皇天不負苦心人，完成升等教授宿願。隨後承蒙蔡校長德輝博士不棄拔擢擔任水上警察學系所行政主管，進而學習校內行政事務管理工作，歷練校外行政機關業務協調折衝經驗。接受自然科學的工程科技微觀訓練，浸泳社會科學的文法行政宏觀薰陶，從而豁然開往怡然自得。

其間參與保七總隊、水上警察局、海岸巡防署、行政院研考會及各部會等行政機關的行政折衝實務磨練，並且利用學校寒暑假機關訪查機會，進行海岸巡防署及所屬岸洋總局單位的學習參訪活動，廣結海巡岸洋總局同仁善緣，探訪長官及畢業同學們，藉以聯繫情誼及熟悉海巡勤業務內容。進而參與考試院所轄國家公務、海巡、關務、港務、警察及航海人員特考典試、召集人、題庫召集及行政院所屬部會審查等委員事務，經歷財團法人高等教育中心的大學評鑑、國內各海事大學自我評鑑及教師新聘、升等外審等委員職務，略有累積若干相關學術行政管理的成長學習訓練經驗，從而文治武功自然頗有心得進境，此刻應懷抱服千萬人之務，造千萬人之福的氣度胸襟。

承蒙謝前校長銀黨先生關懷厚愛，得以卸下學術行政主管職務，完成階段性的行政歷練，進而得空申請教授休假研習計畫。在經過專任教授休假的韜光養晦洗禮後，自應將先前努力成果，深切反省檢討，沉潛收藏歸零，進而人生回歸原點，重新定位出發，思索下一階段的人生事業研究發展方向，並且為未來工作立定生涯規劃目標。幾經審慎思量，於是擇定「海事安全」、「艦艇籌建」、「海上交通」、「海難救助」、「海污防制」，及「海巡勤務」等海洋事務工作領域，以為個人終身學習及永續研究奉獻職志。作育海洋事務英才，協助推展海巡行政，於是首次嘗試「海巡應用科技」專書出版發行工作，順利完成分享海事同好，實踐立德、立功、立言等三不朽，追求身心恬淡自適、精神寧靜致遠的終極境界。

當歷經半生學術與實務的鑄煉，復歸於平靜之際，心中猶抱「皇天后土、吾土吾民」的熱忱，學以致用、服務人群、報效國家的初衷，依然浮沉於午夜夢迴，赤子丹心亦仍澎湃激盪。惚惚歷經近四〇年的軍、文、警三種不同組織文化薰陶，融會學習異中求同，袪蕪存菁、饒有心得，自成「當思弱水三千，取一瓢飲，足矣」隨緣態度。正值行政院組

織再造，新設「海洋委員會」，主張「藍色革命、海洋興國」的海洋政策時，大丈夫身逢此時，備有多年海洋學經實務職能，自當戮力以赴，貢獻國家社稷，服務社會民眾。然迄今半生蹉跎，壯志未酬，目茫體衰，「廉頗老矣，尚能飯否？」惟誓願自我淬礪，日新又新，持續深耕海巡事業，實現生生不息、共生共榮的藍海政策目標。

　　台灣四面環海，東臨太平洋、西接台灣海峽、北靠東中國海、南倚巴士海峽，二○○浬專屬經濟海域分別與日本及菲律賓等周邊國家海域重疊，海洋權益主張互相衝突，導致海域爭議不斷，確保藍色國土安全更形重要。由於地處東南亞通往東北亞的海路要衝，商船運輸、漁船捕撈、客輪遊憩及海洋工程等海事活動頻繁，貨輪觸礁擱淺、碰撞起火、機件故障及破損溢油等海難案件亦層出不窮、時有所聞，諸如「可倫坡皇后號」貨輪失去動力擱淺、「頂點號」化學輪進水擱淺、「太平洋一六八號」漁船碰撞沉沒、「晨曦號」貨輪擱淺溢油污染、「吉尼號」貨輪擱淺溢油污染、「觀光號」交通船失火，及「阿瑪斯號」貨輪擱淺溢油污染等，因此確有必要審慎研究「海事安全」議題。

　　概括而論，發生海事船難案件的主要關鍵因素有「船舶」、「船員」及「海洋環境」（即天候及海況）等三項，尤以「船舶」要素影響為鉅。倘能完成優質安全性設備的「船舶設計」，即時有效暸解天候及海況等海洋環境，透過嚴謹「安全性設備」的船員職能訓練，應可有效降低海事船難案件的發生機率，提昇維護高度「海事安全」成果的可能性。因此在完成第一次教授休假後，訪視國內海事專業圖書資料庫中仍未見相關「海事工程」學術書冊出版，因此再次嘗試彙整多年「海事安全風險管理」及「艦艇籌獲工程設計」的研究學習心得，撰稿著書，倖得「國家科學發展委員會」的專業誠摯推薦，「國家教育研究院」的審查委員們精闢指導主編，終可順利完成「海事安全與船舶設計」專書出版發行工作，以供海洋事務志業先進同好分享及研究酌參為禱。

　　歷經英國石油公司所屬墨西哥灣「深海視野號」油井爆炸溢油事件，嚴重污染海洋環境，造成海洋生物浩劫；日本福島核能電廠輻射外洩及海嘯衝擊等重大海洋災害事件，造成無可彌補的生命財產及環境資源損失；時至西元二○一四年，南韓「歲月號」駛上駛下客貨多用途渡輪，在濟州島附近礁石海域觸礁翻覆沉沒，造成三○○餘人喪生事件，朴瑾惠總統下令撤除「海洋警察廳」海上執法機關。綜觀近年來所發生海上重大災難事件，皆不難見到海巡機關所屬工作團隊，奮力投身海難救援協助行動。雖此時職擔任教授工作已居雙十歲月，仍嚴以律己自強不息，因此再次激勵自己戮力朝向海巡工作中更荒涼、更艱深及更尖端的「海事調查」、「鑑識工程」及「海事教育訓練」等海事科技專業領域耕耘，椎心刺骨般的沉潛淬釀，再次投注「海難事故調查與鑑識工程對策」專書出版發行工作，藉以烙印個人在海巡專業領域自我學習旅途的成長歷程之航跡圖騰。

　　在海事學術及實務研究的工作歲月中，感謝前國立交通大學航運技術學系主任沙允仁教授（船長）的專業引航、前太平洋航運公司船長沈繩一教授的耐心指教、前輪機工程學系李永忠教授的耳提面命、故長榮海運公司輪機長楊仲箎教授、李鑫泉教授的深入淺出，前國立臺灣海洋大學校長李國添教授的禮遇重視，國立高雄海洋科技大學校長周照仁教授的殷切期許，前海運學院院長周和平教授的鞭策誘導、前運輸暨航海科學系主任廖坤靜教授的引領提攜、前商船學系主任林彬教授的愛護支持，前交通部航港局局長黎瑞德先生的相持相勉等，得以在「海事安全」領域略有耕耘成果。並且在「船舶設計」工程學術領域中，師承前經濟部財團法人聯合船舶設計發展中心執行長張達禮教授、中信造船事業集團資深船舶設計顧問陳信宏先生、前國立臺灣大學工程科學暨海洋工程學系所（即前造船工程學系所）陳義男教授、李雅榮教授、前中正理工學院造船工程學系所陳生平教授等潛心教導，從而開拓個人造船工

程領域的驚世傳奇旅程。在緬懷得以接受我國航海技術、輪機工程、造船暨海洋工程等專業領域的碩儒大師賜教指導之餘，爾今期許自能站穩雙腳，獨步邁向創新的海事專業領域，並且審慎地創作撰稿完成「海難事故調查與鑑識工程對策」專書定案，藉以不負眾家師長先進們的多年諄諄鞭策教誨情誼。此處概括介紹本書各章節內容如后。

在第壹章中，談及在過往時代中，有關「海事安全性」議題上，業已展現極為豐碩且多樣化的研究論文成果。無論如何，截至現今仍未曾針對前述研究文獻內容，進行全方位綜合性的再檢核研究，藉以歸納彙整海運意外事故的不定期偶發因素，及推測現今所需專業知識。在本章中，審視有關安全性的研究文獻後，可概分為三個重要領域，即為海事意外事故的主要議題、人為過失因素的影響，及促使海運更為安全的干預調整措施等。

同時本文總計回顧檢核二○項相關航海領域的研究工作成果，其中包括有海上工作人員的疲勞狀態、工作壓力、身心健康、情勢認知意識、團隊合作、決策下達、人際溝通、自動化技術，及安全性文化等。並在海運意外事故方面，該複審工作確認個人及組織等因素，所呈現的顯著影響效應，並且亦陳述先前研究成果的相關研究方法議題。在本文中所說明有關「人為因素」議題的監視及減緩工作內容，總括對於現今海事安全性的成果表現，作出相當重要貢獻。對於海上航運產業衝擊而言，本評論闡述在現今海事案件中，人為因素係極為普遍盛行的重要探討議題，再者此亦給予海運業界人士一個斟酌協調的聚焦熱點。

在第貳章中，討論在西元2011年2月11日18時39分，在英吉利海峽距Start Point港南方二十九浬處，馬紹爾群島籍Boxford貨櫃船和英國籍Admiral Blake漁船發生碰撞。Admiral Blake漁船兩名漁工被彈出落海，隨後被安全救回。Admiral Blake漁船嚴重毀損，必須被拖曳往英國普利茅斯港。依據英國海上事故調查局（MAIB）的調查結果，確認Boxford

貨櫃船的駕駛台人員直到碰撞不久前，才察覺到Admiral Blake漁船的存在。目視及雷達守望皆未發生有效作用，而船長或可能因疲勞因素，未能準確評估漁船的接近及移動情形。最終發生危險的操船行為，導致碰撞結果。

倘若Admiral Blake可持續發送「船舶自動識別系統」（AIS）訊號，Boxford船長或可能及早察覺漁船的存在。這將可能使其有更多的時間，準確評斷狀況，並且採取適當行動。最終一份建議報告業已完成，提供Boxford船舶負責人，要求強化其所屬船隊駕駛台的瞭望當值之標準。另外亦提供Admiral Blake漁船船主，督促其多多操作船上AIS系統，發送航行安全訊號。

在第參章中，觀察歷年案例發現船舶碰撞案件具有高度涉外性及複雜性，常伴隨著人命傷亡、海洋環境污染及船貨損害，進而衍生行政、刑事及民事等責任。諸如碰撞兩方分屬不同國籍，更牽涉國家管轄權限問題，再者碰撞海域如在國際法中所規範不同海域，亦有不同法律適用的情形。

海上船舶碰撞事故的處理，不僅須重視搜救成效，對於蒐證技能的提昇與事故原因的調查分析更是不容忽視的事項。隨著現代海事科技設備的日新月異發展及海上安全管理的強化，「事故調查」成為海上交通安全管理的一個不可或缺之重要環節。透過事故原因分析的提醒及建議，有助於預防海上事故的發生。綜觀世界其他海運先進國家皆有其相關專責調查機構，負責實施獨立性質的事故調查及鑑識作業，藉以瞭解還原事實真相。

本章針對實務上處理船舶碰撞所衍生的法律責任、執行國家管轄的法理基礎，延伸至英、美、加、日等國際各先進海事國家的海上事故調查制度與執行現況比較分析，最終對於海上事故調查的依據及現代海事科技的取證方法等面向加以探討，進而提出若干有關海上事故調查制度

的建議，以為我國航政主管及海巡執法機關的施政參考應用。

在第肆章中，論及曾經遭遇火災或爆炸所損壞、遭逢機械故障，或是發生過若干意外事故，導致人身傷害，或者財物損失等船舶，幾乎經常是海事調查案件的主要課題，藉以確定其發生的根本原因及重要引致因素。在本文中，對於海上意外事件的調查過程被詳細描述，其中包括為求進行一件完整的調查工作，而被經常應用所需的專業技能與特殊知識等。透過若干案例調查的應用，結合海事、機械及材料冶金等測試與分析工作的共同協力合作實務亦被討論。基本上，許多工程應用的訓練法則，必須被重新創建出事件的連續次序過程、涉及的零組元件，及極為可能的引致原因等。諸如工程維保、控管、設計，及「故障安全防護效能」等議題，皆包括在海事及機械專家領域之中。有關故障類型的判定、腐蝕作用角色、因熱效應所致功能降減，及材料擇用等相關議題通常會由材料冶金專家，進行評估作業。設計、材料擇用及零組件製造方式等，皆可能成為關鍵重要的討論議題。

在第伍章中，說明觀察歷年案例發現船舶碰撞案件具有高度國際性及複雜性，常伴隨著人命傷亡及海洋環境污染等，進而衍生行政、刑事及民事等責任。倘若碰撞雙方為不同國籍，勢將涉及國家管轄權限問題，再者碰撞海域在國際法中所規範不同海域，亦有不同法律適用的情形。

海上船舶碰撞事故的處理，不僅須重視搜救成效，對於蒐證技能的提昇與事故原因的調查分析，更是不容忽視的事項。隨著現代海事科技設備的日新月異發展及海上安全管理的強化，事故調查成為海上交通安全管理的重要環節。綜觀世界其他海運先進國家皆有其相關專責調查機構，負責實施獨立性質的事故調查，以瞭解還原事實真相。

因此在本章中，針對實務上處理船舶碰撞的法律責任、執行國家管轄的法理基礎，進而探討國際間海上事故調查的制度與執行比較，最後

對於海上事故調查的依據及現代海事科技的取證方法，諸如岸際雷達、漁船監控系統、自動識別系統、船舶航行數據記錄器及碰撞跡證比對等「海事鑑識」工作層面加以探討，進而提出若干有關海上事故調查制度的建議，以為我國航政主管及海巡機關實施調查工作的參考。

在第陸章中，說明在西元2011年4月9日清晨04時53分，在愛爾蘭海的英國曼尼島南方六浬處，直布羅陀籍Philipp貨櫃分送船與英國籍Lynn Marie扇貝採撈漁船發生海上碰撞事故。所倖是最終未發生任何人命傷亡及海洋污染情形，然而Lynn Marie扇貝採撈漁船嚴重毀損，被拖帶至英國曼尼島的聖瑪莉港。在兩船碰撞事故發生後，Philipp貨櫃船並未立即停車，「當值船副」及船長亦皆未與Lynn Marie漁船進行通聯動作，以確實瞭解該漁船是否需要若干必要協助。依據英國海上事故調查局調查結果，確認Philipp貨櫃船駕駛台當值船副，未能適當評估與Lynn Marie扇貝採撈漁船發生碰撞的潛在風險，並且其所試圖規避漁船碰撞的處置作為，與「國際船舶海上避碰規則」所要求者相違背，最終發生危險的操船作為，導致兩船碰撞損壞結果。該Lynn Marie扇貝採撈漁船駕艙當值船員亦未能及早察覺Philipp貨櫃船改變航向接近，並且不知兩船碰撞事故即將發生，直到沒有足夠的安全前置時間，以採取適當有效的避撞操船作為。

最終海事調查報告具體建議Philipp貨櫃船經理人，必須提昇其駕駛台負責瞭望「當值船副」的專業職能。並且確認船上所裝置的航海及避碰輔助設備，可以被有效使用，發揮其應有功能。根據「英國海事調查局」所發佈海事安全調查報告，得以深入瞭解海事案件調查及報告記錄的內容格式，以為我國海事主管及執行機關同仁參考應用借鏡。並且為求前瞻應付未來我國周遭海域可能發生的重大海上災難事件，預先建置適時適切的處變反應能量，提供若干海事行政處置權責機關的短中長程可行改善對策建議。

在第柒章中，敘述「船舶查驗資訊系統」設計建置的主要目的係利用視覺化的系統設計與資料庫，對於船舶查驗資料的管理維護，藉由簡易方便的查驗工作操作介面，提供港口國查驗人員更迅速及正確等工具，以進行外國籍船舶的查驗作業。在我國積極規劃相關港口國管制事務之際，如何結合現行日漸強大的電腦處理功能，建構一套船舶查驗資訊系統，藉以有效提昇未來入出港船舶管制作業的查驗效率與工作能量，正是本文的主要探討目標。在本章中，業已研發一套船舶查驗資訊系統雛型，可以進行「船舶檢查實務」作業，並且獲致合理滿意結果，勢將有助於我國區域性港口國管制工作的具體實踐。

在第捌章中，談及現今複雜、先進科技的船舶及系統設備可謂日新月異，可能出現許多有關教育、訓練及職涯開發等挑戰。在船員進用及訓練等方面，船東或船舶經理人等皆應義不容辭地採用最佳產業標準，並且確認船員接受適合職務工作所必需的訓練，即包括有技術性複雜及多法則系統的操作及維保工作等。在現今財務窘困年代中，實務作業上極易將教育、訓練及職涯開發等工作，移出優先工作計畫時，無論是在海上或在岸上等工作崗位，均呈現嚴重的人力資源短缺問題。無庸置疑地，其終將導致海上從業人員的專業職能標準下降現象萌生，並且造成海上意外事件數量遞增惡果。

在學習過程中，職能評量的重要性必要被充份理解，並且在相應於模擬機及講習課程等標準的過程量度被視為重要時，透過學習後的職能評量工作將是更具關鍵性的。該海事進修課程擁有學理講授與學習、專業發展及教學實務等三個模組。並且海事教育訓練的進修研究課程證書被設置，以提昇教學品質標準。

該「持續專業發展」系統係為英國皇家航海研究院新近推出的嶄新網路學習系統，其應可與「職能管理系統」相輔相成：前者可使個人針對其任務目標所需，有效管理必備職能知識，然而後者可有效管控公司

員工的整合能量，確認其能順利達成指派任務工作。英國「海上意外事件調查局」業已發佈一套「安全飛航家」的課程，藉以向船東宣導，強化意外事件經驗的學習功效。國際海事組織將「人為要素」納入其會議議程中，設置「人為要素」工作小組，專責討論「人為要素」所造成的影響效應，及避免與「人為要素」相關聯的意外事件，以彰顯其在高階海事教育及訓練領域的重要性。

在第玖章中，敘述驗船師和檢查員所必需擁有的學理知識、技術職能及人格特質等要項是繁瑣且多元化態樣的。為達成此一目的，其必須擁有「海上工作」的良好知識，應該擁有海上工作的資深職務經歷，如此才能應用技術職能，執行其專業判斷做法。同時其不僅必須擁有現行的相關法規知識，亦要瞭解最新的科技及該科技如何應用在船上工作等。針對「人因要素」能力的基本底限要求，遵循驗船師所需的知識、技能及特質等研究分析結果，一套合適的訓練養成課程方案業已被建議提出。首先，一套搭配有線上評估功能的人因要素「E化電腦學習課程」將被開發出來，藉以提高產業人士的認知意識。在英商石油公司案例中，當其登船執行船舶及其操作的量化風險評估工作，藉以決定潛在貨物海上運輸商務的風險等級是否可以接受，不同的看法正是「人因要素」的典型表徵。船舶檢查員執行一貫平等處置方式所得的益處，正是一套獨立自主且饒富經驗的審視方法，藉以協助管理產業界所面對的風險狀況。

當然在船舶檢查需求範圍中，並非所有驗船師均需俱備所有技能，正如評估船艙櫃內塗裝狀況所需的性格氣質及技術能力，既不與分析相關燃油貨物污染的文件，亦不與評估航海實務及機器事件等能力相互重疊。然而獨立自主、誠信正直及追根究柢精神等，正是必要且不可或缺的特質。在西元二○○九年間，挪威船級協會研發出一套稱為「速悉」（SuSi）的船舶檢驗模擬機，現已被安裝至筆記型電腦上，數以千計的

檢驗發現及壞損案件等成果，均已彙錄於其所屬知識庫中，藉以檢測驗船師對於法條規定要求、專業術語及報告製作等知識程度。

　　未來將有持續增加的技能需求顯現，即是每位工作人員將在有計畫及特別專注氛圍下，接受訓練及獲得某些技能，因此「終身持續專業發展」業已成為所有驗船師工作生涯中，不斷力求精進的專業特徵。在其訓練課程內容中，備有無價寶貴的技巧，藉以培養驗船師俱有針對訪談潛在見證人的較佳訪談技巧及工作指導原則，並且改善提昇資訊蒐集的技巧方法。前述所及訓練技法均需要增加訓練工作項目，「終身持續專業發展」是必要的，並且應該注意相關法規的修改變動情形。稽核員進行海事勞工檢查工作時，應該不僅要注意符合海員社會及從業權利的明顯可見證據，亦應該察覺諸如海員的文化、看法及信仰等有關海員福利的隱藏因素。「國際海事組織」福亞查汀先生提及：「船上安全性的標準，不僅是依靠船舶的健康狀況，並且更為重要的是，負責操作船舶的海員健康情形。」賴比瑞亞在執行海事勞工檢查作業時，特別注重「人因要素」議題，以確保海員工作所應獲得法定合理的從業權益與福利。

　　在此對於船級協會所屬驗船師的基本知識、職業技能及人格特質等，均作一概括性敘述。同時對於公司船舶檢查員、行政機關港口國管制官員、互保公司所屬驗船師、海事調查員、海事調停員、諮詢顧問、專家證人及權責稽核員等所應接受執法及技術等職能提昇的「線上訓練課程」，亦有相當說明可供參考，足可為未來海巡機關擴展海事案件處理的法定業務，預作人力資源的教育訓練規劃。

　　在第拾章中，說明海事大學相關科系的講師亦應如海員般，備有適格海事專長認證，據以受聘教授海事專長職能課程，並且擁有對於現今船上作業內容及船上最新應用科技等最新評鑑能力。對於「人因要素」議題，海事教育訓練師資人員必須俱備認知警覺，因為其將會影響船舶的設計、管理及操作營運等，並且其必須熟知人員與人員、人員與機具

裝備，及人員與船機系統等工作介面間，是如何互動運作的。惟僅是一個擁有豐富經驗的海上船員，尚不足以成為一個優秀的教學師資及訓練教官。因此一套全新的教學技能必須被開發出來，藉以彌補在海上所學航海技能的不足者。

　　海事教學講師必須調整其教學重點至受訓學生實際操作些什麼，及其如何進行學習活動。與其是單向的課堂上「填鴨式教學」方式，最好給予受訓學生們一個模擬練習機會，藉以激發學生必須自主研究思考。在更為現今的時代中，該課程規劃必須更進一步擴展延伸至含括一些非技術性的能力，諸如領導統御、管理及文化認知意識等課目，更加強調於「以學生為中心」的教學方式。這些能力無法經由課堂講授學習而獲取，其必須透過實務工作經驗而得到，因此海事教學師資人員的工作職責，即是必須創造合適的環境機會，藉以引導學生們獲取這些工作經驗。其中有關俱備適當的專業資格部份，係指能夠知道現今船上科技設備的最新狀況，因此「重新上船航海溫習」期間正是確保與時並進的最佳方式。

　　當首次學習該教育訓練的技巧時，吾人所學得的重要訊息即是：「充份準備」正是成功講授一門主題課程的關鍵元素。另外一個學習的關鍵概念，即是「從知道的到不知道的」。其意謂是訓練講師應該進行課程內容教授，並且引領受訓學生們從其已知的事物經驗，到達新增陌生的知識職能之目標旅程上。同時，「領導統御」技能的密集訓練亦與「船舶工程」或航海技能等訓練開發般同等重要，因此激勵人員士氣及卓越領導統御等現代方法亦是未來講授課程的重要內容。

　　對於一位海事教學講師而言，持續不斷地更新其專業技術知識及瞭解最新技術發展情形等，是必要不可或缺的，不僅是輪機工程、船舶建造、海上航行及「海事鑑識」工作發展，及日常海運商務等技術要素，並且對於社交聯誼及職業技能等面向亦是不可被輕忽低估的。在船上人

員實施緊急疏散行動時，「語言與溝通」等議題亦顯重要，尤其是在傳達清晰及簡明指示給予旅客們時，該「人因要素」的重要性更是清楚顯見不過的。最終提供若干建議，以為海巡機關推動海巡人員海事職能自行發證之際，更應審慎研議設置海巡航技職能的教育訓練機構、師資課程、實習艦艇、品質管制及績效考評等項目參考。

　　在本書孕育撰稿產出過程中，感激海岸巡防署王署長進旺先生的誠摯啓發與諄諄鼓勵，從而激起海巡志業的任重道遠熱忱，鄭副署長樟雄先生的海巡核心要務指教與心得分享，漸次開闊海域執法、海事服務、海洋事務視野，前任海洋巡防總局林總局長福安先生及現任李總局長茂榮先生的無限關護與無比信任，得以熟稔海巡勤業務與船務監造維修管理工作，進而不定期巡迴訪查各級海巡勤務局隊單位，累積終生受用不盡的難得海巡實務經驗，亦印證於海洋科技、海洋法制、公共行政及安全管理等各領域學理之中。甚者現任海岸巡防總局楊總局長新義先生的親愛精誠與袍澤情誼，得以恣意巡迴訪查各岸巡勤務局隊單位，進而粗略認知岸巡勤業務的經理內涵。此外，更蒙前任人員研習中心胡主任意剛先生、殷主任維偉先生，及現任石主任大誠先生等不棄特邀，擔任岸巡各級班隊「海巡應用科技」課程講座，更是銘感肺腑。

　　感激與海巡署海洋總局高雄海巡隊分隊長陳致延先生的多年難捨師生情緣，從水警四年制大學部正科乃至水警研究所進修期間，亦步亦趨、並肩奮鬥，創造驚人豐碩的論文研究成果，尤以在大學及研究所期間，即精彩發表多篇期刊論文，並且應海岸巡防署正式邀請，進行「海巡論壇」專題演講，展現高度海事專業職能素養，誠屬絕無僅有、難能可貴的海巡新生代。因此藉此機會記錄此段亦生亦友的特殊「麻吉」情緣，並且衷心期陳致延賢棣謹慎持續不斷努力精進，追求個人更大更高更遠的人生目標，開創專屬輝煌的鵬程宿願。

　　感謝五南圖書出版公司審查小組成員的精闢意見指導及專業誠摯推

薦，編輯工作團隊同仁的熱忱相挺及耐心協助，使得本書可以順利付梓發行。同時誠摯感念已故中央警察大學水上警察研究所所長丁維新老師的諄諄教誨，前海洋巡防總局副總局長邊子光老師的知遇栽培，前水上警察學系主任陳佳德老師的公務教導。另有海洋巡防總局歐凌嘉隊長、黃宣凱科長、葛錫安艦長、張育嘉艦艇大副及許智傑艦艇大副等，亦生亦友般地鼎力協助，整理海巡「海事安全」科技新知，並且朱振良組長、洪伯昇隊長、李松樵組主任、王需楓專員、陳致延分隊長、李孝勇少校教官及林智明少校教官等，相互交流「海洋溢油污染應變」、「海難事故搜索救助」、「海事調查暨鑑識工程」及「海事人員教育訓練」等海巡科技知識，進而分享共同海巡專業學術研究的輝煌成就。更應真誠感激中央警察大學師長同仁們的關懷愛護，水上警察學系所同學們的熱情鼓舞，海岸巡防署、海岸巡防總局及海洋巡防總局等各級長官及好友們的長年不棄提攜勉勵。

再值鳳凰花開、驪歌高唱的學子畢業飛揚季節，衷心感激夫人靜蓉本可順利安享退休生活，卻能割捨默默承擔教養子女教育生活的重責大任，及一雙子女寶貝負責努力的快樂成長相伴相隨，祝賀夫人應可在今年暑假幼子順利升學高中後，功德圓滿榮退三○餘年的偉大師鐸職涯。敬謝天恩寵幸賜福，祝賀愛女玉惠完成國立臺灣大學醫學院藥學基礎教育，獲頒社區藥局實習成績優良獎，順利考取臺大臨床藥學研究所，在校期間參加學校研究生甄試，獲選教育部「補助大學校院優秀學生國外研修（專業實習計畫）計畫」經費支援，派赴美國康乃迪克州霍特福德醫院（Hartford Hospital, Connecticut, USA）參與臨床藥學部訪問實習學程，返國後獲選教育部「國外專業研修報告撰寫」佳作獎，亦取得國立臺灣大學藥學院臨床藥學（Clinic Pharmacy）碩士學位，現任職於臺灣大學附設醫院藥劑部，繼續從事醫師臨床用藥的調劑審查、藥學系學生在學實習指導，及臺大醫院藥物管理等實務歷練深造進修工作。祝賀

幼子士綸修畢臺南市立永福國民小學音樂資賦優異班學程，獲頒臺南市「市長優學獎」及音樂術科成績優良獎等，並且順利錄取臺南市立大成國民中學音樂藝術才能班，賡續俯仰於西洋古典音樂世界潮流中，在學期間，擔任學校管絃樂團中提琴首席，參加全國學生音樂大賽，屢獲絃樂團及管絃樂團特優及第一名佳績，亦獲臺南市國中組英語說故事比賽特優、英語團唱比賽優等、國語即席演講比賽優勝及全國地理競試臺南區第三名等亮麗成績，再次獲頒臺南市「市長優學獎」，特選擔任年度畢業典禮全校畢業生接受畢業證書及致感謝辭代表，並且順利摘下全國首次國中教育會考五科A++、六級分的完美成績，總和積分突破一〇〇分，首輪篩選錄取國立臺南第一高級中學，繼續成長上演人生舞台的天恩難棄之驚奇旅程。

更感懷已故前英國格拉斯哥大學（University of Glasgow）造船暨海洋工程學系主任Professor Douglas Faulkner的知遇提攜榮恩，使職能從旅英深造的困窘勵志學程中，榮獲英國國家Overseas Student Awards及英國格拉斯哥大學Postgraduate Research Scholarships等兩項全額獎學金資助，印度裔良師益友Dr. Kamlesh Varyani的惺惺相惜情誼，得以心無旁騖地肆意馳騁於西洋工程科技文明的浩瀚學海中，更在其睿智恩寵果決舉薦下，方能僅以兩年學程破格提前完成論文口試畢業，獲頒造船暨海洋工程工學博士學位。旋即放棄「英國海事科技公司」（British Maritime Technology Corporation）任職機會，趕忙收拾行囊，踏上皇天后土歸途，投身國家新興約海洋工程產業及事務管理領域，矢志學以致用報效國家。惟今年過五旬，齒搖髮白之際，猶記當年中央警察大學收留安頓的送炭情緣，誠園長官師生愛護的覆被恩澤，得以專注繼續學習成長，僥倖先後獲選學校年度研究績優教師、教學績優教師等榮銜，萬分感激學校殷殷栽培的點滴福澤，誓志自我淬礪，日新再新，實踐「心存誠園、放眼海巡、成就藍海」宏願。最終再次本以年少輕狂、赤血熱

忱初衷，願將此一孤獨勵志學涯、嘔心瀝血的再創研究努力成果

　　獻　給

最敬愛的雙親姨母、最親愛的夫人、最疼愛的子女，
及最感恩的已故Professor Douglas Faulkner，
最誠摯的已故Doctor Kamlesh Varyani！

　　　　　　　　　　　　　　　　　吳東明　謹識

　　　　　　　　　於　誠園至真樓107研究室
　　　　　　　　中央警察大學水上警察學系（所）
　　　　　　　　中華民國一〇三年六月六日

◯ 目　錄

第壹章

海上航運安全性的人為要素影響之總合回顧

摘要

　　在過往時代中，有關海事安全性議題上，業已展現極為豐碩且多樣化的研究論文成果。無論如何，截至現今仍未曾有針對前述研究文獻內容，進行全方位綜合性的再檢核研究，藉以歸納彙整海運意外事故的不定期偶發因素，及推測現今所需專業知識。在本論文中，審視有關安全性的研究文獻後，可概分為三個重要領域，即為海事意外事故的主要議題、人為過失因素的影響，及促使海運更為安全的干預調整措施等。同時本研究總計回顧檢核20項相關航海領域的研究工作成果，其中包括有海上工作人員的疲勞狀態、工作壓力、身心健康、情勢認知意識、團隊合作、決策下達、人際溝通、自動化技術，及安全性文化等。並且在海運意外事故方面，該複審工作確認個人及組織等因素，所呈現的相對顯著影響效應，並且亦陳述先前研究成果的相關研究方法議題。在本論文中所說明的有關人為因素議題的監視及減緩工作內容，總括對於現今海事安全性的成果表現，作出相當重要貢獻。對於海上航運產業衝擊而言，本評論闡述在現今海事案件中，人為因素係極為普遍盛行的重要探討議題，再者此亦給予海運業界人士一個斟酌協調的聚焦熱點。

關鍵辭：安全性、人為要素、海上航運、工作人員資源管理、意外事故因果關係。

一、前言

依據西元2002年國際海事組織大會中陳述：「海上航運或許是全世界的大型產業中最為國際性的且最為危險的行業之一。」現今海上航運產業正以指數函數曲線趨勢，呈現大幅的增長情形，諸如無論在太平洋、大西洋、印度洋及北冰洋等水域，全球海運貿易數量皆呈現明顯成長趨勢，詳請參看圖1-1所示；每年8,000萬美國人次使用美國籍船舶（U.S. Flagged Vessels），美國本土海運業（Domestic Shipping）為90%美國人民提供服務，並且97%英國貿易的總重量係經由海路運輸進出。美國海事行政總署（United States Maritime Administration）聲明：「海上航運對於國家的保安、經濟及運輸等是極為重要的[1]。」在西元2004會計年度運作預算（Operating Budget）中，美國海岸防衛隊（United States Coast Guard）的經費總額為美金3.3億元。

從全球性角度來看，所有國家統計數據皆反映出對該海事產業的相同財務上重要特性，例如大約有5萬艘商船在進行國際貿易活動，輸運各式各類貨物等。全球海上運輸船隊的主要航路分佈，諸如麻六甲海峽（Malacca Strait）、蘇伊士運河（Suez Canal）、直布羅陀海峽（Gibraltar Strait）及巴拿馬運河（Panama Canal）等串聯著印度洋、地中海、大西洋及太平洋等海上物流通路，詳請參看圖1-2所示。根據

1　U.S. Department of Transportation [USDOT], 'Data and Statistics', U.S.A., 2004.

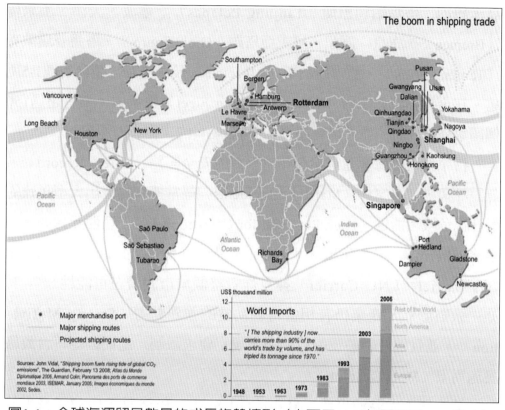

圖1-1　全球海運貿易數量的成長趨勢情形（自西元1948年至西元2006年止）

英國德路利海運研究中心資料顯示，以西元2004年論，全球貨櫃海運的
航線比例分佈情形分別為亞洲佔28.3%、跨太平洋佔15.6%、跨歐亞中
東者佔12.4%、歐洲佔7.4%、跨大西洋者佔5.5%，及其他區域佔30.8%
等，請參看圖1-3所述。同時有關全球貨櫃船型海運船隊的數量、載重
噸、貨櫃裝載量及平均使用年齡趨勢情形，請參看圖1-4所示。全球前
25名貨櫃吞吐港口及載運數量統計排序情形，依次為香港、新加坡、
上海、深圳、釜山、高雄、鹿特丹、洛杉磯、漢堡、杜拜港、安特沃
普（Antwerp）、長灘（Long Beach）、凱蘭港（Port Kelang）、青

島、紐約、塔將帕利巴斯（Tanjung Pelepas）、寧波、天津、不來梅（Bremen）、東京、廣州、專歐亞塔羅（Gioia Tauro）、塔將普瑞歐克（Tanjung Priok）、亞吉西納斯（Algecinas）及橫濱等，請參看圖1-5所述。在全世界海運船隊（World Shipping Fleet）數量中，業有超過150個國家登錄註冊，並且擁有超過100萬名船員的工作人力規模[2]。

持平而論，海運產業素有相當不錯的安全記錄（Safety Record），無論如何，海事案件（Maritime Incidents）經常擁有併發出大型災難的潛在高危險可能性（High Potential for Catastrophes）。在西元1999年，培洛（Perrow）先生指出：「載運液化天然氣船舶（Liquefied Natural Gas Carrier；LNG Carrier）擁有炸毀整個城市的潛在可能性[3]。」其亦主張對於此一產業仍有相當得利助益的強烈動力（Strong Motivation），並且迫使船舶及船員們遵循規定要求限制，進而因應符合最終實施期限（Meet Deadlines）。

第一個重大溢油事件（Major Oil Spill）係為西元1967年發生於英吉利海峽（English Channel）的「托雷利肯勇」（Torrey Canyon）號油輪，並且此即可作為海洋環境的高度敏感壓力及防制油污的急迫時間需求（Acute Time Demands）等重要案例。船長為求準時抵達「米爾福特哈蒙」（Milford Haven）港，進而趕上好時機（Make the High Tide），於是選擇取道捷徑航程（Take Direct Route），直接穿越

2　BIMCO, Intercargo, International Chamber of Shipping, ISF, Intertanko, OCIMF, et al., 'Shipping Facts', U.S.A., 2004.

3　Perrow, C., 'Marine Accidents – Normal Accidents：Living with High Risk Technologies', Princeton, New Jersey, U.S.A., 1999.

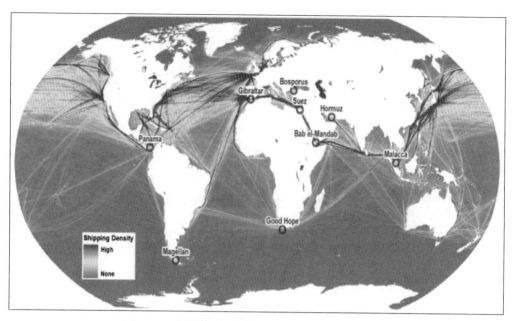

圖1-2 全球海上運輸船隊的航路分佈情形

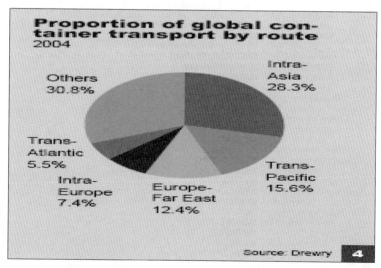

圖1-3 全球貨櫃海運的航線比例分佈情形（以西元2004年計）

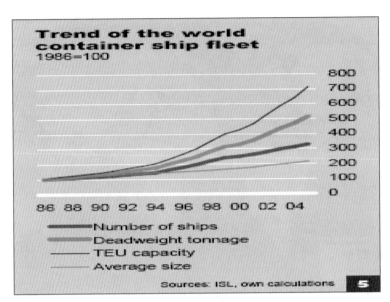

圖1-4　全球貨櫃船型海運船隊的數量、載重噸、貨櫃裝載量及平均使用年齡
　　　　趨勢（自西元1986年至西元2004年止）

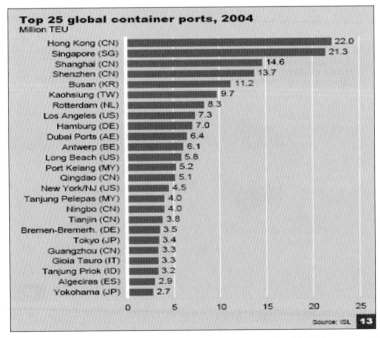

圖1-5　全球前25名貨櫃吞吐港口及載運數量統計（以西元2004年計）

「喜利列島」（Scilly Isles），藉以節省6小時航行時間。倘若其錯過這個時機，船舶將可能被迫5天錨泊（Wait at Anchor），方可進入港灣內。因此油輪船艙內原油可能必須被迫撥移至不同油艙，藉以使船身吃水上浮2吋，進而避免船體擱淺的潛在可能性（Potential Grounding）。當該船穿越「喜利列島」（Scilly Isles）時，油輪遭遇1艘漁船（Fishing Boat），並且沒能迅速轉向，導致船舶擱淺（Run Aground），溢漏10萬噸原油，造成環境污染區域大約有超過300公里的英格蘭西南沿海岸線（Southwestern Coastline of England）及法國西北邊海岸線等。

　　培洛（Perrow）先生談及此次錯誤引導出海運業的系統特性在於船上工作人員的社交聯誼組織（Social Organization）、經濟壓力、海事產業結構、保險問題，及國際法令（International Regulation）的爭議難題等。此一海事案件回顧研究檢視海事產業對於安全性議題的現行因應情形，及人爲因素（Human Factors）或可能在海運意外事故（Shipping Accidents）的偶發因果關係（Causal Chain）中所扮演的角色。同時海事產業的需求特質之特殊組合情形，諸如疲勞程度、身心壓力、工作壓力、人際溝通、環境因素（Environmental Factors），及船員長年在外工作的思鄉情懷等，皆可能是潛在的促成因素（Potential Contributors）[4]。舉例而言：「在海上航運產業中，確實擁有多種工作場所危險的組合狀況，並且有些是其他產業中所罕見的。」然而，在現今海事產業內，有關人爲因素的研究工作迄今仍鮮少被進行探討。

4　McNamara, R., Collins, A., and Matthews, V., 'A Review of Research into Fatigue in Offshore Shipping', Maritime Review, 2000, pp. 118-122.

根據西元2005年《國際海運經濟及物流》雜誌統計說明，全球各型海運船隊的平均使用年齡分佈情形，分別是貨櫃輪11年、散裝貨輪16年、油輪18年、客輪22年、雜貨輪22年，各型船舶平均使用年齡約為19年，詳參看圖1-6所示。在現今21世紀時代，海運產業正面臨新的挑戰。舉例而言，25年前商用貨輪（Cargo Ship）編制船員的平均人數約為40至50名之間[5]。由於現今科技發展突飛猛進所賜，促使船上編制工作人員數量逐漸減少，例如在超級油輪（Very Large Crude Carrier；VLCC）案例上，船上編制人數僅有22名工作船員。對於造船科技的突破精進（Technological Advances）而言，其實存在著一體兩面的影響效應。其一為船舶設計（Ship Design）能量及航行輔助設施（Navigation Aids）的改善提昇，業已有效降低海運事件（Shipping Incidents）的發生頻率及嚴重程度。惟在另一方面為造船科技設備功能失靈（Failures in Technology）的機會減少，卻已顯示出在海難意外事故因果關係（Accident Causation）上，「人為錯誤」（Human Error）係扮演著重要影響的基本元素。

---

5 Grech, M., and Horberry, T., 'Human Error in Maritime Operations：Situation Awareness and Accident Reports', 5th International Workshop on Human Error, Safety and Systems Development, Australia, 2002.

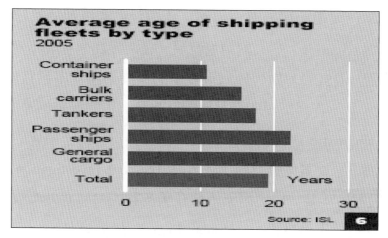

圖1-6　全球各型海運船隊的平均使用年齡（截自西元2005年止）

二、人員傷害及海事案例

商船海上運輸（Merchant Shipping）係為大眾熟知的高致命傷害率（High Rate of Fatal Injuries）之行業，其主要是由於系列組合的意外事故（Organizational Accidents）及海事災難（Maritime Disasters）等所致[6]。根據美國海岸防衛隊（United States Coast Guard；USCG）的5年內平均數（5-year Average）報告指出，計有673名乘客及海事工作者（Maritime Worker）等遭受傷害或致命死亡[7]。在此一時期中，諸如船舶相互碰撞（Collisions）、他船追撞（Allisions）及擱淺等一般海

6　Hansen, H.L., Neilsen, D., and Frydenberg, M., 'Occupational Accidents Aboard Merchant Ships', Volume 59. No. 2, Journal of Occupational and Environmental Medicine, 2002, pp. 85-91.

7　United States Coast Guard, 'Fiscal Year 2004 Report, Retrieved 08/0//04, from www.uscg.mil/news/reportsandbudget/2004_report.pdf, 2004.

事案件，業已陳現明顯地減少趨勢，其成效主要得利於航行輔助設施
（Aids to Navigation）科技的精進發展。在西元2004會計年度中，美國
海岸防衛隊（USCG）編列於海事安全的作業勤務支出預算爲美金3億
3,040萬元，此一作爲即說明必需擁有財政及人道的雙重倡導推動（Fiscal and Humanistic Drivers），方能具體改善提昇海上航運的安全性成
果。英國海事意外案件調查局（Marine Accident Investigation Branch；
MAIB）說明：「某一特定因素依然在大多數的海難意外事故中佔有主
要地位，即爲『人爲錯誤』（Human Error）[8]。」

　　根據紐西蘭研究數據顯示，亦與前述英國者獲得一致趨勢結果，
即海難事件肇因於人爲因素（Human Factors）者佔有49%，技術因素
（Technical Factors）者僅佔35%，及環境因素（Environmental Factors）者佔16%等[9]。其中最爲普遍的人爲因素係肇因於判斷錯誤（Error
of Judgment）及不適當的注意瞭望或當值（Watch-keeping），其次爲
未能確實遵循相關法規執勤。正如在海運文獻資料（Shipping Literature）上，經常被慣稱的「人爲要素」（Human Element），其頻繁地
被提及爲重大海難事件最的導致原因[10]。在美國海岸防衛隊（USCG）
報告中，亦說明在75%至96%間的海事災難案件（Marine Casualties）
發生數據中，在某種程度上或多或少地均係由於人爲錯誤型式所引致發

8　MAIB, 'Annual Report 1999', Department of the Environment Transport and Regions, London, U.K., 2000.

9　Maritime Accidents, Maritime Safety Authority of New Zealand, 1995-1996.

10　O'Neil, W.A., 'The Human Element in Shipping', Volume 2, World Maritime University Journal of Maritime Affairs, 2003.

生[11]。

在西元1985年間，艾斯班森（Esbensen）等人的研究報告「在商船海難意外事件防制（Accident Prevention）中，船員訓練及標準作業程序（Standard Operating Procedures）的重要性」中陳述，依據美國海岸防衛隊所報導數據顯示，43%意外事件均指出人為錯誤為主要發生原因，並且其持續爭論真正發生海難事件數量涉及人為錯誤的比例可能高達80%之譜。同時其陳述一個事實案例，即為強化海事安全性不僅對於船舶工作人員，對於來自海運業界的財務經營者（Fiscal Drivers）等，皆是極為重要的，因為通常船舶租賃事務係取決於其安全性的性能表現效力（Strength of safety Performance）[12]。

在西元1987年間，華格納（Wagenaar）等人研究分析荷蘭運輸委員會（Dutch Shipping Council）於西元1982年至1985年內所發生的100件海難意外事件，總共提具2,250項肇事原因，然而其中345項係為人為錯誤所引致原因，約佔總數的15%。綜觀而論，在所有100件研究案件中，僅有4件完全非人為錯誤所致。無論如何，本研究旨在說明該100件案例中的其他96件，有關牽涉其中的工作人員皆應該且可能避免防制意外事件的發生，不管怎樣其鮮少僅係由一個單純人為錯誤所造成[13]。

---

11 Rothblum, A.R., 'Human Error and Marine Safety', National Safety Council Congress and Exposition, Florida, U.S.A., 2000.

12 Esbensen, P., Johnson, R.E., and Kayten, P., 'The Importance of Crew Training and Standard Operating Procedures in Commercial Vessel Accident Prevention', 10th Ship Technology and Research (STAR) Symposium, Norfolk, U.S.A., 1985.

13 Wagenaar, W.A., and Groeneweg, J., 'Accidents at Sea : Multiple Causes and Impossible Consequences', Volume 27, International Journal of Man-machine Studies, U.S.A., 1987.

基本上，相關海上意外事件的資料文件係由發生事故所相關國家或船籍國家的政府相應機關（Governmental Agencies）等，進行製作及調查作業。在海事領域內（Maritime Domain），並無一套標準化的「海難意外事件報告系統」（Accident Reporting Systems），引發試圖從海難意外事件的數據資料，闡明事故發生的主要原因之棘手問題，無論如何，若干回顧性研究（Retrospective Research）成果業已將海運意外事故（Shipping Accidents）的發生原因，進行一項更爲普及性的評估工作。在西元2004年間，達布拉（Darbra）及卡薩爾（Casal）等學者發表針對登錄於「重大災難事件數據服務」（Major Hazard Incident Data Service；MHIDAS）刊物上，從廿世紀初至西元2002年10月間發生於港口的意外事件（Port Accidents），進行歷史分析研究（Historical Analysis）成果[14]。

此一回顧研究內容指出在海事領域中所發生意外事件的數量呈現上昇增加趨勢，即依據《重大災難事件數據服務》（MIHDAS）刊物中所登載數據，在西元1981年至1990年間，共發生82件海難意外事件，然而在西元1991年至2000年間，則共計發生282件海事意外案件。綜觀而言，在過去廿年間，發生海難意外事件比率佔83%，至於近十年間者即佔59%，其中在所有港口發生的海難意外事件數據中，人爲因素（Human Factors）所致者約達16%。無論如何，作者並未針對產業界間有關正在發展中的意外事件報告之處置文化（Accident Reporting Culture）

---

14 Darbra, R.M., and Casal, J., 'Historical Analysis of Accidents in Seaports', Volume 42, Journal of Safety Science, U.S.A., 2004.

等作出說明，其或可能解釋出此一趨勢。此一研究論文內容呈現若干模稜兩可的歸納分類問題，諸如在表列意外事件的發生原因之一係為「撞擊」，其通常是為事件發生後的結果，而並非引致原因。

依據海事統計資料（Maritime Statistics）顯示，技術問題的解決方案，諸如加強助航設施標誌（Navigation Aids），業已降低機器所致相關錯誤（Machine Related Errors）的程度等，在海事意外案件發生方面，同時對於人為錯誤（Human Error）的因素已展現相對的貢獻（Relative Contribution）效應。這些統計數據顯示在海事意外案件領域中，針對人為錯誤原因的深入研究案例，其主要目的在於減少這些錯誤及後續事件的連鎖效應。並且此一研究將深入探討現今存在於組織、人事及設計等面向的人為錯誤之失敗問題。此一組織架構有關於可能發生錯誤的多元面向，並且其可能隨後發展成為事件發生的警示前兆（Precursors），詳請參見圖1-7所示。同時此一架構適合反映出現今航運業界中的爭議問題（更為具體地說，其均業已被研究過），諸如自西元1996年斯坦頓（Stanton）[15]、西元1997年英國健康與安全局（UK Health and Safety Executive；HSE）[16]，乃至喬根森（Jørgensen）[17]等所研發的更為共通性組織架構。這些複審研究說明出被包含在此架構中的每一個面向。

---

15 Stanton, N.A., 'The Discipline of Human Factors？, Human Factors in Nuclear Safety, Taylor and Francis, London, H.K., 1996.

16 HSE, 'Successful Health and Safety Management', HSG65, U.K., 1997.

17 Jørgensen, K., 'One Taxonomy for Occupational Accidents', A Systematic Description of Casual Relations, Deflt Technical University, Norway, 2002.

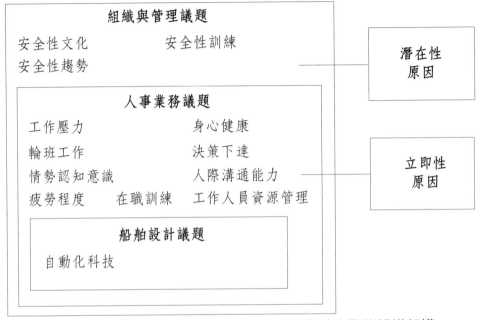

圖1-7　海上運輸中人為因素所致組織性意外事件的組織架構

　　有關研究檢視工作係與作業模型併行密切合作，並且由內而外地逐步推展開來。首先為船舶設計議題係在航運產業界間所審慎考量的，其中即是攸關船舶自動化技術（Automation）項目；其次為個人工作議題，諸如疲勞程度（Fatigue）、工作壓力（Stress）及非技術職能（Non-technical Skills）等，最終係為組織面向（Organizational Level）議題，諸如安全性趨勢（Safety Climate）及人員訓練等。

三、研究方法及設計議題

　　現今若干電子資料庫（Electronic Databases）系統，諸如，心理學研究論文網（PsychARTICLES）、心理學資訊網（PsychINFO）、科

學指南網（ScienceDirect）及科學網際（Web of Science）等，皆被應用來鑑定在海運領域中，針對人為因素相關的研究論文，至於其應用作為後續搜索條件的專業字彙，即有海事（Maritime）、運輸、壓力、疲勞、情勢認知（Situation Awareness）、決策下達（Decision Making）、人際溝通、團隊合作、安全性，海運及海事意外案件（Maritime Accidents）等。

另外，藉由各種搜尋引擎（Search Engines），諸如「谷歌」（Google），將執行這些領域工作的研究機關組織，加以彙集整理，其中包括各政府公家機構（Government Bodies），並且依據相關研究文獻（Relevant Literature）搜索的需要，直接與作者進行聯繫作業。符合後續要求準則（Criteria）的研究工作，包括海員（Seafarers）的篩選樣本，相關回顧檢視的期刊（Peer-reviewed Journals）、俱有實證數據資料（Empirical Data Set）的文獻、研討會論文或政府出版品（Government Papers），並且是以英文發行的公開文件等。

透過「資料開探」的研究方法（Data Mining Methodology），總計有30項研究成果被加以鑑察，其中有20項研究內容符合前述篩選準則。從評估此20項研究內容所得結果顯示，這些似乎相對少量的研究工作聚集於海事領域，然而在研究概念上，應是在其他研究領域中已建立相對完整的研究工作成果。此處僅陳述此一研究領域的文獻回顧檢視結果，並且試圖綜合研究成果，進而提出一些未來進一步研究所需的目標案例議題。無論如何，對於海難意外事件而言，「自動化技術」（Automation）扮演著關鍵角色，正是一個未來重要議題，值得深入討論。

(一) 自動化技術

由於受到海事產業界減少船上人力編制的影響，於是現今船上作業重點集中於自動化技術應用上。在海事產業界，早已出現作業文化移轉（Cultural Shift）現象，即在實務工作上朝向提昇自動化技術的應用程度，尤其是以航海系統（Navigation Systems）為主要重點項目。然而自動化技術應用程度的提昇，及船上工作人員編制數量的減少，業已改變航海人員所扮演的工作角色[18]。更陶德與伍德等研究指出，自動化技術可能創造出嶄新的令人關注需求（Attentive Demands）潮流。船上操作者必須永遠持續關注緊跟大量船用系統的運作技術，即系統正在運行狀況為何？系統下一步將會進行工況為何？及機器正在運作的模態為何等等，此即所謂的「模態認知」（Mode Awareness）[19]。本文所要探討的是自動化技術應用的認知性需求（Cognitive Demands）正在增加，可能減少工作人力編制，並且對於在海難意外事件比例上，被觀察到的人為錯誤影響（Human Error Influence）能否具有正面貢獻？

凡事定有正反兩面意見地，現今亦存在另一種看法，即當自動化技術設備已然安裝後，船上操作者將會降低監視的有效程度，並且假若該自動化科技業已有效運作一段時間後，甚至亦會降低系統工作效能。因此，自動化技術會導致若干種類的「認知盲點」（Cognitive Lackadai-

18 Grech, M., and Horberry, T., 'Human Error in Maritime Operations : Situation Awareness and Accident Reports', Paper Presented at the 5th International Workshop on Human Error, Safety and Systems Development, Newcastle, Australia, 2002.

19 Sarter, N.B., ans Woods, D.D., 'How in the world did we ever get into that mode？ Mode Error and Awareness in Supervisory Control. Volume 37, No. 1, Human Factors, 1995.

sicalness）嗎？在增加自動化技術應用的實例中，可能意外地（By Accidents）導致過度依賴信任機器的結果。在西元2002年，陸次霍弗特與德克爾等提出研究見解，自動化技術可能創造出新的人類弱點（Human Weaknesses），及擴大現有存在的問題[20]。

同時其引用「皇家尊榮」（Royal Majesty；RM）號豪華郵輪為例，該船準備預定駛往百慕達（Bermuda）群島時，卻因自動化技術設備提供錯誤的船舶定位資訊，導致船舶擱淺（Run Aground），此案例即顯示出應用自動化技術的負面效應。在此一海難意外案例中，肇因全球衛星定位系統（Global Positioning System；GPS）的天線業已損壞，進而導致船舶定位系統運作功能失常，無論如何，該船上設有額外的雷達裝置（Radar），可提供應用於交叉檢核（Cross Check）比對系統的相關數據。即便此一交叉檢核動作沒有落實執行，兩觀察位置點間的差異現象未被當值人員所察覺，隨即將錯誤的航向（Course）標示在海圖（Chart）上。船上航行當值人員搜尋船位資訊，以確認其在最初假設的航向（Initial Hypotheses of the Course）上，因導致不正確地解讀定位標記。

舉例而言，當值船副人員（Officer on Watch）預期船舶將航經波士頓「分道航行制」（Traffic Separation Scheme；TSS）上的BA浮標（Buoy），並且正航經一個將其自我確認為BA浮標處，然而該浮標實際上卻是AR浮標，是一個位於BA浮標的西南西（West to Southwest）

---

20 Lützhöft, M.H., and Dekker, S.W.A., 'On your Watch : Automation on the Bridge', Volume 55, No. 1, Journal of Navigation, U.K., 2002.

方15浬處的浮標。再者,當時有兩艘漁船(Fishing Vessel)試圖聯繫「皇家尊榮」(RM)號郵輪,以警告其即將到來的危險狀況(Imminent Danger),然而這些通聯呼叫皆未被接收,可能因為當值船副將雷達圈範圍設定為6浬,因此未能掃描察覺漁船的蹤跡,所以當值人員假設認為其正試圖與他艘船舶通聯。

另外,後來漁船再行試圖聯繫該郵輪,並且報知該船舶位置,以確定其為漁船所想通聯的「皇家尊榮」(RM)號郵輪。此時「皇家尊榮」(RM)號郵輪的實際船位正在與其所自認定位處約相距約為16.5浬,所以可能再次未能順利通聯,冒失地認為該漁船正試圖與另一艘船進行通聯。這一連串的通聯呼叫時間皆發生在該船擱淺(Grounding)前1.5小時左右。由於對於駕駛台科技(Bridge Technology)設備所顯示出資訊數據的過度信賴(Over Reliance),可能使得這些航行當值人員忽視可能阻止「皇家尊榮」(RM)號郵輪擱淺的相關信息資訊。在此次事件中,共計造成1,000名乘客受傷,並且該意外事故導致郵輪公司損失美金700萬元的收入(Revenues)。

四、個人身心議題

在本章中,第一部份討論人類表現(Human Performance),可能對於海事意外案件有所助長影響的因素或行為,並且陳述評估這些因素於意外事件起因(Accident Causation)中的效應關係。至於各相關評估因素,諸如疲勞程度、工作壓力及身心健康等,詳實分項說明如后。

(一) 疲勞程度

現今諸多研究成果業已顯示，由於健康不佳狀況下的疲勞（Fatigue）因素，可能潛在造成重大災難結果（Disastrous Outcomes），並且亦將導致降低當值人員的工作表現[21]。在西元1989年間，艾克森瓦爾迪茲（Exxon Valdez）號油輪擱淺事件發生前24小時內，船上航行當值瞭望人員（Watchkeeper）僅有5至6小時的睡眠時間，因此引人聯想到疲勞可能是導致發生該次嚴重環境浩劫的擱淺事件之重要因素之一[22]。事實上，在海事領域中，疲勞問題並非一個新生的議題。然而曾幾何時，海上工作人員的工作環境正是變得日趨嚴苛繁重，諸如更為短暫的海上載運時間、更為提高的海上交通密度、更為少數的船上人員編制及更為快速的貨物流通轉運（Turnaround）。在有關海上意外事故（Marine Accidents）發生的前三天內，延長的當值排班及工作時間可能是導致疲勞的重要原因。在西元1997年間，拉比與麥卡勒姆等研究成果指出，針對調查人員（Investigating Officers）所參與98艘船的海難傷亡調查報告確認，有23%海難意外事件係歸咎於疲勞因素[23]。

對於工作休息時間方面，儘管國際海事組織（IMO）法規已有明確律定，但是仍存在有若干普遍情況，即個人必須工作超過12小時，然

21 Josten, E.J.C., Ng-A-Tham, J.E.E., and Thierry, H., 'The Effects of Extended Workdays on Fatigue, Health, Performance and Satisfaction in Nursing', Volume 44, No. 6, Journal of Advanced Nursing, 2003.

22 National Transportation Safety Board [NTSB], 'Grounding of U.S. Tankership Exxon Valdez on Bligh Reef, Prince William Sound Near Valdez, Washington DC, U.S.A., 1990.

23 Raby, M., and McCallum, M.C., 'Procedures for Investigation and Reporting Fatigue Contributions to Marine Casualties', Proceedings of the Human Factors and Ergonmics Society, U.S.A., 1997.

而僅有6小時的休息時間。在貨物裝卸作業期間，當值大副（Chief Officer）必須全程參與作業。假若以一艘30萬噸級油輪爲例，完成卸油作業全程大約需要44小時，所以此即表示當值大副在貨物裝卸期間均必須全程出席且保持清醒。另在西元1999年間，一份美國國家運輸安全委員會（National Transportation Safety Board；NTSB）的報告中試圖提出船上工作者的疲勞問題，報告中指出海上工作人員被確認爲在各職業團體中，於30天期間的最多工作時數排行榜上高居第二位，僅次於鐵道工作人員（Rail Operators）。

另一項經由國家海空航運官員聯盟（National Union of Marine Aviation and Shipping Transport Officers；NUMAST）所作調查研究，該研究調查樣本數爲1,000名當值官員，其中77%樣本數認爲在過去3至10年間，工作疲勞程度有顯著升高，84%樣本數認爲工作壓力亦更普遍[24]。另有一項國家海空航運官員聯盟（NUMAST）的進一步研究工作，針對563名海上工作人員進行調查訪談，其中50%樣本數表示，其每星期工作超過85小時，並且66%樣本意見認爲額外增加人員編制（Extra Manning）是必要的，得以適度降低疲勞程度。來自澳大利亞的相關海上工作人員議題之研究成果顯示，70%海上工作人員描述其睡眠狀況已達嚴重惡劣程度[25]。

在西元2001年間，史密斯先生針對西元1989年至1999年間海事安

24 Cole-Davis, V., 'Fatigue, Health and Injury Offshore : A Survey, Contemporary Ergonmics, Taylor and Francis, London, U.K., 2001

25 Parker, A.W., Hubinger, L.M., Green, S., Sargent, L., and Boyd, R., 'Health Stress and Fatigue in Shipping : Australian Maritime Safety Agency, Australia, 2002.

全局（The Maritime and Coastguard Agency；MCA），提供給海事意外事件調查委員會（Marine Accident Investigation Bureau；MAIB）的數據，進行深入分析研究。其研究結果顯示，與疲勞因素相關所引起海事意外案件（Fatigue Related Accidents），最常發生時間於海上航程啓航的第一個星期，於第一個工作輪班的前4小時間，即爲上午9時至下午4時間，並且在平靜海域環境狀態（In Calm Conditions）時。另外其亦確認在警覺性評估（Alert Assessment）的工作反應時間方面，岸際陸上與離岸海上等樣本案例的差異性，同時考慮在交接輪班完成前後時段等兩種情形。並且在船上的白天與黑夜交接輪班（Day and Night Shift）時，其工作反應的差異亦被列入評估，在輪班交接後的工作反應時間上，呈現明顯增加的趨勢[26]。

在史密斯先生第二階段的研究工作重點聚焦於「近海與沿海航運」（Short Sea and Coastal Shipping）產業方面，報告中指出其更高疲勞程度，及較第一階段者更差健康狀況[27]。在此一階段研究中，53%受訪者表示，他們沒有機會擁有6小時未被打擾的連續睡覺（Uninterrupted Sleep）時間，與第一階段研究者爲44%，相較之下更爲艱苦。此外，第二階段研究的52.6%受訪者認爲，其工作時間是處於相當危險環境的。有關主觀性及客觀性的工作疲勞程度，其亦針對7艘不同類型渡輪（Ferries）或油輪（Tankers），及總計177名海上工作人員（Seafar-

26 Smith, A., 'Offshore Fatigue : A Study of Ships in the Offshore Industry, SIRC Second Symposium, Cardiff University, U.K., 2001.

27 Smith, A., Lane, T., Bloor, M., Allen, P., Burke, A., and Ellis, N., 'Fatigue Offshore : Phase 2 the Short Sea and Coastal Shipping Industry : Seafarers International Research Center (SIRC), 1-900174-21-9, U.K., 2003.

ers）等，進行船上評估（Onboard Assessments）研究。這些研究成果包括有在航海日誌（Logbooks）內的工作疲勞的主觀性報告、在工作前及工作後表現的電腦化評估，及「行為量度指標」（Actimetry），即為一個有關睡眠的客觀性評量（Objective Measure）基準制度。綜合前述研究結果，作者所得結論為近海航運業者的工作疲勞程度較遠洋航運（Support Shipping）業者為大。

並且研究成果鑑定出若干足以預測疲勞的揭示因素（Exposure Factors），概括有：工作時間、睡眠問題、航程長度（航程愈長相對地疲勞程度愈低）、交接輪班工作時間長度（Shift Length）、工作需求（Job Demands）、在工作中所受壓力，及站立當值（Standing Watch）等。在預測人員疲勞程度上，不同船舶種類亦扮演重要角色影響；依據以交通渡輪（Ferries）為主的海員所描述結果，其人員疲勞程度遠高於其他不同船舶種類者。此類型研究工作的主要困難為，針對海員工作表現，現今尚未有其疲勞程度的主觀性與客觀性報告的相關衝擊影響之結果量度方法（Outcome Measure）。因此，雖然研究結果說明在航運業界中疲勞的本質及觀念，然而在海事意外案件的發生原因（Accident Causation）中，這些研究未能確認工作疲勞的影響效應。雖然這些研究困境可能因為海事意外案件數據資料庫（Maritime Accident Databases）仍顯不足，並且其數據資料經常無法與事件發生時間系列的記錄資料做有效鏈結。

在其他產業中，眾所周知工作輪班型態將會導致疲勞現象，並且隨

即造成較佳健康狀況及影響工作安全性表現（Safety Performance）[28]。由此可以推論，在海事工作領域內，亦將會發現其他相關議題，諸如船舶橫搖、船舶縱搖、船體振動及噪音（Vibration and Noise）等，這些因素僅會擴大輪班工作所致疲勞程度的任何顯現效應[29]。

(二) 工作壓力

工作壓力業已被確認為對於組織生產力與健康成本（Health Costs），及員工健康與福利（Welfare）的一項主要影響因素[30]。在西元2002年中，源自澳大利亞海事安全局（Australian Maritime Safety Agency；AMSA）的海上工作人員與岸際從業人員的基準數據（Normative Data）之比較研究（Comparative Study）結果，帕克（Parker）等學者觀察到，在兩組研究樣本間存在有若干健康與壓力相關（Stress-related）的數據差異[31]。採用自我評量的問卷調查方法（Self Report Questionnaire），受訪者被要求回答其感到壓力次數，及承受壓力等級為何。此外尚有談及其從事與健康有關的行為（Health-related Behaviors）之次數及內容，諸如運動、飲酒及吸菸等。

參與此項問卷調查研究的受訪者共計有1,806人，其中包括有：船

28 IskraGolec, I., Folkard, S.T.M., and Noworol, C., 'Health, Well-being and Burnout of ICU Nurses on 12-h and 8-h Shifts', Volume 10, No. 3, Journal of Work and Stress, U.S.A., 1996.

29 McNamara, R., Collins, A., and Matthews, V., 'A Review of Research into Fatigue in Offshore Shipping', Maritime Review, U.K., 2000.

30 Cooper, C.L., Dewe, P.J., and O'Driscoll, M.P., 'Organisational Stress : A Review and Crtique of the Theory, Research and Applications', Sage Publication, London, U.K., 2001.

31 Parker, A.W., Hubinger, L.M., Green, S., Sargent, L., and Boyd, R., 'Health Stress and Fatigue in Shipping', Australian Maritime Coastguard Agency, 2002.

員、船長、大副、駕駛員及輪機人員等。依據海員報告所得結果顯示，來自工作壓力來源的壓力程度，較其他陸上基準工作團體為高，尤其是評估在人際，及家庭與工作介面（Home/work Interface）間關係的項目上，其數值差異程度更高。在問卷報告中指出，80%的海員認為在海上工作的壓力是經常存在的。在不同部門的承受壓力程度是有所差異的，即輪機人員超過65%，甲板船員約60%，船長認為處於高度壓力程度超過60%。另在研究報告數據中指出，船員所承受壓力的頻率與程度比起其他海上工作族群，呈現較為減少的趨勢。在過度長期暴露於高度工作壓力程度的工作環境中，將會導致人員的精神及身體健康等負面結果[32]。

(三) 身心健康

來自其他領域的研究成果，諸如離岸深海石油產業（Offshore Oil Industry）界，揭示出健康管理（Health Management）與安全性表現（Safety Performance）間的正面積極關聯[33]。在澳大利亞海事安全局（AMSA）的海員問卷調查樣本中，約有三分之一（約為32%）超過國家心臟基金會（National Heart Foundation；NHF–Australia）所建議飲用酒類（Alcohol Consumption）的安全限制（Safe Limits）數值之指導原則。再者，海上工作人員的吸菸比率為28%，相較於澳大利亞男性人

32 Quick, J.C., Quick, J.D., Nelson, D.L., and Hurrell, J.J., 'Preventative Stress Management in Organisations', American Psychological Association, Washington DC, U.S.A., 1997.

33 Mearns, K., Whitaker, S., and Flin, R., 'Safety Climate, Safety Management Practices and Safety Performance in offshore Environments', Volume 41, Journal of Safety Science, Australia, 2003.

口（Male Population）的吸菸比率24%者為高。

在所有海員的調查樣本中，約有81%樣本人數未能達到國家心臟基金會（NHF, Australia）所建議有益身體健康要求的最低運動量數值（Minimum Exercise Levels），然而報告中卻有說明，船上設置有多元擇用性優質足量的運動設施（Exercise Facilities），可以提供給海上工作人員使用。在此一研究成果中，亦存有船上各工作部門間的差異現象，甲板船員的吸菸比率相較於其他工作部門者更高。同時較高比率的甲板船員未能達到國家心臟基金會所建議運動量標準（Exercise Guidelines），並且酒精飲用量亦超過國家心臟基金會所建議標準數量[34]。

雖然相關工作壓力與健康行為（Stress and Health Behaviours）的研究工作成果，已然確立此一海事從業團體人員相較於其他職業團體（Occupational Groups）者，遭受到前述所及工作壓力及疲勞程度等因素的較高水準，卻未見相關研究文獻，專注於評估海員身體健康及工作表現間的關聯性。在前述澳洲國家心臟基金會（AMSA）所進行的研究工作中，與其他類似研究工作所揭示結果一般，卻皆未見有論及身心健康與工作壓力衝擊影響下的人員工作表現方面評估結果之量度方法。

34 Parker, A.W., Hubinger, L.M., Green, S., Sagent, L., and Boyd, R., 'Health Stress and Fatigue in Shipping', Australian Maritime Safety Agency, Australia, 2002.

五、個人職能議題

(一) 非技術職能

「非技術性職能」（Non-technical Skills）係爲專業職能的另一額外系列項目，其將被與「航運技術性職能」（Shipping Technical Skills）相整合應用，諸如船舶操控，或船上下錨（Set down the Anchor）等工作項目。這些工作行爲表現涵括有人際關係及認知技能（Cognitive Skills），諸如情勢預知（Situation Awareness）、社交溝通、團隊合作（Team Working），及領導統御（Leadership）等項目。在相關航空（Aviation）、醫療，及核能電能（Nuclear Power）等產業的研究結果中，業已揭示這些基本職能的最佳實務應用成效。有關聚焦於海事領域（Maritime Domain）內的非技術性職能之回顧瀏覽研究內容，詳實分項敘述如后。

(二) 情勢認知意識

「情勢認知意識」（Situation Awareness；SA）係爲個人擁有對於在任一時間點下，將會發生什麼事情，並且亦能夠預測後續情況將會如何發展等的心智行爲模式（Mental Model）能力。一種較爲常見的引用定義即爲，「在大量的空間與時間訊息中，對其內涵意義的全面理解（Comprehension），及對不久的未來所處態勢將如何發展之預測投影（Projection）等環境要素的洞察感知能力（Perception）」[35]。安德斯

---

35 Endsley, M.R., 'Situation Awareness Global Assessment Technique (SAGAT)', Proceedings of the

利（Endsley）設定三個層次：1.首先，個人必須擁有正確的洞察認知情況的要素，從而構建一個準確的圖像（Accurate Picture）；2.其次，第二個層面涉及組合、解釋（Interpretation）、儲存及保留所獲得的信息資訊（Retention of Acquired Information），藉以構建出該被理解的特定物件對象與發生事件的重要性（Significance）等情況之圖像；3.第三個層次為情勢認知意識（SA），即是預測投影，並且可能發生前兩級層次所組合的結果。無論如何，此一階段是情勢認知意識的極為重要之組成元件（Component），其意謂擁有使用從環境中所獲得信息資訊的能力，藉以預測未來可能的狀況（Future States）及事件，進而降低發生突如其來意外事件的可能性機率。

在西元1987年，華格納（Wagenaar）與葛羅尼維格（Groeneweg）針對100個海運意外事件進行審查研究後，陳述認知問題（Cognitive Problems）佔有被觀察「人為錯誤」（Human Errors）的70%左右[36]。在西元2002年，葛利奇（Grech）、宏倍利（Horberry）及史密斯（Smith）等學者，針對發生於西元1987至2000年間的8個國家之177個海事意外案件（Maritime Accident）的鑑定報告內容，進行檢視海事作業（Maritime Operations）中「人為錯誤」的相關研究工作[37]。並且發表其觀察結果即在船舶海上航行中，人為錯誤類型的71%部份皆是情勢

National Aerospace and Electronics Conference (NAECON), New York, USA, 1988.

36　Wagenaar, W.A. and Groeneweg, J., 'Accidents at Sea：Multiple Causes and Impossible Consequences', Volume 27, International Journal of Man-Machine Studies, USA, 1987.

37　Grech, M. and Horberry, T., 'Human Error in Maritime Operations：Situation Awareness and Accident Reports', 5th International Workshop on Human Error, Safety and Systems Development, Newcastle, Australia, 2002.

認知意識的相關問題（Situation Awareness Related Problems）。倘若採用安德斯利（Endsley）的錯誤分類理論（Taxonomy），加以定義其情勢認知意識（SA）的三個層次，其中最經常出現的錯誤係為情勢認知第一層級，佔有59%，其第二層級為33%，第三層級為9%。同時在該情勢認知意識的各層級中，其錯誤發生率數據與航空產業界的相關研究報告者，陳現一致性的結果趨勢[38]。

在西元2003年，柯伊斯特爾（Koester）在丹麥（Denmark）進行一項「情勢認知意識」（SA）的研究工作，其中係以旅客及汽車混合裝載船（Combined Passenger and Car Vessels）等8個航程（Voyages）為觀察研究的基礎案例[39]。船上駕駛艙間的通聯訊息係依預先設定的時間間隔（Time Intervals）方式被記錄下來，藉以察覺與瞭解在現實狀況中的各項要素，進而評估層級一與層級二的情勢認知意識（SA）情形。這些駕駛台通聯訊息可被概分為行動性、相關性及一般性等三大類。當船舶駛近港口時，各類通訊層級皆被提昇起來。當行動性及相關性的通訊達到頻繁高峰時，則一般性通訊次數即會減少。Koester亦觀察指出，一般性通訊次數減少正反映出一個潛在的重要狀況（Critical Situation）的心理調適性變化（Adaptation）。並且提議行動性通訊次數的遞增即反映出一個狀況改變前的準備情形，亦反映出一個企圖保持情勢認知的意見。總括而論，這種先期準備（Preparation）與預知期望

38 Grech, M., Horberry, T. and Smith, A., 'Human Error in Maritime Operations：Analysis of Accident Reports using the leximancer tool', Proceedings of 4th Annual Meeting of the Human Factor and Ergonomics Society, Baltimore, USA, 2002.

39 Koester, T., 'Situation Awareness and Situation Dependent Behaviour Adjustment in the Maritime Work Domain', Proceedings of HCI International Conference, Crete, Greece, 2003.

（Anticipation），即是一個第三層級情勢認知意識（SA）的清楚明確指示，正是「對未來可能發生事件的預測投影」。

(三) 決策與認知需求

在西元2003年，霍奇（Hockey）及赫利（Healey）等學者採行一個實驗性研究（Experimental Study），藉以調查在模擬操船控制（Ship Control）下，船舶避碰（Collision Avoidance）作業的認知需求（Cognitive Demands）。參加此一研究計畫人員係為篩選自熟悉計算機軟體應用（Familiarity with Software）的12位計算機學系之大學在學生，並且施予12小時的航海訓練（Nautical Training）課程。並且其被要求操縱一艘模擬船舶，依循一個預定航向（Pre-planned Course），以進行6分鐘的船舶避碰航行模擬，同時監視一個維持引擎油溫（Engine Oil Temperature）於可容許限制（Tolerance Limits）範圍內的分開獨立顯示螢幕。在霍奇（Hockey）等人研究成果中顯示，船舶碰撞威脅（Collision Threat）較高程度係與自我量化判斷的精神工作負荷量（Self-rated Mental Workload）增加，及導致第二項工作效能受損降低等，俱有相關聯特質。雖然最初這項研究或許說明若干「生態學有效性」（Ecological Validity）的議題，但是其可能業已被實驗研究者作了良好控制，即是透過在如何使用此一模擬系統的適當研究文獻上，及正式海上船員可能遭遇的同等級實際狀況之重複試驗等的廣泛性訓練（Extensive Training）。同時霍奇（Hockey）等亦揭示前進監視模擬研究的費用成本數據，並且證實高精神工作負荷量產生對第二項工作效能表現的

若干損害影響[40]。其亦顯示必須同時監視管理多項設備,將會造成若干潛在性後果(Potential Consequences),在現實生活作息狀況中,對於一項工作表現效能的若干減損影響,可能會有潛在性的嚴重負面後果。

(四) 人際溝通能力

在所有高風險產業(High-risk Industries)中,專注於有效的、安全的生產及效能表現的核心技能(Core Skills)之一即為人際溝通能力(Communication),此亦影響團隊的情勢認知(Team Situation Awareness),團隊工作(Team Working)及有效的決策(Effective Decision-making)等。加拿大運輸安全委員會(Canadian Transportation Safety Board;CTSB)審核自西元1987年至1992年間發生在加拿大的船舶領航水域(Canadian Pilotage Waters),即為當船舶接近進入港區處,領航員(Pilot)將登船,並且引領船舶進入,或駛出港區航道等水域的273件船舶海事案件。當船舶海上航行時,當值船副駕駛員(Officer of the Watch;OOW)、船長(Master)及領航員等三者間,存在有一個重要的團隊合作關係(Teamwork Relationship)。

港口國權責機關(Port State Authorities)要求所有超過某一特定載重量噸位(Deadweight Tonnage)的船舶,皆必須備有領航員登船引領,方能進出港口水域,藉以在交通流量頻繁的港口區域中,減少船舶發生擱淺(Groundings)及碰撞(Collisions)事件的次數,尤其是

---

40 Hockey, G.R.J., Healey, A., Crawshaw, M., Wastell, D.G. and Sauer, J., 'Cognitive Demands of Collision Avoidance in Simulated Ship Control', Volume 45, No. 2, Human Factors, USA, 2003.

港區水域亦受到強烈潮汐運動（Tidal Movements）的影響。當船舶進出港口水域時，領航員即已登船，並且給予船長適當的作動指導，引領船舶執行航行操控及泊靠繫纜（Mooring Operations）等作業。無論如何，船長仍然是法定職權負責人，但被期待能遵循較有港區航行經驗的領航員之判斷意見（Judgment）。同時船長亦負有個人責任，依據領航員所建議指導的意見，給予船上作業人員航海的指示動令（In-structions）。在加拿大運輸暨安全委員會（CTSB）所採樣研究的海事案件中，涉及領航員及船長或當值瞭望船副間的誤解，或溝通能力缺乏（Lack of Communication）等原因所致者，即有高達42%之譜。雖然這些原因皆是根本上的溝通問題，此一數據亦能反映出在其他工作技能的不足缺憾（Deficits）。因此「誤解」字辭真意，即謂為潛在地反映出情勢認知意識（SA）的缺乏，及粗劣的團隊合作與不足的溝通能力等情況。

隨後進行一項海事案件數據的回顧追溯分析（Retrospective Analy-sis）研究工作，加拿大運輸暨安全委員會（CTSB）進行若干專家訪談，並且研訂一套調查問卷（Questionnaire），藉以量度團隊合作、人際溝通能力，並且評估船長、領航員及當值船副（OOW）間的人際關係。透過問卷普送調查後，有效回收問卷數量共計324份：其中包括有40%的領航員、43%的船長，及16%的駕駛台船副人員（Bridge Offi-cers）等。在各樣本族群中，接近80%的回收問卷反映表示，人際溝通工作「經常」或「總是」有效的。

當領航員被問及其是否確認下達指令（Orders），業已被當值船副（OOW）理解及承認時，84%的領航員回應答案認為這就是一個案例

議題了，然而僅有50%的船長及50%的當值船副同意此一說法。假設當值船副未能確認領航員（Pilots）所下達指令意圖，是否當值船副會請求澄請確認（Ask for Clarification）時，計有90%的當值船副、76%的船長（Masters），及僅有39%的領航員等反應，當值船副「總是」或「經常」請求指令澄清確認。在此一問卷調查結果中，即顯示在個人自我意識（Individual's Self-perception）的有效溝通（Effective Communication）與互助行為（Interactions）中，其他人的解讀（Interpretations）間存在一個差異（Discrepancy）現象。當駕駛台船副人員被問及是否不願意（Reluctant）質疑領航員的決定時，計有92%的船長及81%的駕駛台船副人員（Bridge Officers）答案為：「有時候」，並且12%的駕駛台船副回答說，他們「總是」不願意質疑領航員。無論如何，這些人際溝通的問題通常會是導致錯誤或意外事件的原因之一。

　　另有一項因素係作者認為可能是導致前述研究所發現結果的原因，即為語言（Language）問題。在國際航海人員訓練、發證及當值標準公約（Standards of Training Certification and Watch-keeping for Seafarers；STCW）中，已特別訂定船舶公共宣告溝通語言的必要熟練程度（Required Level of Fluency），並且他們認為目前這些要求條件可能尚未被有效遵循。或者選擇性地，在人際語言溝通方面，僅遵照無可規避的最低適用要求標準（Minimum Requirements），其在實際作業上，或許可能是不夠充實勝任的。

(五) 語言與文化多樣性

在海事產業（Maritime Industry）中，存在有多種不同文化（Cultures）及國籍（Nationalities）背景的受僱人員在一個同樣環境中共同工作。依據一項「海員國際研究中心」（Seafarers International Research Centre；SIRC）研究顯示，針對10,958艘不同類型商用船舶進行採樣統計工作所得結果，大約僅有三分之一的國際商船僱用單一國籍船員（Single Nationality Crew）[41]。經由前述研究結果歸納得知，語言（Language）因素可能引發出潛在性問題，因此「船旗國」（Flag States）要求每艘商船必須備有一個共同工作語言（Working Language），每位受僱員工必須達到一定的語言口說能力標準，方視為可以勝任稱職的。無論如何，這始終是個事實嗎？在緊急情況（Emergency Situations）中，當需要俱備高度的其他認知需求（Cognitive Demands）時，船上工作人員個人是否可以條理分明（Coherently）及勝任稱職地（Competently）口說應用其第二語言（Second Language）？

在前述所提的海員國際研究中心（SIRC）之研究結果中，其中14艘商船被引用，以為案例研究（Case Study）的一部份。在這些商船上，公告律定其「共同工作語言」（Common Working Language）為英語，即為船上每個人所使用的第二語言。在2001年中，卡赫維奇（Kahveci）與森普森（Sampson）等人發現，海員經常暗示建議語言溝通困難係為同船工作的混合多國籍船員（Mixed Nationality Crew）

---

41 Kahveci, E. and Sampson, H., 'Findings from the Shipboard Based Study of Mixed Nationality Crews', Seafarers International Research Centre Symposium, Cardiff, UK, 2001.

間之唯一的或主要的不利條件缺陷（Drawback）。並且其亦發現，溝通錯誤（Miscommunication）所導致結果可能造成輕微惱怒厭煩（Mild Annoyance），甚至造成潛在性災難危險的狀況（Hazardous Situations）。

同時此項研究內容亦闡明「種族文化」對於團隊合作（Teamwork）的影響效應，其中特別引用發生於西元1999年的綠百合（Green Lily）號貨輪沉沒海難事件（MAIB，1999）為案例，其中該船船長、輪機長（Chief Engineer）、二管輪（Second Engineer）、大副（Chief Officer）、二副（Second Officer）及三管輪（Third Engineer）等皆為克羅安西亞籍人民（Croatian）。雖然英國「海事意外案件調查局」（MAIB）所提調查報告內容未曾列出語言溝通係為發生事故的一項原因，然而報告內容暗指船長的「獨裁式管理風格」（Autocratic Style of Management）係為一個促成因素（Contributory Factor）。因此船上工作個人的「民族文化（National Culture）」勢將衝擊影響到船上的「總體安全性環境風氣」（Overall Safety Climate），此一研究成果與在相同領域中的其他相關研究者陳現一致性的結論[42]。

在西元2003年，哈沃德（Håvold）採用挪威國籍海運公司所屬船上工作人員為樣本，其所得到研究結果亦揭示在商船上呈現「文化多樣性」（Cultural Diversity）的情形，在這裡得到的樣品為挪威船運公司（Norwegian Shipping Companies）之個人工作狀況。其中研究受訪者

42　Håvold, J.I., 'National Cultures, Safety Culture and Risk：A Study of Seafarers Working for Norwegian Shipping Companies', Alesund University College Memorandum, Norway, 2003.

計有來自27個不同國家，包括有尼泊爾（Nepal）、義大利（Italy）、斯里蘭卡（Sri Lanka）、菲律賓（Philippines）、印度尼西亞（Indonesia）及拉脫維亞（Latvia）等。而且除菲律賓國籍船員外，在任何一艘船上，或許不可能有來自同一國家的船員。

(六) 團隊合作

在加拿大運輸安全委員會（Canadian Transportation Safety Board；CTSB）所主導的研究計畫中，對於「團隊合作」（Teamwork）的問題進行若干評估工作，其中96%的船長、100%的駕駛台船副、85%的領航員等意見陳述，「團隊合作」應是「經常」或「總是」，正如技術能力（Technical Proficiency）般的一樣重要。此一研究結果顯示，在團隊合作的重要性議題上，領航員存在有較爲缺乏的正面評價（Comparative Lack of Appreciation）意見。當領航員被詢問是否有可能與船長及當值駕駛船副（Officer of the Watch；OOW）間，建立一種有效的工作關係（Effective Working Relationship）時，45%意見表示這是「永遠」可能，36%意見認爲「通常」可能。無論如何，當其被問到有關船長、當值駕駛船副及領航員間的團隊合作之工作經驗時，僅有51%的船長、46%的駕駛台船副人員（Bridge Officers）、38%的領航員等反應意見表示，他們「總是」共同工作，正如一個團隊般[43]。

其他船旗國（Flag States）亦承認提昇船員間的工作互動之重要

---

[43] Canadian Transportation Safety Board, 'A Safety Study of Operational Relationship between Ship Masters/watchkeeping Officers and Marine Pilot', Canada, 1995.

性。同時美國國家運輸安全委員會（National Transportation Safety Board；NTSB）曾引述舉證在若干海上事故案例中，缺乏適當的船員工作互動係爲一個引致因素，並且提出諸多建議，藉以引進美國籍船（U.S.–flag vessels）上的甲板船副人員（Deck Officers）培訓之「駕駛台資源管理」（Bridge Resource Management；BRM）課程。隨後將視其爲一項可能性引進（Potential Intervention）課程，進而討論至非技術性技能（Non-technical Skills）的訓練工作。

六、組織層級議題

(一) 安全性訓練

在西元2001年，赫姆瑞奇等人研究結果揭示：「工作人員資源管理（Crew Resource Management；CRM）的引進應用即是海事作業（Maritime Operations）領域中的另一種邏輯思維方向[44]。」

在前述章節的回顧檢視研究結果顯示，在海上航運領域中，仍存在有諸多「非技術性的技能」（Non-technical Skills），其透過整合於最佳實務應用的相關研究工作業已被有效建立起來。在西元1999年，培諾（Perrow）先生在其所出版《正常的意外事件》（Normal Accidents）一書中指出，當船長發生船舶擱淺或與其他船舶碰撞事件時，

---

44 Helmreich, R.L., Wilhelm, J.A., Klinect, J.R. Merritt, A.C., 'Culture Error and Crew Resource Management', in Salas, E., Bower, C.A. and Edens, E., 'Improving Teamwork in Organizations：Applications of Resource Management Training, Mahwah, New Jersey：Lawrence Erlbaum Associates, USA, 2001.

甲板船副人員（Deck Officer）維持驚駭停滯及默不作聲等態度即為尋常司空見慣的情形。因此在前述案例中，似乎顯示非技術性技能的溝通能力缺陷，有時候會導致事件的發生（Occurrence of Incidents）[45]。

　　在海事產業（Maritime Industry）中，現今存有若干積極創新作法正在推動著，其目的在於因應解決船員非技術性技能的工作表現不彰問題。該「工作人員資源管理」（CRM）係為一項船員訓練的積極行動方案，並且是以整合於最佳實務應用的非技術性核心技能為基礎概念，然而其係源自於諸多眾所周知且造成人命傷亡的航空事件（Aviation Incidents）經驗所研議開發出來。該「工作人員資源管理」方案可視為一套清楚定義的認知及社交能力（Cognitive and Social Skills）之總合實踐，其中包括有人際溝通、團隊合作、情勢認知（Situation Awareness）、領導統御（Leadership）、自信果決（Assertiveness）、決策下達（Decision Making），及有益於強化團隊工作（Work in Teams）能力和提昇安全性效能（Safety Performance）的工作負荷管理（Workload Management）[46][47]。在現今英國對於所有商船領航員（Commercial Pilots）而言，該「工作人員資源管理」所屬技能訓練與考核評量

45　Perrow, C., 'Marine Accidents, Normal Accidents：Living with High Risk Technologies', Princeton University, New Jersey, USA, 1999.

46　Salas, E., Burke, S.C., Bowers, C.A. and Wilson, K..A., 'Team Training in the Skies：Does CRM Crew Resource Management Training Work？' Volume 43, No. 4, Journal of Human Factors, USA, 2001.

47　Salas, E., Fowlkes, J.E., Stout, R.J. Milanovich, D.M. and Prince, C., 'Does CRM Training Improve Teamwork Skills in the Cockpit？' Two Evaluation Studies, Volume 41, No. 2, Journal of Human Factors, USA, 1999.

（Skills Training and Assessment），已成為強制義務性的工作項目[48]。並且從航運領域（Shipping Domain）所發表研究文獻的建議顯示，在加拿大的航運產業中，亦存在有類似的強制實施（Mandatory Enforcement）之需要[49]。

透過「工作人員資源管理」（CRM）訓練方案，以強化非技術性的技能，或許可能減少人為因素（Human Factors）所致事件發生的相關原因，進而降低事件的發生。現今「國際海事組織」（International Maritime Organization；IMO）認知非技術性的訓練與能力（Competence）等迫切需要，雖然目前這是仍在初期發展階段，並且在「國際船員訓練、發證暨當值標準公約」（STCW）中有所說明，即如該公約（STCW）內表A-V/2項中所述：「在緊急情況（Emergency Situations）下，對於船上乘客負有責任船的高級船副人員（Senior Officers）所需的危機管理（Crisis Management）能力及人類行為技能（Human Behaviour Skills）。」無論如何，公約內容甚少建議人類行為技能的範疇可能為何？或者應該達到某一足夠勝任程度（Adequate Level）的能力為何？相較於「民用航空」（Civil Aviation）產業領域內，對於非技術性技能及其評估工作的認知現狀而言，諸如「工作人員資源管理」（CRM）所述人類行為相關的訓練行動方案（Training Initiatives）之評估（Assessment）及標準（Standards）等，迄今仍未發展

48　Civil Aviation Authority, 'CAP 737：Crew Resource Management (CRM) Training' from http：//www.caa.co.uk/docs/33/CAP737.PDF., UK 2003.

49　Canadian Transportation Safety Board, 'A Safety Study of Operational Relationship between Ship Masters/watchkeeping Officers and Marine Pilots', Canada, 1995.

完全。在海上航運產業中，現今正聚焦於「非技術性技能」的訓練工作（Training of Non-technical Skills），並且許多公司正引進「工作人員資源管理」（CRM）所強化的技能於其訓練課程計畫中。然而，問題依然存在，即是到底該類訓練的有效程度爲何？[50]

(二) 駕駛台資源管理及駕駛台團隊管理

「工作人員資源管理」（CRM）被稱爲「駕駛台資源管理」（Bridge Resource Management；BRM），或稱爲「駕駛台團隊管理」（Bridge Team Management；BTM），並且在海事產業界的過去十年間，業已被實際使用。然而，依據研究文獻回顧結果顯示，似乎沒有此一課程方面的相關研究經驗機構（Empirical Foundation），超越原先是實施於「航空工作人員資源管理課程」（Aviation CRM Courses）的規畫建構方面之研究成就。無論如何，根據若干國家船員的初步調查（Preliminary Survey）研究顯示，相關人爲因素（Human Factors）所致結果與航空領域者陳現相似的趨勢[51]。此即意謂著該「工作人員資源管理」方案應用於海事產業仍是有效可靠的。另「駕駛台團隊管理」課程（BTM Courses）係爲「國際船舶安全管理章程」（International Safety Management Code；ISM Code）所推薦建議的一個方向，並且因此諸多公司亦吸收採用，至於有關其管理系統架構情形，詳請參看圖

50　Barnett, M., Gatfield, D. and Pekcan, C., 'A Research Agenda in Maritime Crew Resource Management', Team Resource Management, Florida, USA, 2003.

51　Helmreich, R.L. and Merritt, A.C., 'Culture at Work in Aviation and Medicine：National, Organizational and Professional Influences', Aldershot, England, UK, 1998.

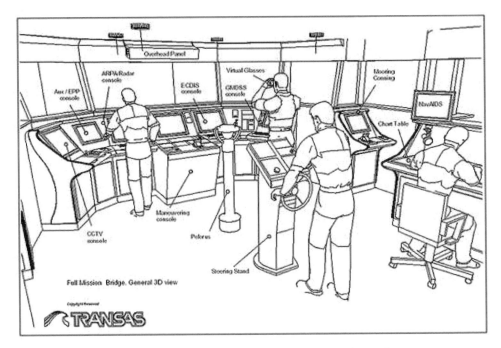

圖1-8　駕駛台工作團隊管理系統示意情形

1-8所示。

　　隨著西元1989年的「世界奇觀」（World Prodigy）號油輪擱淺（Tanker Grounding）事件發生後，美國「國家運輸安全委員會」（NTSB）建議，舉凡登錄於美國旗籍的船舶（U.S. Flagged Ships）且超過 1,600總噸（Gross Tons；GTs）者，其船上甲板部船副人員（Deck Officers）皆必須參加「駕駛台資源管理」的課程訓練（BRM Training）。有鑑於在西元1990年間美國籍「康涅狄格」（Connecticut）號油輪發生擱淺事件的啓示，美國「國家運輸安全委員會」（NTSB）於西元1992年再次重申此一建議內容。無論如何，縱使將美國旗籍船上的甲板船副人員之「駕駛台資源管理」訓練課程，被列爲一項強制性實

施的規定項目，仍然有其他船旗國（Flag States）船舶者缺乏此一課程
訓練，其或許可能導致潛在性的事故發生。因此，這一建議方案可能必
須透過「國際海事組織」（IMO）制訂實施準則（Guidelines），藉以
成爲國際公認的重要性工作項目。

(三) 機艙資源管理系統

該「機艙資源管理」（Engine Room Resource Management；
ERM）係爲船舶機艙輪機人員（Ships Engine Room Personnel）所適用
的「工作人員資源管理」（CRM）版本，在西元1980年代間被引進採
行應用，並且早已被應用於訓練備有「系統資源及危機管理」（Sys-
tems Resource and Crisis Management）等技能的工作團隊[52]。「機艙資
源管理」亦是從航空人員資源管理（Aviation CRM）的基本原理與技
能等基礎上衍生所得，惟似乎未見相關研究文獻，論文此類課程的組成
或評估結果。綜觀而言，這些課程係以主要模擬機（Simulator）爲基
礎所建構，雖然存在有許多問題，其中機艙工作環境是較少共通適用性
的，並且潛在地可能更是難以模擬，因此將此創新取得技能可以轉移至
工作現場（Worksite）嗎？現今幾乎甚少進行這些課程的衝擊影響之評
估研究工作。

在海事產業中，有限執行研究工作的大部份業已聚焦於「人爲因
素」（Human Factors）和個人層面的干預介入等議題，諸如情勢認

---

52 Barnett, M., Gatfield, D. and Pekcan, C., 'A Research Agenda in Maritime Crew Resource
Management', Team Resource Management, Florida, USA, 2003.

知（Situation Awareness）、決策下達、疲勞程度、自動化技術、人際溝通能力、身心健康與工作壓力，及團隊合作（Teamwork）等。截至現今，僅有極少數研究專注於探討「組織因素」（Organizational Factors）的效應，這些因素在於調解「組織氛圍」（Organizational Climate）與行為間關係，及後續結果程度（Outcome Measures），諸如意外事故數據等。正如圖1-1中所提及建議者一般，該「氛圍因素」（Climate Factors）可能潛在地導致海難事故的發生。因此，為求完成此一氛圍因素說明，吾人必須在意外事故的發生原因（Accident Causation）中，認真考慮此一因素，藉以在此一海事產業中，徹底解決且降低事故發生後的損害程度。隨後正是海上航運產業「安全性氛圍與文化」（Safety Climate and Culture）的研究工作綜合成果，雖然在普通心理學的研究文獻（Psychological Literature）中，對於這些項目皆有清楚明確的定義，同時這些術語亦經常被同樣地應用於海上航運的研究文獻（Shipping Literature）內，其或許可以反映出理論輸入（Theoretical Input）的程度[53]。

(四) 安全性文化

接下來將詳實說明「人為因素」（Human Factors）問題所引致，在組織層面上作出的決定或政策（Policies）結果，諸如「安全性氛圍」（Safety Climate）與「安全性文化」（Safety Culture）等，對於

---

53 Guldemund, F.W., 'The Nature of Safety Culture：A Review of Theory and Research', Volume 34, No. 1-3, Journal of Safety Science, USA, 2000.

組織管理的價值及實務的關鍵影響。

在車諾比核能電廠（Chernobyl Nuclear Power Plant）災難事件發生後，國際原子能總署（International Atomic Energy Agency；IAEA）開始關注重大災難事故，進而研究發展出在產業中的「安全性文化」（Safety Culture）概念[54]。在其災後檢討報告中，「安全性文化」被定義爲：「在組織和個人中的特性（Characteristics）和態度（Attitudes）之總合，並且規定確認爲凌駕一切的優先事項（Overriding Priority），由於核能電廠的安全問題（Nuclear Plant Safety Issues）俱有其特殊性質，必須被保證其受到特別關注。」當國際海事組織會議中演講後聲明：「更爲安全的海上航運，需要一個安全性文化。」因此，在現今海事產業中的重點工作即環繞在「安全性文化」議題上[55]。

(五) 安全性氛圍 – 評量度及安全性效能表現

「組織安全性氛圍」（Organization Safety Climate）即是在特定時間點上，「組織安全性文化」的某些特定選擇方面之瞬息簡要印象（Snapshot）[56]。雖然在「安全性氛圍」定義上仍存有若干爭論，但是對於員工的安全性態度（Attitudes）或看法（Perceptions）等特徵方面，陳現一貫性的意見趨向[57]。一個經常慣用的定義是由卓哈爾（Zo-

---

54 International Atomic Energy Agency (IAEA), 'Safety Culture', INSAG4, USA, 1991.

55 International Maritime Organization, 'Safer Shipping Demands a Safety Culture', Paper Presented at World Maritime Day, UK, 2002.

56 Mearns, K., Whittaker, S. and Flin, R., 'Safety Climate, Safety Management Practices and Safety Performance in Offshore Environments', Volume 41, Journal of Safety Science, UK, 2003.

57 Clarke, S., 'Contrasting Perceptual, Attitudinal and Dispositional Approaches to Accident Involvement in the Workplace', Volume 44, No. 6, Journal of Safety Science, UK, 2006.

har）先生於西元2000年所提出，基本上，「氛圍認知概念」（Climate Perceptions）與「模式般程序」（Procedures as Patterns）相關聯，即為透過一致性程序（Consistent Procedures）表現反映出，安全性的重要性與優先順序（Prioritization）超越其他相互競爭不能共存目標（Competing Goals）的模式[58]。同時卓哈爾更提出一組「安全性氛圍」的「層級模型」（Level Model）概念，其中存在有政策及程序的組織層級，與後續在這些程序的落實執行和優先順序中，監督工作實務（Supervisory Practices）的群組層級間之差別特徵[59]。

「安全性氛圍」（Safety Climate）與「效能表現」間存在有一種重要的相對關係，即表示該「安全性氛圍」是一個健全有力的方法（Robust Measure），可被用來作為一個具預測性的「安全性效能指標」（Safety Performance Indicator）。在西元2000年中，葛里芬與尼爾等人提議一個方法，藉以將「安全性氛圍」轉化為「組織績效表現」（Organizational Performance）[60]。並且其建議「安全性氛圍」存在有若干先驅背景要項，諸如管理的價值觀（Management Values）及附加次級面向概念（Sub-dimensions），皆可對於「安全性績效」提供若干助益貢獻。然後，其極力主張在「安全性氛圍」與「安全性效能表現」

58　Zohar, D., 'Safety Climate in Industrial Organizations：Theoretical and Applied Implications', Volume 65, No, 1, Journal of Applied Psychology, USA, 1980.

59　Zohar, D., 'A Group-level Model of Safety Climate：Testing the Effect of Group Climate on Microaccidents in Manufacturing Jobs', Volume 85, No. 4, Journal of Applied Psychology, USA, 2000.

60　Griffin, M.A. and Neal, A., 'Perceptions of Safety at Work：A Framework for Linking Safety Climate to Safety Performance, Knowledge and Motivation', Volume 5, No. 3, Journal of Occupational Health Psychology, USA, 2000.

間的「居中調解變數」（Mediating Variables），係為工作人員的知識、技能及積極行動（Motivation）等程度。這些「安全性效能表現」的評量要項，即是安全性「專案工作效能表現」（Task Performance）及安全性「內容上下連貫的效能表現」（Contextual Performance）。

在許多不同產業領域中，有關「安全性氛圍」議題皆曾經被衡量研究探討過，諸如在以色列的生產業（Production）[61]、在英國的電力產業（Electricity）[62]、在美國的建造產業（Construction）[63]、及在英國的離岸工程產業（Offshore Industry）[64]等。現今「安全性氛圍」議題業已多樣化發展起來，並且漸次關注到海事產業領域中。

七、海上航運的安全性趨勢案例分析

在西元2003年中，哈沃德（Håvold）使用現有儀器設備所組成的「複合式量度等級標準」（Composite Scale），藉以量測在挪威海運公司（Norwegian Shipping Companies）內的「安全性文化」（Safety Culture）、「民族性文化」（National Culture）及工作風險等項目，並且其研究項目內容約有三分之一者係遵循沿用源自於「離岸石油產

61 Zohar, D., 'Safety Climate in Industrial Organizations：Theoretical and Applied Implications, Volume 65, No. 1, Journal of Applied Psychology, USA, 1980.

62 Glendon, A.I., Stanton, N.A. and Harrison, D., 'Factor Analysing a Performance Shaping Concepts Questionare, in Robertson, S.A., Contemporary Ergonomics：Erogonomics for All'. London, Taylor and Francis, UK, 1994.

63 Dedobbeleer, N. and Beland, F., 'A Safety Climate Measure for Construction Sites', Volume 22, No. 2, Journal of Safety Research, UK, 1991.

64 Mearns, K., Whittaker, S. and Flin, R., 'Safety Climate, Safety Management Practices and Safety Performance in Offshore Environments', Volume 41, Journal of Safety Science, UK, 2003.

業」（Offshore Oil Industry）所研發的「安全性氛圍量度等級標準」（Safety Climate Scale）[65]。在哈沃德（Håvold）所研發的「安全性氛圍量度等級標準」係由下列因素所組成，即為：管理者及員工對安全性的使命承諾（Commitment），安全性規範／規則遵循／職業風險行為（Occupational Risk Behavior），工作負荷／工作壓力／精神壓力，宿命論（Fatalism），知識／能力，安全性價值信仰，安全性與工作／優先性間的衝突程度（Degree of Conflict），回報文化，工作成就鑑賞，人員的風險預知意識（Awareness of Risk），學習文化（Learning Culture）／意外事故學習／組織學習，安全性溝通，意外事故應變行動，安全性操作守則認知（Perception of Safety Instructions），工作本身及安全性行為等。同時在本研究中，因變數（Dependent Variables）未作探究敘述。

該普查問卷（Questionnaire）工作係針對來自27個不同國家，共計有2,558名海員（Seafarers）所作的研究調查，其中包括有：菲律賓、挪威、波蘭、印度、拉脫維亞（Latvia）、荷蘭、羅馬尼亞、印度尼西亞、英國（Great Britain）及古巴等國家，並且這些國籍海員皆各有超過10人的採樣數量。同時這些船員皆在挪威籍船舶上，進行服務工作。在西元2003年中，哈沃德（Håvold）研究結果陳現出一種可能隱性存在的「地域性文化」（Regional Cultures）特質，其中文化觀點係以價值調查模組方法（Value Survey Module；VSM 94），遵循個別性

---

65 Mearns, K., Whittaker, S., Flin, R., Gordon, R. and O'Connor, P., 'Factoring the Human into Safety：Turning Research into Practice', Volume 1 of 3, HSE, UK, 1998.

文化（Individual Cultures）群組，進行衡量研究工作，亦顯示相同的安全性態度[66]。另將挪威與荷蘭，波蘭與拉脫維亞，菲律賓與印度等分別規劃為不同的次文化群組（Cultural Subsets），因為其在16個研究要素中，皆佔有超過12個的相同性趨勢。

雖然面對安全性及風險等問題，幾乎所有國籍船員均展現出正面積極的態度（Positive Attitudes），但是在此研究樣本中，各國籍船員間仍存在有若干明顯的差異現象。同時在西元2003年的哈沃德（Håvold）研究成果中，亦發現在大多數的安全性及風險因素（Risk Factors）等議題上，與「國家文化指標」（National Culture Indexes）間存在有若干相關聯特性。這暗示出此為一個可以進一步調查探討的有趣研究領域，如何從各國家文化的最高表現，藉以減少各國家間的差異反應，從而提昇最佳的工作實務效能。另外，其亦發現在安全性及風險等問題上，當船上工作船員為來自單一國家或兩個國家者，相較於來自不同多個國家船員（Multinational Crews）者，均有最佳的工作反應態度。再者，其亦確認該「文化」因素係為工作績效表現的一個極具影響力之重要指標（Powerful Index）[67]。

在哈沃德（Håvold）的研究樣本中，超過50%受訪者來自菲律賓（Philippines），並且大多數為男性，此即反映出此海事產業的現今情形。在「安全性文化量度等級標準」（Safety Culture Scale）上，哈沃德（Håvold）證實不同國籍船員展現明顯不同得分情形，因此，大部

66 Hofstede, G., 'Cultures Consequences', Beverly Hills, CA, Sage, USA, 1980.
67 Håvold, J.I., 'National Cultures, Safety Cultures and Risk：A Study of Seafarers Working for Norwegian Shipping Companies', Alesund University College Memorandum, Norway, 2003.

份的數據組合係集中於菲律賓籍受訪者（Filipino Respondents），或許可能已經偏頗扭曲整體數據組合所代表的意義。另外一個需要注意的警示應是哈沃德（Håold）所實施的「安全性文化」調查問卷內容係以英文或挪威文（Norwegian）陳述，因此其無法確認「菲律賓籍船員樣本」（Filipino Crews Samples）或許可能未俱備瞭解該問卷題目所必需的英語程度。

在西元2000年時，針對不同類型客輪（Passenger Ships）方面，伊克、歐森及愛克賽森等（Ek, Olsson and Akselsson）共同開發出一套「標準化量度等級標準」（Bespoke Scale），藉以量測「安全性文化」的使用情形。當考量定義「安全性文化」時，其採用工作實務上的定義方式，其中包括有下列九個問題的面向，即為：回報文化（Reporting Culture）、變通文化（Flexible Culture）、公平文化（Just Culture）、學習文化、工作條件、安全性相關行為、面對安全性態度、人際溝通及風險感知（Risk Perception）等[68]。在西元1997年中，雷森（Reason）首先提出四個面向的構想，但是作者並未提供選擇其他面向的基本理由[69]。兩項研究工作係採用此一曾經被實施過調查問卷內容：其中第一項問卷調查研究是針對瑞典籍的「客貨雙用船舶」（Passenger/cargo Ship）所實施，共計48名受訪者完成問卷，其中90%船員來自歐洲國家。此一研究的首要目的是在於審核此一調查問卷的可用性，該 α 值分別依各種量度等級標準進行計算，除小規模樣本數量案例外，所有產出

68 Ek, A., Olsson, U.M. and Akselsson, K.R., 'Safety Culture Onboard Ships', International Ergonomics Association/Human Factors and Ergonomics Society, California, USA, 2000.

69 Reason, J.T., 'Managing the Risks of Organisational Accidents', Ashgate, UK, 1997.

α計算值皆顯示足夠高α值，可以證實該研究俱有「內部一致性」（Internal Consistency）的結果。

在西元2000年中，伊克（Ek, et al.）等人研究成果指出，大部份受訪者能夠完成此調查問卷表內容，其中僅存有少數疑義未答的問題。考慮此研究計畫工作的初始階段目的之一，係為證實該「標準化量度等級標準」（Bespoke Scale）的可用性，作者可以擇用一個更為健全結實結果的量度方法（Robust Outcome Measure），而不僅是完成此一調查問卷題目，藉以評估參與受訪者的理解程度。整體來看（As a Whole），研究團隊發現船上工作人員對於所有安全性文化面向，普遍表現出正面積極的回應。在甲板船副／機艙管輪人員與船上餐飲服務人員（Catering Staff）間，對於九項安全性文化中，共計有五項陳現顯著的反應差異情形，即為船上甲級工作人員的應備彈性變通能力（Rated Flexibility）、人際溝通、安全性行為、回報及工作條件等，皆較船上服務人員的問卷者更為積極正面。作者承認研究樣本數量規模較小，並且未來研究工作應朝向更大樣本規模方向實施。然而研究團隊未提及有關語言作為應用工具，當在解釋研究結果時，將會是另一個重要的關鍵性問題。

在西元2003年間，針對一艘編制有16名駕駛船副及36名船員的「高速船舶」（High Speed Craft；HSC），和一艘編制有17名駕駛船副及40名船員的「駛上／駛下客車貨運渡輪」（Roll on/roll off Passenger/cargo Ferry；ROPAX）等兩艘瑞典籍船舶樣本，伊克（Ek）使用「安全性文化」的相同量度方法，進行後續研究工作（Follow-up Study）[70]。作者亦使用客觀觀察（Observations）及公開深度訪談（Open Interviews）等方法，針對船上工作人員，藉以獲取船上存在的風險和安全性等情況下的實際經驗，針對所有部門不同工作階層的船上工作人員，進行標準制式化訪談（Standardized Interview），並且蒐集有關船舶的事件實情及統計數字等。在這兩艘船舶樣本的「安全性文化」層面之平均得分數（Mean Scores）研究數據顯示，甲級船員（Officers）較乙級船員（Crew）擁有更為正面積極影響結果，諸如在「高速船舶」（HSC）的安全性文化層面（Safety Culture Dimensions）項目佔有4/9，在「駛上／駛下客車貨運渡輪」（ROPAX）的安全性文化層面項目則為8/9之譜。

作者說明此兩種船舶間的「顯著差異」在於高速船舶（HSC）的樣本數量規模偏小，以致更難以到達「明顯意義程度」（Levels of Significance），然而此兩種船舶樣本的數量規模（Sample Size）皆顯略為少量。因此，這並不能真正被足以用來解釋這些研究結果。另一個值得注意且有趣的發現是，在「駛上／駛下客車貨運渡輪」（ROPAX）上的甲級輪機管輪人員（Engine Officers）與乙級船上工作人員，或甲板船員與乙級餐飲服務人員（Catering Staff）等，皆未見「安全性文化」層面的顯著差異。伊克先生聲稱，這些結果表示「安全性文化」在船上組織的不同層次工作人員中，陳現不同結果，與其先前的相關研究結果出現一致性趨勢[71]，並且亦與西元1998年的曼爾斯「安全性氛圍」

---

70 Ek, A., 'A Study of Safety Culture in Passenger Shipping', The 3rd International Safety and Reliability Conference, USA, 2003.

71 Ek, A., Olsson, U.M. and Akselsson, K.R., 'Safety Culture Onboard Ships', International Ergonomics Association/Human Factors and Ergonomics Society, California, USA, 2000.

（Safety Climate）研究工作之結果相吻合[72]。

在此海事產業領域內，「安全性氛圍」研究工作（Safety Climate Research）尚處於初期發展階段，並且似乎發現「安全性氛圍」（Safety Climate）或「安全性文化」（Safety Culture）的研究分類應該是亟需探討的議題。當吾人採用一種普查問卷的研究方法，藉以評估船上工作人員（Shipboard Staff）的行為，無論如何，欲提供有關正要量度「船上安全性文化為何」的合理數據結果應是十分困難。先前曾有進行小規模樣本數量的相關研究，但是其研究調查結果經常無法有效與任何具體明確的成果量度方法（Tangible Outcome Measures）相聯接，諸如「安全性效能表現」。

八、結語與借鏡

航海工作擁有許多特別需求面向，諸如工作人員無法離開其工作場所、極端天氣狀況（Extreme Weather Conditions）、長期遠離家鄉，及工作地點的遷移變動等。其中某些狀況是無法改變的，並且正是反映出此行業領域的基本性質。無論如何，其應是可能透過修改、補強，及引進創新的行政策略（Strategies）或協調措施（Interventions），藉以可能地減輕這些對於個別航海人員（Individual Seafarer）的健康及福利等因素的衝擊影響[73]。

72 Mearns, K., Whittaker, S., Flin, R., Gordon, R. and O'Connor, P., 'Factoring the Human into Safety：Turning Research into Practice', Volume 1 of 3, HSE, UK, 1998.

73 Parker, A.W., Hubinger, L.M., Green, S., and Boyd, R., 'Health Stress and Fatigue in Shipping', Australian Maritime Safety Agency, 2002.

在海上航運領域中，蓋有許多足以影響海事安全的人為因素（Human Factors），正如在本回顧檢核文章中業已提示者，諸如疲勞程度、自動化技術、情境認知意識（Situation Awareness）、人際溝通、決策（Decision Making）、團隊合作（Team Work）、健康及工作壓力等。在這些個別因素可能是引致意外事故（Accident Causation）的影響原因之提議架構內，前述議題已被進行審慎檢核，無論如何，船舶的「安全性氛圍」（Safety Climate）將亦影響個人是否積極參與安全的行為態度。並且該檢核研究亦考慮到在海事產業（Maritime Industry）所盛行的人為因素議題中，正嘗試應付解決的現今狀況，諸如「工作人員資源管理系統」（CRM）、航海船副人員的「駕駛台資源管理系統」（BRM），及機艙管輪人員的「輪機資源管理系統」（ERM）等。同時在本回顧研究中顯示，海事文獻資料（Maritime Literature）及在現今所採用的許多方法論問題（Methodological Problems）等，仍有許多研究「空間」，亟待逐步推動研究工作。

在海上航運的研究文獻（Shipping Literature）內，這些方法論的問題呈現始終一致的情形，並且係以5個主題為根本基礎。首先，有很多過去先前所進行相關研究的生態有效性（Ecological Validity）問題，在未來研究工作中可能被再行提出[74]。其次，有些不容易透過任何方法，達成進入一過渡性樣本的研究議題，及甚至經常是過少的採樣樣

---

74 Hockey, G.R.J., Healy, A., Crawshaw, M., Wastell, D.G., and Saucer, J., 'Cognitive Demands of Collision Avoidance in Simulated Ship Control' 45(2), Human Factor Journal, 2003, pp.252-265.

本數，其僅能對於前述提及議題，作出部份說明而已[75][76]。第三是在海事領域內，大部份的工作業已被進行處理，並且是可以被追溯回顧的（Retrospective）[77][78][79]。第四是有效性的議題，因為若干研究結果提供一些項目給予非母語的英語使用個人，其或許可能無法流利認知[80][81][82]。最終，在本回顧檢核論文中，許多被引用的研究內容缺乏可以評估的結果對策（Outcome Measures），尤其是對於人類的行為（Human Behaviours），諸如疲勞程度，或是狀況影響的相關對策，諸如意外事故數據，或危險災害（Hazards）或事件等報告。

　　總而言之，本研究成果證實，針對若干意外事故的個人及組織等兩者共通性的行為模式，並且透過若干作業方法可以紓緩及減輕其影響，進而可能潛在地提昇海上航運安全性（Shipping Safety）效果。

75　Ek, A., 'A Study of Safety Culture in Passenger Shipping', 3rd Safety and Reliability International Conference, 2003.

76　Koester, T., 'Situation Awareness and Situation dependent Behaviour Adjustment in the Maritime Work Domain', Proceedings of IICI International Conference, Greece, 2003.

77　Grech, M., and Horberry, T., 'Human Error in Maritime Operations：Situation Awareness and Accident Reports', Safety and System Development, Australia, 2002.

78　Grech, M., Horberry, T., and Smith, A., 'Human Error in Maritime Operations：Analyses of Accident Reports using the Leximancer Tool', 4th Annual Meeting of the Human Factors and Ergonomics Society, Baltimore, USA, 2002.

79　Lutzhoft, M.H., and Dekker, S.W.A., 'On Your Watch：Automation on the Bridge', 55(1), Journal of Navigation, U.K., 2002, pp.83-96.

80　Ek, A., Olsson, U.M., and Akselsson, K.R., 'Safety Culture Onboard Ships', International Ergonomics Association/Human Factors and Ergonomics Society, California, 2000.

81　Havold, J.I., 'National Cultures, Safety Culture and Risk：A Study of Seafarer Working for Norwegian Shipping Companies, Alesund University College Memo, 2003.

82　Smith, A., Lane, T., Bloor, M., Allen, P., Burke, A., and Ellis, N., 'Fatigue Offshore：Phase 2 the Short Sea and Coastal Shipping Industry：Seafarers International Research Centre (S.I.R.C.), 1-900174-21-9, 2003.

第貳章

海難意外事件案例的討論分析及改善對策

—— 馬紹爾群島籍Boxford貨櫃船與英國籍Admiral Blake漁船碰撞案件

摘要

在西元2011年2月11日18時39分，在英吉利海峽距Start Point港南方29浬處，馬紹爾群島籍Boxford貨櫃船和英國籍Admiral Blake漁船發生碰撞。Admiral Blake漁船兩名漁工被彈出落海，隨後被安全救回。Admiral Blake漁船嚴重毀損，必須被拖帶往英國普利茅斯港。

依據英國海上事故調查局（MAIB）調查結果，確認Boxford貨櫃船的駕駛台人員直到碰撞不久前，才察覺到Admiral Blake漁船的存在。目視及雷達守望皆未發生有效作用，而船長或可能因疲勞因素，未能準確評估漁船的接近及移動情形。最終發生危險的操船行為，導致碰撞結果。

倘若Admiral Blake可持續發送船舶自動識別系統（AIS）訊號，Boxford船長或許可能及早察覺漁船的存在。這將可能使其有更多的時間，準確評斷狀況，並且採取適當行動。

最終一份建議報告業已完成，提供Boxford船舶負責人，要求強化

其所屬船隊駕駛台的瞭望當值之標準。另外亦提供Admiral Blake漁船船主，督促其多多操作船上AIS系統，發送航行安全訊號。

關鍵辭：蒲福風級、避碰當值、自動識別系統、自動雷達測繪系統、國際海上避碰規則。

一、事件過程說明

當日風力不強，能見度約5浬，但在下大雨的情形下，能見度減至1至2浬。西南湧浪，浪高4至5米，中級海象，致使Boxford貨櫃船偶爾出現橫搖（Rolling）情形。有關海上風速及浪高等狀況研判，詳情請參看1993年國際氣象組織（International Meteorological Organisation）所公佈的蒲福風級表[1]（Beaufort Scale）。潮汐流影響幾乎可以忽略，海水溫度約攝氏10度。落日時間是18時21分。

(一) 事件經過

1. Boxford貨櫃船

在西元2011年2月11日傍晚，Boxford從比利時安特沃普港（Port of Antwerp）出發，行經英吉利海峽，前往義大利吉歐亞陶羅港（Port of Gioia Taura），Boxford貨櫃船海上航行情形，請參看圖2-1所示。該船是依照Ouessant分道通航制（Traffic Separation Scheme；TSS），以航

1　戚啓勳編著，航海氣象學，國立編譯館，茂昌圖書公司，中華民國八四年二月，頁二六三至二六五。

圖2-1　Boxford貨櫃船海上航行情形

向240度自動導航（Autopilot Navigation）駕駛，並且以每小時19浬的船速航行。當值人員是大副，甲板見習生負責瞭望。安放在駕駛台右舷的是兩座STN Atlas雷達，皆有配備自動雷達測繪系統[2]（ARPA）。然而，只有S波段雷達是在工作應用中。雖然X波段雷達是可以使用的，但其處於待機功能模式中。

　　大副手動調整S波段雷達，使用短程脈衝設定並且將雷達顯示距離圈調為12浬範圍、船艏向上及眞運動等功能設定。大副並解除雷達顯示的中心，以提供出最大偵測距離約為16浬。其亦使用手動擷取雷達目標，並且沒有設定一個自動偵測示警區域。相鄰S波段雷達旁即是AIS訊號接收機，其提供有發送AIS訊號的附近船隻之名稱及各項內容

2　宋周奇等編著，航海儀器，交通部船員訓練委員會審訂，幼獅文化公司，中華民國七五年六月，頁三一至三八。

細節。AIS與雷達的功能介面是被整合在一起的[3]。

在18時15分不久前，大副在駕駛台左舷側翼邊，抽著一根菸，其聽到從主甲板傳來噪音，懷疑一些積載冷藏貨櫃的繫固裝置可能有所鬆動。大副抽完菸後，立即回到駕駛台內尋找船長，船長正位於艙壁後電腦，檢閱電子信件。維修工人亦來到駕駛台。

大副請船長接手當值一會兒，以便其能檢查貨櫃繫固裝置情形[4]。船長同意，大副於18時29分離開駕駛台。在接手當值後，船長檢查雷達螢幕顯示情形，並且縮小雷達距離圈至6浬，然而並未在雷達上發現可見的目標。

當Boxford曾泊靠在安特衛普港時，由於一個甲板洩水孔有缺陷，以致船長住艙因雨水而泛濕。船長和維修工人正討論如何修理洩水孔，隨後維修工人離開駕駛台。

後來船長發現當天早些時候所舉行的火災、救生艇及溢油等演習，尚未被正確記錄在航海日誌中[5]。於是請二副到駕駛台來，二副於18時33分前抵達。船長開始向二副解釋，應如何完成航海日誌記錄。船長和二副正站在海圖桌旁，正向船艏且位於駕駛台右舷的雷達後方。

當18時37分，當值報告船艏左舷有一明顯光線。船長檢視雷達尋找目標，然而沒有發現任可可見目標。於是再使用雙筒望遠鏡，他看到瞭望報的位置有個綠色燈光，並且確認為一艘漁船。船長結論是，

3　吳東明著，海巡應用科技，五南圖書出版公司，中華民國九九年八月，頁三七至三八。
4　趙鈞等編著，貨物作業，交通部船員訓練委員會審訂，幼獅文化公司，中華民國七五年六月，頁七一至七二。
5　盧水田等編著，船舶管理及安全，交通部船員訓練委員會審訂，幼獅文化公司，中華民國八三年六月，頁五一。

Boxford可能超越漁船，他估計將由漁船的西北方通過。隨後他採用自動舵航行，調整航向為250度，以增加通過的距離，延長通過的時間[6]。

船長再次嘗試建立與漁船的距離範圍，並且調整雷達至手動微調及抑制海象與雨水訊號控制，但他仍然無法於雷達顯示螢幕上，偵測到漁船的存在。

在18時39分，Boxford貨櫃船航向為250度，瞭望報告光線「非常接近」船舶右舷。船長立即看到，光線更加明亮，而且確實是非常接近。於是他改用手動操舵系統，並且下達「右滿舵」舵令。掌舵的二副接受舵令，遵循執行操船作業。然而在18時39分39秒，Boxford貨櫃船與一艘漁船發生相撞情形。

2. Admiral Blake漁船

Admiral Blake正以2.9節船速，以自動舵航向46度，進行拖網航海作業。其正顯示桅燈、舷燈、艉燈，及一個環照綠燈於環照白燈上，表明其是正從事拖網作業中的漁船，其船艉甲板泛光燈亦開啓著。至於Admiral Blake漁船海上作業情形，請參看圖2-2所示。

在18時20分，船長注意到雷達上顯示約距船舶右舷6浬處，有一光點目標。7分鐘後，其才能夠意識到是一艘船舶，且看到正顯示兩個桅燈和一個紅色舷燈。並查詢設定為只接收AIS訊號，並且確認是Boxford的目視及雷達目標。其亦注意到，Admiral Blake漁船將由貨櫃船的

6　宋周奇等編著，航海儀器，交通部船員訓練委員會審訂，幼獅文化公司，中華民國七五年六月，頁一一○至一一一。

圖2-2　Admiral Blake漁船海上作業情形

船艏通過。

　　在18時33分左右，船員亦陪同船長進入駕駛室。大約在18時35分，Admiral Blake將航向調整至34度。不久之後，兩人都看到貨櫃船的舷側綠色燈光，並且假設Boxford貨櫃船已經改變其航線向左，並且會通過其船艉。

　　Admiral Blake船員由於正在拖網，因此，兩名漁工到主甲板上，從儲藏艙內收集集魚箱。一名漁工依然留在甲板上，另第二名漁工進入儲藏艙。大約在18時39分，船長打開船艏泛光燈，照亮漁工工作的區域。

　　大約一轉瞬間，船長看到Boxford貨櫃船轉向右舷接近漁船，所以其大喊警示其船員。另一名船員由右舷艙門離開駕駛室，船長則將主機打倒車（Astern）。當船長意識到碰撞是不可避免的，並且將主機與轉車齒輪，逕行跳脫作業。

(二) 碰撞與搜救

Boxford船艏以約17度角方位撞擊漁船的右舷船側,猛力推動漁船向左移動。初始衝撞造成船員落海,並且使漁船工作的儲藏艙口關閉。第二名漁工亦被彈出甲板外,惟仍試圖抓住船舷甲板索具。Boxford右滿舵操船慣性動力仍在,繼續轉向右舷,其船艉亦撞擊到Admiral Blake船體,促使第二名漁工鬆脫索具,落入海中。

Admiral Blake船長立即以VHF 16無線電頻道廣播求救,該訊息經由Amber Jay漁船轉送至布里克漢姆海岸防衛隊[7]。共計有四艘漁船,包括Boxford的三艘商船、一架海岸防衛隊的直昇機、一架英國皇家空軍（RAF）的直昇機及兩艘皇家國立救生艇協會（Royal National Lifeboat Institution；RNLI）的救生艇,均參與隨後的搜索及救助行動。至於兩船於英吉利海峽碰撞海事案件發生地點,請參看圖2-3所示。

兩名落海船員皆被救回。在事故發生10分鐘內,漁船船員由Admiral Blake上其他船員尋獲救起。另在落水40分鐘後,剩下的一名漁工則由Boxford貨櫃船的救援艇救起。後來其被直昇機送往醫院,由於驚嚇與失溫因素,該漁工在醫護治療6天後才出院。

---

7 蔡坤澄等編著,船舶通訊,交通部船員訓練委員會審訂,幼獅文化公司,中華民國七五年六月,頁三一至三八。

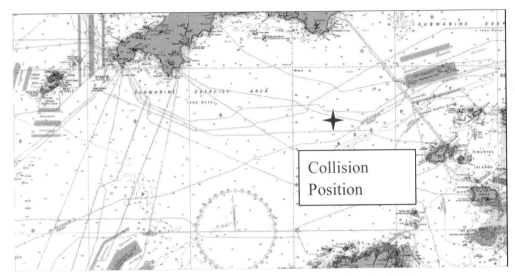

圖2-3　兩船於英吉利海峽碰撞海事案件發生地點

（資料來源：MAIB Report No. 17/2011，2011年）

(三) 損壞情形

在碰撞中，Admiral Blake遭到嚴重破壞，經由船殼外板裂縫，造成儲魚艙及儲藏艙等處出現泛水情形。雖然一開始船上泵浦能夠應付泛水情形，後來又將救生艇上泵浦拿至上船應用。至於進一步的損壞，包括有右舷船艏舷牆結構的變形挫曲（Buckling），主桅杆（Main Mast）、天線及燈具等毀損，及幾個甲板通風口和管道的彎曲或移除，詳請參看圖2-4及2-5所示。最終Admiral Blake漁船被一艘RNLI的救生艇拖曳至其在英國普利茅斯（Port of Plymouth）的母港。

圖2-4　Admiral Blake漁船外板遭受損壞情形

圖2-5　Admiral Blake漁船的桅桿受損情形

　　Boxford貨櫃船所遭受損壞部份，包括有船殼外板及其球型艏的內部結構（Internal Structure of Bulbous Bow）。另其船艏左舷及左前船體的油漆塗裝亦已被刮除剝落。Boxford救難艇的舷外機亦在救援Admiral Blake漁船漁工的返回航程中遺失。有關Boxford貨櫃船與Admiral

Blake漁船的相關數據資料彙整比較情形，詳請參看表2-1所述[8]。

表2-1 Boxford貨櫃船與Admiral Blake漁船的相關數據資料彙整比較

項目／船型	Admiral Blake	Boxford	備　註
1. 設計數據			
(1) 船旗國	英國	馬紹爾群島	
(2) 船種	雙橫拖網漁船	貨櫃船	
(3) 船公司	Interfish Ltd.	Alfa Ship Managers Pte Ltd.	
(4) 船全長	22.3	207.4	公尺
(5) 總噸位	136	25,624	噸
2. 航程數據			
(1) 出發港	Plymouth, England	Antwerp, Belgium	
(2) 目的港	Plymouth, England	Gioia Tauro, Italy	
(3) 人員編制	4	22	人
3. 海難資料			
(1) 海難種類	嚴　　重	海　　難	
(2) 傷亡情形	2人驚嚇失溫	0人	
(3) 航行狀況	拖網作業	過道通行	
(4) 損壞情形	右舷外板裂損挫曲	船艏外板內構損壞	
	主桅天線燈具損壞	右舷船艏側舷掉漆	
	甲板通風管具曲折	救難艇舷外機遺失	

8　MAIB, Accident Report on Collision between MV Boxford and FV Admiral Blake, Report No. 17/2011, United Kingdom, Septembre 2011.

(四) 船員證照

Boxford貨櫃船上的22名船員係由烏克蘭籍甲級船員及菲律賓籍乙級船員所組成；船上亦有兩名中國籍見習生，共同工作語言是英語[9]。在安特衛普港時，一些船員已經被替換，其中包括有大副。三副亦已晉升為二副，因此三副職缺亦由新人替代補實[10]。

Boxford船長擁有STCW公約II /2無限海域的船長證書，並且於2006年初任船長[11]。他在2010年12月初派至此艘貨櫃船上工作。大副亦擁有「STCW公約II /2無限海域的船長證書」[12]。這是他與船東的第一份合約，亦是首次在此艘貨櫃船上工作。

Admiral Blake船上船員包括有船長、船員，及兩名漁工，所有人員都同在此漁船上工作至少4個月以上，業已完成包括有安全認知、消防，急救及海上求生等課程訓練。船長擁有二等船長證書，船員亦備有引擎室當值等級證書。

(五) Boxford船長工作時間

在2月10日時，Boxford在安特衛普港進行碼頭貨物裝卸工作。由於

9　吳東明、賴宜琳及許智傑，國際船員教育訓練的最新發展趨勢探析與醒思，第八三期，專題報導，船舶與海運，中華海運研究協會，中華民國九九年十一月，頁一八至二六。

10　盧水田等編著，船舶管理及安全，交通部船員訓練委員會審訂，幼獅文化公司，中華民國八三年六月，頁二七至三○。

11　盧水田等編著，船舶管理及安全，交通部船員訓練委員會審訂，幼獅文化公司，中華民國八三年六月，頁一二一。

12　郭長齡等編著，一九七八年航海人員訓練、發證及當值標準國際公約一九九五年修正案，交通部運輸研究所，中華民國八五年九月，頁三一至三四。

身為船長的工作責任需要，意味著從04：00時直到21：00船舶開始航行間，其無法獲得任何休息機會。然後船長仍留在駕駛台等待領航員，作河道引水至大洋。在這段期間，其被告知安特衛普港區發生豪大雨狀況，造成在船艏前第一艙積水情形。由於擔心貨物利益保險理賠的潛在可能性，船長通知船舶保險公司（P & I）及岸上技術經理相關情況。

在2月11日午夜01：00不久過後，船長覺得可以離開駕駛台，並且稍作休息。然而，在其到達自己住艙時，發現住艙亦因先前大雨而泛濕進水。因此船長再次返回駕駛台，在那裡直到06：00，才再離開駕駛台去吃早餐及淋浴。

07：00時，船長又回到駕駛台，正當船舶航經多佛海峽（Dover Strait）時，提供新任三副相關支援。在11：00時左右，船長離開稍作歇息，但稍後在下午返回，進行監督例行性的緊急應變及棄船演練。在16：30時演習完成，18：15時返回駕駛台之前，船長得以離去吃晚餐及淋浴。

二、事件討論分析

(一) 現場重建

應用全球定位系統（Global Positioning System；GPS）資訊，進行Boxford和Admiral Blake等兩船航跡追蹤及現場重建情形，詳參見圖2-6所示[13]。大約在18：37時，Admiral Blake由Boxford船舶約1浬距離前方

---

13 廖中山編著，電子導航及安全管理，海洋臺灣文教基金會，中華民國八五年八月，頁二四五至二七六。

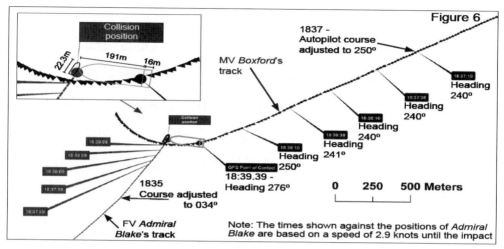

圖2-6　兩船碰撞海事案件的發生航跡情形
（資料來源：MAIB Report No. 17/2011，2011年）

處通過。如果當時兩艘船皆保持其原本航向，Admiral Blake和Boxford
的最接近距離（Closest Position of Approach；CPA）約距貨櫃船右舷3
鏈長度[14]處。碰撞事件發生直接來自於Boxford貨櫃船，於18時37分此時
間內，改變航向右轉所造成。

(二) 情況認知

當18：37時，見習生第一次內Boxford船長示警Admiral Blake的存
在，該漁船約距離船艏1浬處。在評估Boxford正將追越漁船時，很清
楚船長誤解他所看到的航行燈號。因此，其轉向右舷，欲避開Admiral
Blake漁船，卻減少原本已經很小的最接近距離（CPA），因此更形惡

14　一鏈長度相當於十分之一浬，即約為185.3公尺。

化接近漁船船舷的危險方位角情況。

　　然而，漁船繼續安全地通過Boxford船艏。只是當船長下令右滿舵後，Boxford處於與Admiral Blake碰撞的航線上。根據見習生報告此一行動的回應顯示，漁船非常地接近，當Admiral Blake在貨櫃船船艏右舷約2鏈長近距離。幾乎可以肯定的是，當漁船船長在開啓甲板上泛光燈後，漁船接近時，對於貨櫃船周遭狀況，船長和見習生即變得非常明確炫目。

　　在從調整自動舵航向爲250度，乃至下令右滿舵的2分鐘內，船長無法由雷達偵測到Admiral Blake漁船，導致後續不準確的評估，漁船實際上比其評估範圍更近。船長的情況認知缺乏，及受到漁船突然接近驚嚇的影響，本能性的改變航向朝右舷，在這種情況下，促使Boxford與Admiral Blake漁船碰撞事件發生。

(三) Boxford船上人員瞭望

　　依據1972年國際海上避碰規則（COLREGS）要求Admiral Blake的桅燈，至少在距離3浬仍應清晰可見[15]。然而，Boxford見習生未報告發現漁船的燈光，直到在距離船艏1浬之前。這可能因爲在中級海象及4至5米浪高中，捕魚船隻移動的燈光僅能斷斷續續被看到，一直變化的能見度，及視野被船上聳立起重機具遮蔽視線有關，請參看圖2-7所示。亦有可能是缺乏經驗的見習生，祇在能清楚看到燈光的狀況下，才

---

15 中華民國船長公會譯印，一九七二年國際海上避碰規則公約，二四版五刷，中華民國九五年五月，頁一八。

圖2-7　Boxford貨櫃船上貨物吊車妨礙視界情形
（資料來源：MAIB Report No. 17/2011，2011年）

會迅速報告船長所引起。

　　Boxford船長無法從雷達螢幕上偵測到Admiral Blake漁船。雖然兩個工作雷達中，僅使用其中一個雷達，而無法同步監控不同距離範圍，假若在正常功能運作及顯示控制正確調整時，S波段雷達應毫無困難地可偵測到Admiral Blake漁船。

　　在發生碰撞後，一些船副人員對於雷達的運作性能進行評測。然而，對於雷達運作性能評測所得意見不一致，並且表示S波段雷達可以正常運作。因此，Admiral Blake被雷達偵測的失敗可能是因為雷達未依當時的海況及距離圈的選擇，進行適當設定及有效作動[16]。亦有可能是Admiral Blake目標，僅在雷達螢幕上間歇性地出現，船長和見習生

16　廖中山編著，電子導航及安全管理，海洋臺灣文教基金會，中華民國八五年八月，頁八三至九七。

未能充分監看螢幕，在該船的航行速度下，有效觀察到雷達幕上所測繪的目標。

依據「1972年國際海上避碰規則」第5條規定：每艘船在任何時候皆應使用視覺、聽覺及適合當時環境和情況下的一切適當有效方法，以保持適當的瞭望，以便對於碰撞風險及狀況等，作出充分的完整評估。另第6條(b)項規定：包括有當決定安全航速時，在其餘因素中，對於備有可使用雷達的船舶，尚應考慮：

1. 雷達設備的特性、效率及限制。

2. 所選用雷達距離圈所帶來的任何限制。

3. 海況、天氣和其他干擾源對於雷達偵測所造成的影響。

在這個案例中，儘管在惡劣天氣中，S波段雷達具有較優於X波段雷達的潛在優點，然而在夜間，僅使用船上兩座雷達的其中之一，以19節速度航經英吉利海峽，並且在一個可能減弱雷達資訊顯示的海況下，強烈顯示該船並不完全符合任一前述避碰規則。如果Boxford當值人員對於S波段雷達的工作性能沒有任何疑問的話，在此一案例中，同時操作兩個雷達，在當時海況下應會更有助益。

(四) 決策作為

當在18：29時，Boxford船長接替大副當值職務，其已將近38個小時沒有適當休息。一些因素和事件影響他的休息，其中包括有：

1. 靠港期間的工作。

2. 貨艙泛水的可能保險理賠。

3. 駛離安特衛普港的領航時間延長。

4. 船長住艙的泛水。

5. 在通過多佛海峽時，需要監看無經驗的三副的當值作業。

6. 需要實施處理緊急應變及棄船演練。

雖然這些事件皆是完全不可預測的，對於船長的時間壓力起因於在安特衛普港時，船員大幅變更。特別是在延長領航期間前，三名甲板船副人員中，更換兩名人員的後果，船公司經理在計畫更換船員時，並未考量到將通過多佛海峽的情形。

船長無法正常休息的可能後果是，在某些程度上，使其判斷能力因疲勞及壓力而降低。這些可由船長容許和維修工人及二副等的離開其當值責任談話記錄，獲得證實。再者從他誤判漁船的燈光，及無法從雷達顯示幕上找到漁船目標等情形，亦可進一步支持此一論點，這兩者論達皆可造成其缺乏情況認知，導致其決定改變航向朝右。然而，儘管船長的疲勞判斷造成碰撞的結果，惟在後續Admiral Blake漁工的救助作為上，仍是正面積極且值得讚許的。

(五) Admiral Blake漁船人員的因應行動

當Admiral Blake船長第一次見到貨櫃船，便已正確評估Boxford將會由漁船的船艉通過。當時Admiral Blake漁船正在進行拖網作業，而且是一艘有動力船舶，因此根據國際海上避碰規則第18條規定，Boxford仍有責任採取避讓作為。儘管如此，Admiral Blake船長繼續監看著貨櫃船，並且在18：35時，小幅調整航向，以拉開兩船間的最近接觸距離。雖然船長後來誤解貨櫃船的航行綠燈，以為其已向左轉，取代原本由船艉通過航向，其假設Boxford正將安全通過，仍是有所根據。在

當Boxford僅有大約2鏈長的距離，以近乎19節船速轉向Admiral Blake時，當下漁船船長已無法做出任何動作，以有效防止碰撞的發生[17]。

(六) AIS應用

自AIS系統問世推出以來，已變得越來越多被大多數海員應用於協助航行避碰的工作。現今諸多船舶使用AIS系統作為介面，以整合雷達或電子海圖顯示器等航海儀器功能，其可使駕駛台當值人員透過AIS傳輸訊號，以快速識別和定位所有船隻的位置[18]。在此一案例中，倘若Admiral Blake持續透過AIS傳送位置訊號，在距離3至4浬外的Boxford船長在剛接班當值，第一次監看雷達螢幕時，即可很容易判讀Admiral Blake漁船的存在。船長亦將可以擁有足夠的反應時間，以準確地評估當時情況，並且採取適當行動，以避免碰撞發生。

不幸的是，正如Admiral Blake漁船一般，許多漁船雖裝設有AIS系統，接收其他船隻信息，惟卻因其自身商業利益，選擇不發送自身的位置和航行數據。然而，在Directive 2009/17/EC 修正 2002/59/EC條文中，提議建置一個區域船舶交通監控及服務系統，要求歐洲國家（European Community）凡超過15米長的漁船，在任何時候皆須開啟AIS系統有效運行[19]。因此，英國海岸防衛隊（MCA）試圖於西元2014年，即開始對於英國註冊的漁船執行此一要求。預料此項規定將有助於確保

---

17 蔡坤澄著，操船學，周氏兄弟出版社，中華民國七八年四月，頁二一○至二一一。

18 廖中山編著，電子導航及安全管理，海洋臺灣文教基金會，中華民國八五年八月，頁二七七至二九六。

19 吳東明及王需楓，國際海事組織在港口國管制規定的現況發展研究，船舶與海運，中華海運研究協會，中華民國九○年十月。

這些漁船的安全，特別是處於或鄰近繁忙的航道上，進行捕魚作業時。

三、結論與建議

(一) 結論

1.碰撞發生係因當兩船僅距離2鏈長度時，Boxford貨櫃船改變航向，直接朝向Admiral Blake漁船衝撞。

2.Boxford駕駛台人員第一次發現Admiral Blake時，距離僅為1浬，可能原因為能見度、海象，及船上高聳直立的起重機具侷限視野障礙等所造成。

3.因為船上僅操作其中一座雷達，以致Admiral Blake未能被偵測到，並且雷達顯示螢幕亦未能依當時海象及掃描範圍圈等，作出最適化調整，亦可能係雷達未正常功能運作[20]。

4.當船舶速度為19節時，Boxford雷達當值人員無法充分瞭望。

5.Boxford船長未能清楚得知Admiral Blake漁船的位置或移動情形，因此向右改變轉向接近Admiral Blake，即顯示其缺乏情況認知。

6.Boxford船長的決策和表現可能受疲勞因素所影響。

7.倘若Admiral Blake持續發送AIS訊號，Boxford船長將可能及早發現漁船的存在，使其有更多時間可以準確評估情況，並且採取適當的避碰行動。

---

20 盧水田等編著，船舶管理及安全，交通部船員訓練委員會審訂，幼獅文化公司，中華民國八三年六月，頁三三二至三四〇。

(二) 採行作為

Alfa船舶管理公司：切換Boxford貨櫃船上S波段及X波段雷達的磁電管設備，並且再行確認該兩座雷達皆能正常運作。

(三) 建議

1. Alfa船舶管理公司

將此事件的教訓公佈於所屬船隊，並且確保：

(1) 在任何與當時海象狀況相當的時候，船舶當值人員應維持有效的雷達與目視瞭望。

(2) 船員更替的程度及地點皆應謹慎考量，以降低船長工作負荷的影響衝擊。

2. Interfish漁船公司

在任何時候，鼓勵所屬漁船均應持續發送AIS訊號，尤其是處於或鄰近繁忙的航道中，進行捕魚作業時。

(四) 策進作為

1. 海事安全調查報告內容

在本論文中，透過英國海事調查局（Marine Accident Investigation Bureau；MAIB）所發佈Boxford貨櫃船與Admiral Blake漁船海上碰撞事件的海事安全調查報告，深入瞭解海事案件調查及報告記錄的內容格式，以為我國海事主管及執行機關同仁參考應用借鏡。一般而言，「海事安全調查」（Maritime Safety Investigation）目的旨在防止未來海難

事故的再次發生，其係在國際海事組織（International Maritime Organisation；IMO）所公告的各項國際公約及決議案規定等授權下，由各締約國實施。依據西元2012年1月1日強制實施MSC.255（84）號決議案中有載「海事調查規則」規定，海事安全調查報告（Marine Safety Investigation Report）內容要項[21]歸納如后：

(1) 簡要說明事件大綱、意外事故基本原因、有無人員傷亡，或環境污染結果。

(2) 安全管理證書（Safety Management Certificate）上所記載的船旗國、船東、操作人、公司及船級協會（Classification Society）等內容。

(3) 涉及船舶主機、相關船艙空間、船員日常工作及工作時間等相關重要細節。

(4) 海事意外事故的詳細環境狀況。

(5) 分析及討論，包括機械上或人員操作上，或機關政策或管理上等因素。

(6) 討論海事調查的最終裁決，包括確認安全事項及作出海事調查結論。

(7) 對於避免未來意外事故的建議。

2.因應對策

「海事安全」理想的終極實現必須遵循一套由上而下的作業邏輯，

---

21 張朝陽及陳彥宏等，海事調查，專題報導，七二期，船舶與海運通訊，中華海運研究協會，中華民國九八年十二月，頁三〇至三九。

應由航政主管機關制定前瞻海事政策、進行相關監管法規研訂、依據法規循序進行船舶設計、建造、監工檢驗、監督管理,進而降低海事安全意外事件發生機率。前車之鑑、後事之師,倘若發生海事安全事件時,必須審慎進行調查分析,追究缺失原因,藉以回饋至海事政策研擬階段,進而有效改善提昇政策法規制定品質,降低海難事件發生的可能風險。隨後設置事權統一的海事安全任務執法機關,充實執法救難的設備籌獲預算經費,強化救難執法人員的專業訓練,並且研訂維護海事安全工作的標準作業程序及協調聯繫辦法,最終實施定期海難救護任務的海上實戰演習,達成確保人命財產安全的終極海事安全目標。作者以海事專業良知及多年研究經驗,謹提供若干因應對策構想建議方案,詳實分項敘述如后:

(1) **船舶設計、船員訓練、當值訓練**:依據英國勞氏驗船協會(Lloyd's Register;LR)所發佈年度海難事件統計報告(Annual Casualty Report)歸納得知,一般海難事件的三大構成要素係為船舶(Ship)、船員(Seaman)及海洋環境(Sea Environment),即天候海況等,尤以「船舶」要素影響為鉅。因此欲有效控制海難事件發生頻率的最適途徑(Optimal Approach),即是遵循「國際海上人命安全公約」(SOLAS)規定,設計優越安全性能船舶,設置避免人為疏失所造成危害的船舶安全性監控裝備,以降低發生海難風險[22];依據「國際船員訓練、發證及當值標準公約」(STCW)規定,審慎培訓優質適格

---

22 吳東明著,海事安全與船舶設計,國立教育研究院主編,五南圖書公司出版,中華民國一〇一年七月,頁七至八。

的海上工作人員；並且謹守「國際船舶安全管理公約章程」（ISM）規定，將船上工作項目研製標準作業程序及管理參考文件等，以為船上工作人員在因應各種船上突發緊急應變情形時，可以適時熟練地從容應付海上危難狀況。

(2) **環境認知、政策管理、法規制訂**：檢查、調查、評議、仲裁。

倘能完成優質安全性設備的「船舶設計」，即應可隨時有效瞭解天候海況，再透過嚴謹的「安全性設備」船員職能訓練，應可有效操作設備，降低海事船難案件的發生機率，提昇高度「海事安全」政策目標成效。依據前述推論可知，良好的「船舶設計」應是達成海事安全的重要關鍵，因此嘗試從海事安全事件的審慎研究其原因，透過海事相關團體進行深度討論，進而研擬合宜海事安全政策，制訂行政監督管理法令，據以進行安全性船舶設計，有效監督檢驗操作管理，諸如：1.船旗國管制（Flag State Control）及「港口國管制」（Port State Control；PSC）等的船舶檢驗工作，杜絕國際間流動的次標準船（Substandard Ships）；2.規劃港區內的「船舶交通管理系統」（Vessel Traffic Management System；VTMS）及沿岸海域的船舶安全航行輔助系統設施；3.港區內的「交通分道航行制度」（Traffic Separation Scheme；TSS）及港區外的沿岸航道制度；4.建置「海洋氣象及水文資料庫」及「即時休閒親水遊憩活動的安全資訊查詢」等系統，以確保海事安全性政策概念的完整實踐[23]。假若不幸發生海難事故時，可以依法執行海事案件的

---

23 吳東明及許智傑，歐盟海事安全的前瞻規劃及策進作為探析 - 船舶安全的設計、營運及法規系統之整合計畫，第八二期，專題報導，船舶與海運，中華海運研究協會，中華民國九九年十月，頁二五至三六。

調查工作，製作完整海事安全調查報告，以利後續海事評議工作的專業參考依據，作出正確的海事案件仲裁結果。並且建議審慎組成「海事評議委員會」，延聘海事專業領域的「產、官、學、研、用」等各界人士充份參與，期能再行提昇專業評議，落實合理適切仲裁的效能，進而改善政策執行結果的反饋管理。

(3) **任務執法、設備籌獲、人員訓練、定期演習**：制定海事安全維護的周延完備法源依據，設置事權合一執法機關的組織架構及適當的人員編制，爭取編列充實的預算經費，籌獲建置功能合宜的軟韌硬體設備，酌以執勤事務的紮實職能訓練，規劃擬定跨機關的協調聯繫辦法、內部指管通情工作要領及標準作業程序等典章制度文件，定期實施現場演練，以期熟能生巧地應變處置，有效提昇海難事件的搜索救助成功機率，確保海事安全政策目標的具體實踐。

第參章
國際海上事故調查制度的比較分析及政策借鏡

摘要

在觀察歷年案例發現，船舶碰撞案件具有高度涉外性及複雜性，常伴隨著人命傷亡、海洋環境污染及船貨損害，進而衍生行政、刑事及民事等責任。諸如碰撞兩方分屬不同國籍，更牽涉國家管轄權限問題，再者碰撞海域如在國際法中所規範不同海域，亦有不同法律適用的情形。

海上船舶碰撞事故的處理，不僅須重視搜救成效，對於蒐證技能的提昇與事故原因的調查分析更是不容忽視的事項。隨著現代海事科技設備的日新月異發展及海上安全管理的強化，事故調查成為海上交通安全管理中一個不可或缺的重要環節。透過事故原因分析的提醒及建議，有助於預防海上事故的發生。綜觀世界其他海運先進國家皆有變相關專責調查機構，負責實施獨立性質的事故調查及鑑識作業，藉以瞭解還原事實真相。

本研究針對實務上處理船舶碰撞所衍生的法律責任、執行國家管轄的法理基礎，延伸至英、美、加、日等國際各先進海事國家的海上事故調查制度與執行現況比較分析，最終對於海上事故調查的依據及現代海事科技的取證方法等面向加以探討，進而提出若干有關海上事故調查制

度的建議，以爲我國航政主管及海巡執法機關的施政參考應用。

關鍵辭：調查制度、海事鑑識、海岸防衛隊、海事安全調查、海事調查
委員會。

一、前言

海上運輸是歷史最悠久的運輸手段之一，就國際貿易而言，海上運輸是運量最大的貨物運輸方式。由於我國爲海島型國家，海運量已然形成較大的規模，隨著海洋運輸業的發展，船舶數量不斷增多，海上運輸風險亦不斷增加，一旦發生事故，將可能給社會、經濟及環境造成巨大的危害。因此，海上交通事故，尤其是那些對環境造成嚴重污染，抑或是對人命安全造成重大傷亡事故的發生，使得人們對海上運輸的安全性、船舶的可靠性和船員的素質開始產生懷疑。國際間業已開始探求這些重大海上事故發生的原因，亦不斷促使吾人修改現行安全法規，使其更爲完善。然而這些工作必須透過事故調查，以查明事故真相，分析事故原因以判明事故責任，進而提出安全建議，採取安全措施，以防制事故的再次發生。

爲何特別於本章論及海上事故調查，主要考量現階段海巡機關接獲船舶碰撞事故或其他重大海難時，均以救助人命爲第一要務駛往現場，經過長久努力，在海難救助亦有明顯進步；雖然救助成功率逐年提昇，惟檢視海難事故案件卻仍頻傳，因此在注重海難救助、犯罪追緝、海事調查等事後工作之外，亦應積極推動事前的預防發生工作，然而要預防

船舶碰撞或海難的發生，首先最必須被重視的是事故調查的進行。

二、海上事故調查的基本概念

「事故調查」（Accident Investigation）的主要目的，簡言之就是為探究事故發生的原因，以及防止之後事故再次發生而實施的調查行為。事故調查程序必須確認造成事故的直接原因、間接原因及根本原因，並且根據根本原因改善安全管理系統的缺陷，以預防相同或類似的意外事故再次發生。

意外事故調查的觀念最早源自於漢因理奇（W. H. Heinrich）先生所倡導的「骨牌理論」，最先是用於調查職業傷害事故，相關連續事件模式認為事故的起因為不預期的事件，事件之間有明確的因果關係存在，後續發生的事件具有「擴散」或「衍生」的效應。骨牌理論將每一項事件因素視為一張骨牌，當初始事件發生後，其他事件因素也會依序發生，最終導致尾端事故及人員傷亡、財物及其他損失等後果。因此依照該理論的邏輯，若移走一張或數張骨牌，將不至於使整串骨牌倒下，即最終事故就不會發生。

過去數十年，雖然已發展不同的事故調查方法，但每種方法各有優缺點及不同的適用範圍，或是需要俱備高度的專業能力，至今仍沒有一種方法可以普遍適用於各種事故。參考各種調查方法，綜合事故調查作業的模式，概包括初步調查（初步證據蒐集、事件陳報等級、提報意外事故）、成立調查小組（依事件等級）、資料蒐集（人員、位置、文件及物件等相關證據）、發展時間序列、根本原因分析（損失、事件類

別、直接原因、間接原因及根本原因）、報告與建議等要項，透過這些要項分析事故原因及探討管理系統的不足之處，對於系統缺失對症下藥採取措施，才能避免相同或類似事故一再發生，也可確保安全的工作環境。

一起海上交通事故案件發生後，也須透過相關事故調查模式，瞭解其原因並預防再次發生。然而船舶發生交通事故後，會有不同單位進行各種調查，負責海上安全部門的調查、船公司的調查；如涉及民事賠償責任，海事法院、仲裁員、調解人員或各方律師則會進行調查；如船舶已保險，則保險公司會進行調查；如涉及刑事責任，檢調及海警單位亦會進行調查。總體來說，各種形式的調查可區分為「刑事調查」（Marine Criminal Investigation）、「民事調查」（Marine Civil Investigation）和「行政調查」（Marine Administration Investigation）三大類。

前揭各項調查方式，重點及目的內容有相當大的區別，在臺灣，一般國內多數文章所見的「海事調查」，大多係指由我國航政主管機關針對船舶沉沒、擱淺、碰撞等海損事故或其他意外事故，及船舶、貨載、船員、旅客等非常事變所實施的海事行政調查，目的是為判定海事事故各方當事人的責任歸屬，及追究當事人行政上的過失。

然而在國際海事組織所實施之各項國際公約及各決議案規定授權由締約國進行之事故調查，目的側重於防止海難事故之再度發生並找出原因，性質上應屬「海事安全調查」（Marine Safety Investigation），與我國航政主管機關主要為判定責任歸屬及追究行政上過失之海事行

政調查有所差異[1]。在西元2010年1月1日強制實施的MSC.255（84）號「海上事故安全調查國際標準及建議作法規則（簡稱為「海事安全調查規則」）」（The Code of the International Standards and Recommended Practices For a Safety Investigation into A Marine Casualty or Marine Incident）決議案中，將「海事安全調查」定義為：係指針對海上事故或海上事件而開展的調查或詢問，旨在預防事故再次發生，此種調查包括證據蒐集、分析，原因因素界定及在必要時提出安全管理建議。

很多國家都沒有對海上事故調查下定義，但從世界上各國普遍作法統整來看，正規的海上事故調查基本上分為兩類，即「初步調查」（Preliminary Inquiry）與「正式調查」（Formal Investigation）。初步調查一般是在航政機關接到海事報告後立即進行，調查人員需要有專門的任命，具有法定權力進行調查工作，調查結束後要撰寫並提交海事調查報告書，說明事故經過、事故原因、應吸取的教訓以及預防類似事故的措施和建議等。這類調查不是公開進行的，海事調查報告書亦不公佈。如果初步調查結果表明事故重大或有重要經驗值得吸取，就要提請正式調查，否則調查工作就以初步調查完畢而結束。正式調查一般是針對重大海上事故進行的，亦可不進行初步調查而直接進行正式調查。正式調查是由專門的海事調查機關所組成的事故調查委員會，依照正式調查法規進行的。這類調查在形式上與法院的調查類似，公開進行庭審調查，調查結果報告要正式公開出版。

1　為免與傳統所稱「海事（行政）調查」用語混淆，筆者因此將題目定名為海上事故調查，藉此與「海事（行政）調查」作區別，並與國際間所推動之「海事安全調查」作結合。

三、我國海上事故調查制度說明

以往我國航政機關（原各港務局）進行海事案件調查時，是依據《臺灣地區各港務局海事評議委員會組織規程》、《海事報告規則》及《海事報告處理要點》等有關行政規則所進行，係屬行政調查性質，對於海事案件的處理程序約略可分為獲悉、詢問、調查、評議、審查、送達等。我國海事調查採用「職權進行主義」，在發生海事案件時，如為一般輕微之海事案件，經初步調查詢問後，未發現有任何過失責任問題時，或涉及海事各方就責任問題已經協調解決時，航政機關可逕予結案；如涉及重大海難事故，或發生事故之各方就責任問題未能妥善解決時，則於進行海事調查後，召開海事評議委員會評議處理之。另外，如海難事故發生人員傷亡或涉及刑事責任問題時，則由海巡機關或刑事警察機關主動介入調查，如該機關不知情則應移交司法警察機關，依《刑法》及《刑事訴訟法》等相關規定進行調查。

在中華民國101年3月交通部航港局[2]正式成立以後，相關海事調查及處理程序依據新發佈《海事評議小組設置及評議作業要點[3]》規定辦理，航港局所屬海事評議小組受理海事案件之評議，應先由各航務中

2　原交通部原各港務局於2012年3月1日正式改制成立「航港局」及「臺灣港務股份有限公司」，本次改制主要經參考海運先進國家「政企分離」的經營體制，進行國內航港體制改革，將原基隆、臺中、高雄及花蓮四個港務局依業務分工分別設立「航港局」及「臺灣港務股份有限公司」，由「航港局」辦理「航政」及「港政」公權力事項，另設立「臺灣港務股份有限公司」專責港埠經營業務。航港局除局本部外，將於基隆設置「北部航務中心」、臺中設置「中部航務中心」、高雄設置「南部航務中心」、花蓮設置「東部航務中心」；負責各國際港之港政及航政監理業務。臺灣港務股份有限公司除總公司外，亦分別成立基隆、臺中、高雄及花蓮四個分公司，負責各國際商港之港埠經營。

3　101年8月17日交通部航港局航務字第1011610158-1號令訂定發佈。

心[4]作成海事檢查報告書或資料摘要，連同卷證送局請召集委員指定日期開會評議。依條文來看，改制後的航港局執行海事案件評議，與原各港務局執行海事評議形式上差別不大。傳統而言，我國航政機關的相關海事調查處理程序分項詳述如后。

(一) 獲悉海事發生

航政主管機關海事承辦部門（航港局各航務中心）依據海事報告、交通部指示、海岸電台通報及新聞傳播等獲悉相關海事案件時，應隨即展開調查，蒐集相關資料，詢問有關船員及證人等，詳查事實真相。若無過失責任或當事方均無爭端，則可做成紀錄結案；若各方爭端未解決，則須由航政主管機關進行海事調查（現場調查、傳詢證人、資料查證、海事報告書）等相關作為。

(二) 調查與蒐證

航政主管人員調查的具體方法，一般包括：現場勘查、現場攝影與測繪、證據之蒐集、審查與判斷等。證據資料的蒐集通常包括：航海記事簿、航向記錄器、雷達日誌、海圖資料、機艙日誌、俥鐘記錄簿及其他自動記錄資料等。如為船舶觸礁或擱淺，則須索取損害公證影本、船周測深略圖（註明當時潮高及時間）、事故前及事故時之航跡記錄圖及船舶適航有關證書等；如為船舶碰撞，則須索取事故前及事故後30分鐘航跡圖（附事故時船位略圖）、損害公證影本或撞損照片等，資料蒐

4 　依據交通部航港局辦事細則第7條及第16條之規定掌理事項。

集之，同時可針對各項疑點詢問有關船員及見證人並適予記錄，如有引水人參與，應予查詢且飭其提送引水報告，以供調查詳情。

(三) 海事檢查報告書

海事評議前最重要之工作即為海事檢查與海事檢查報告書之撰寫，然而海事檢查首重時效，檢查經過如有疏漏，欲重行調查蒐集證據，無論時間、空間均有所困難。海事檢查員應依案情需要，參考海事報告內容，登輪或至海事現場蒐集有關海事資料，依據蒐集資料與目擊證人、當事人之詢問筆錄研判海事報告之陳述真實性；如海事案件涉及工業技術或法律行政問題時，得函請有關機關或專家學者提供資料或意見。對於所蒐集之海事資料與各項證據，海事檢查員必須綜合加以研析，以專門技術之觀點，釐清海事發生經過，並對海事發生原因提出專業的見解，撰寫成海事檢查報告書或海事資料摘要，提請海事評議委員會討論評定之。

(四) 提請海事評議

海事檢查報告完成後，航務中心應依據相關規定提請航港局海事評議小組進行評議。該小組執行秘書（航港局派科長兼任）應依據海事報告、詢問筆錄暨蒐集海事資料等理解整個案情，再次對海事檢查員所撰寫之海事檢查報告書或海事資料摘要予以核閱後，連同海事卷證送局請召集委員指定日期開會評議。

海事評議小組設置委員11人至13人，航港局長、港務長及航務組、船舶組、船員組組長為當然委員，其餘委員由局長就下列人員中選聘

之：

1. 具有一等船長資格，並有三年以上實務經驗者。

2. 具有一等引水人資格，並有三年以上實務經驗者。

3. 具有一等輪機長資格，並有三年以上實務經驗者。

4. 行政院農業委員會漁業署代表。

5. 具有驗船師資格，並有三年以上實務經驗者。

6. 具有資望之有關教授或教師。

7. 具有資望之保險從業人員。

8. 具有法官、檢察官或律師資格，並有三年以上實務經驗者。

9. 具有資望之會計師。

10. 具有資望之海事公證人員。

11. 其他對海事案件之處理特具經驗之人員。

在評議準備程序前，以書面審理主義為原則，評議時，海事案件當事人列席評議會議時，應給予列席人閱覽有關資料的便利及充分辯解的機會。該會議於聽取前條列席人員的說明或申辯後，主席應告知其退席，宣佈進行評議並作成決議。海事評議委員會的決議，以委員過半數之出席，出席委員過半數同意而作成，並得將不同意見載入記錄，以備查考。出席委員的同意與不同意見人數相等時，則取決於主席的裁決。當事人對海事評議書有異議時，當事人收受海事評議書後，發現足以影響評議小組決議之新事證者，得向航港局申請海事案件重新評議。前項申請，應自海事評議書送達後30日內為之。海事案件的對象涉及軍艦、公務船、漁船時，如由評議小組受理評議後，應將海事評議書分送主管機關。

四、國際海上事故調查制度介紹[5]

(一) 英國

1.概述

目前英國的海上事故調查是由同屬於運輸部的海上事故調查局（Maritime Accident Investigation Branch；MAIB）和海事及海岸警備隊（The Maritime and Coastguard Agency；MCA）負責[6]。在西元1989年以前，英國的海上事故調查（以下簡稱海事調查）是由運輸部海事理事會的調查員負責執行[7]。在西元1989年後，英國根據1988年商船航運法，成立「海上事故調查局」，負責海上事故的調查工作，位處南安普敦，MAIB是隸屬於運輸部（Department for Transport）的一個獨立機構，其最高長官首席調查長負責直接向該部之國務大臣提出報告及建議事項。MAIB下有4組調查團隊，每個團隊組成包括有1位主任調查官和3位調查員。MAIB所有調查員均需受過專業訓練，熟知航海、輪機、造船或漁業學科等海洋工業，一般行政人員處理財政、契約、紀錄、資料分析及出版，並提供調查員各種調查上的支援。

MAIB進行調查之目的在於調查事故發生時的實際狀況，並且進而探究其肇事原因，以促進海上人命安全及減少海上事故的發生。除為達成前述主要目的所必要者外，調查之目的亦不在於歸咎事故的過錯或判

5　付玉慧主編，海事調查與分析，大連海事大學出版社，2010年10月第1版，第230-238頁。

6　J. R. Kuehmayer，Marine Accident and Casualty Investigation Boards，Austrian Marine Equipment Manufacturers，2008。

7　http://www.maib.gov.uk/home/index.cfm。

別責任的歸屬。成立於西元1998年的MCA如同MAIB一般，是隸屬於運輸部的獨立機構。其主要任務是確保海上安全與防制海洋污染。MCA掌理危險航行或船員違法活動的舉發，但其較少處理海上航行事故的預防，主要處理岸際安全的問題。MAIB則係負責所有海上交通事故原因的發現及改進。另外，儘管MCA負責發放海技士的資格證照，但它並沒有權力中止或吊銷其資格證書。

英國海上事故審判（Formal investigation）機關是簡易審判院（Court of Summary Jurisdiction）及海難委員（Wreck Commissioner）。如果事故發生在公海及國外，則由海軍審判庭（Naval Court）負責。簡易審判院由法官和陪席審判員組成，主要負責一般海上事故的審理，並且有權中止或吊銷海技士資格。海難委員則主要負責重大海上事故的審理，海難委員及主執行官具有與法官相等的權力，並且有權中止或吊銷海技士資格。英國的審判院如果無法在外國履行職務，則由停泊在外國的英國軍艦或英國領事館內的海軍軍官、領事或船長等組成審判庭。

2.調查範圍

根據西元1995年商船航運法，調查員的權力和事故調查報告的框架均規定其中，西元2005年商船航運法並將此一框架付諸實行，這些規定是MAIB人員工作的基礎，其適用於商船、漁船和一些例外娛樂船舶。它們定義何謂意外事故、調查的目的免除事故報告的要求。其亦為調查訂立次序、通知和處理的相關條款，但允許調查員有更多裁量權限，在必要時可用以因應多變的案件。

在MAIB處理案件上，遵守IMOc海上事故安全調查規則的相關規

定，這些規定於西元2010年1月生效；並遵守歐洲議會指導海上運輸事故調查的第2009/18/EC號指令，這指令於西元2011年6月17日生效。在英國事故報告與調查規定的修改過程中，已反映這些國際承諾開始著手實施，而經過修訂的規則將於西元2012年推行實施。MAIB負責調查於英國登記的船舶在任何水域發生的一切事故，及外國船舶在英國領海內發生的事故；同時有責任配合其他國家的調查員進行聯合調查。應其他國家的要求，MAIB可以代表其他國家進行海事調查，MAIB不執行法律或進行起訴。

MAIB調查的範圍分為海上意外事故（Accident）和事件（Incident）：

海上意外事故是指意外導致人員傷亡或物質損失：包括人員死亡、船上人員重傷、船上人員失蹤；船舶全損、推定全損、被棄船或船舶嚴重損壞；擱淺或碰撞，由船舶引起的能力喪失或物質損失等。事件是指如果狀況稍微不同，就可能引起意外事故顧慮的情形。

3. 海事調查之種類與程序

調查員的調查方式可分為非正式調查和取證調查二個等級[8]，非正式調查指對於較輕微的海上事故，調查員無需專門之任命即可進行非正式調查。其權限與作為和其日常職責結合在一起，有時調查員僅需以通信或電話方式詢問即可完成調查，無需親自造訪事故現場。因此，他無權強制證人回答問題、提供書面陳述或出示文件。但在絕大多數情況

8　洪挎論，海難事故搜救處理與證據調查之分析研究，中央警察大學水警研究所碩士學位論文，第120-122頁，2000.6。

下，船上人員都願意與其配合。應注意的是，當收取自願的書面陳述時可以要求其簽字，但不可採用證言的形式，因爲證言只有在對調查員簽發任命後方可適用。因此，當調查官員因權力限制而遭遇困難時，他應向區域調查官請示。如果有必要，他會被任命爲該事件的調查員，並對該事件展開進一步的調查。

取證調查指對於較嚴重或較特殊的案件，通常會任命一名調查官進行取證調查。藉此其可以要求證人面談，詢問有關人員，並在反映事實的證言上簽字及提供相關文件。被詢問的人有責任回答問題，如拒絕回答則可視爲違法行爲。所有調查基於以下四個問題來開展：發生了什麼事？怎樣發生的？爲什麼會發生？怎樣才能防止類似事故的再次發生？英國海事調查之種類，按照事故發生之狀況，可分爲一般性詢問、初步調查及正式調查三種，分別說明如下：

(1) 一般性詢問

是對一般事故進行的詢問，一般通過信件和電話進行，不需要傳喚證人。根據規定，船東或船長有向MAIB報告海難事故的法律責任。然而，在多數情況下，MAIB是先透過海岸防衛隊或勞民日報的每日事故電訊等來源，獲悉海難事故的信息。總部每天都會收到大量的事故報告，有些報告會直接送至各區域的海事辦公室，由當地主管或調查員決定採取行動，但仍應向總部之海事官員陳報，以免重複行動。對於一些輕微的小事故，在加註和登記最初的海事報告後，就無須採取進一步行動了；對於稍嚴重的事故，就可能必須要求提供詳細資料，並派遣海事調查官員進行一般性詢問。

(2) 初步調查

對於非常嚴重的案件，必須任命調查官進行初步調查。他具有調查員的所有權限，除了對事故採取更嚴肅謹慎的態度外，通常初步調查乃是進一步進行正式調查的基礎。

初步調查的目的在於蒐集有關事實的資料與證據，以便確定事故發生的原因，並提交初步調查報告，以便促使上級決定是否採取進一步的調查行動。根據《1994年商船意外事故報告與調查規則（MSRIR）》第8條第1項之規定，調查之程序得由調查員以其認為最適於達成調查目的之方式，在任何時間、地點從事之。另根據MASRIR第8條第4項之規定，調查員可要求船方提供必要之資料，如海圖及航海日誌等，並得留置這些資料直到調查完畢為止；調查員並得檢視船舶設備及受損狀況，並可要求在調查程序結束前應予維持原狀。調查員在進行調查時，必須參酌多方採集到之證據，必要時調查員亦可藉助MAIB以外之技術專家或顧問所提供之協助；調查員亦有權傳詢相關人員出席作證。

(3) 正式調查

商船運輸法是進行任何正式調查和對正式調查進行複審的法律依據。當海事之發生有下列情況之一存在時，即應舉行公開之聽證會，以便進行正式調查：

1. 在進行初步調查後，認為應該更清楚地確定事故的發生原因。
2. 事故造成重大傷亡。
3. 事故引起公眾的極大關注。
4. 為了能從事故中吸取重要教訓。
5. 航政部門認為應中止或吊銷高級船員的適任證書。

當重大海難事故發生時，如國務大臣認為有必要對其環境、原因或其他有關事實進行調查時，他可以指定首席調查官主持並進行正式調查，並由聽證會法官任命一名或多名技術顧問協助。當國務大臣下令舉行正式調查時應發出通知，凡收到正式調查通知的人員即是正式調查的當事人。國務大臣本身亦是正式調查的當事人。正式調查通知中，應包括引起正式調查的事實緣由及正式調查中預備提出的問題。所有相關的宣誓書、符合法令的聲明和其他書面證據，只要首席調查官認為合適，均可作為正式調查的證據。

正式調查的聽證會採當事人進行主義，任何參加正式調查的當事人都有權按照規定提出證據、引用書證、傳召證人，並交叉詢問由其他當事方傳召之證人及與首席調查官對話。國務大臣也可以進一步傳召及詢問已被各當事方交叉詢問過之證人。未親自出席正式調查且無代表在場的當事人，可以向首席調查官提出書面意見。在正式調查中，如當事人受到嚴重批評，應給予自我辯護的機會。在正式調查結束後，首席調查官應就該案向國務大臣提交一份調查報告，其中包括他本人和技術顧問等對於海難事故原因、與此有關之事實真相以及與事故有牽連之人員的行為及處分等作出結論與建議。

4. 海事調查報告

MAIB是預防海事及改善海上安全的主要機構，海事調查結束後，必須寫出海事調查報告。海事調查報告應包括海事發生的事實、海事發生原因及安全建議等。根據不同級別的調查，寫出不同的海事調查報告。

一般在完成關於重大海上事故之調查後，調查長應向國務大臣提出

調查長報告（Chief Inspector's Report）。報告內容應載事項與前述由調查員所作之報告內容類似，國務大臣隨後得決定將報告內容向一般社會大眾公佈。倘認為報告內容可能對於利害關係人的聲譽產生不利影響，則應向相關人員發送，詢問該利害關係人之意見予以斟酌，並應允許該利害關係人就該事故自行提出報告，以做為調查長報告之附件供大眾參閱。

另外，倘若航政主管官署認為某一海上事故之發生經調查後，可供他日預防類似事故發生之參考，則亦可將調查員之調查報告在事故結案後予以發送，以供航運界檢討改善航運安全時之參考。但這類報告通常僅分發涉及事故有關的人員和機構，報告主要包括事實說明。

MAIB一年製作兩次安全摘要，一本短篇蒐集且匿名的報告，由歷次調查檢驗中所得。有時候最高調查官會公佈報告，強調主要安全問題、安全趨勢、或任何其感到應該給予大眾重視的議題。

(二) 美國

美國的海事調查採取與眾不同的雙軌制，即由美國海岸防衛隊（United States Coast Guard；USCG）負責對所有海事進行調查，同時美國「國家運輸安全委員會」（National Transportation Safety Board；NTSB）負責所有海事中屬於「重大海事」部份之調查。兩者調查依據各自獨立的調查規定而進行，各自提出調查報告和增進海上安全的建議。

1. 美國海岸防衛隊的海事調查

(1) 概述

美國海岸防衛隊隸屬於國土安全部，為美國最主要之海上綜合執法力量。海岸防衛隊之總部設於紐約，於美國海岸各重要據點及五大湖、內河各重要港口均設有分處，有關船舶之檢查、船員之考試、航路標誌之修建及維護保養、海難之搜救、緝私以及有關航政法規之執行與取締等，均為其重要職掌。

美國海岸防衛隊司令並不直接參與海事調查。其下屬的海上安全辦公室有5個分部，其中之一稱為海事調查總部。各地區海岸防衛隊司令下設一個海上安全分部，其中有一位負責海事調查的指揮官（Officer in Charge Marine Inspections：OCMI），該指揮官隸屬於海事調查組。美國海岸防衛隊將全國劃分為11個地區。在這些地區的主要現場辦公室中，均派有高級調查官員；而在一些較小的現場辦公室中，則只有一位調查官員。所有的調查官員都向OCMI報告工作狀況，除了調查事故發生原因外，其主要目的在於調查現行法律規定和標準的執行情況，並對違法行為做出行政處罰，或移交司法審判。

(2) 調查範圍

根據美國聯邦《第46號法案》規則4之規定，USCG對所有事故有進行調查的管轄權。通常包括所有的擱淺、推進器損害、船舶適航性的損害、人命喪失、導致失去能力超過72小時的人員受傷及任何導致財產損失超過美金25,000元以上的事故。對於近乎碰撞（Near-miss）的事故，通常不進行調查，惟海岸防衛隊仍有權進行調查。

對於海難事故報告，海岸防衛隊採取強制的措施，例如以處罰、扣

留或吊銷船員適任證書等對付不據實報告海事的行為。原則上，海岸防衛隊對所有報告的海事都進行調查，但調查的範圍與程度則大不相同，對於輕微的事故可以進行一般簡單的查證；對於重大的事故則甚至可能舉行全面性的公開聽證會。

基本上，海事調查的目的在於增進海事的安全，與採取懲戒的措施是分開的。正如《第46號法案》規則4中特別指出：海事調查旨在採取適當措施以增進海上人命和財產安全的決定，而非企圖確定民事或刑事責任。然而在該法案規則5中則指出：在調查事故原因外，還要審查是否存在違章行為、過失或故意違法行為的證據，以便對這些持證船員的證書採取行動。也就是說，海事調查的主要目的在於增進海上安全，惟同時亦要確定行政違法責任，並且視情節給予行政處罰。行政處罰的理由包括有違反「海上避碰規則」（COLREG），或吸毒、酗酒等。如果在調查中，發現船員有刑事違法（犯罪）的證據，則應將證據轉交檢察機關。

(3) 海事調查的種類與程序

美國海岸防衛隊的海事調查概分為四級，分項敘述如后：

a. 書面審核（Desk Audit）

對於情況輕微的小事故，調查官員通常會審查「第2692號海事報告表」，以確定表格是否完全填滿，從事故報告表上確定事故的原因，並且在表上簽字。如此，該表就成為調查官員的海事報告，並且送上級審查批示。大部份海事就是用這種方式處理，這種方式可稱之為「書面審核」。

b. 非正式的查證（Informal Verification）

這是一種低調的常規性調查，亦就是調查官員針對海事報告表的內容加以批註。在這種方式的海事調查中，一般要詢問證人但不進行宣誓，亦不指明利害關係人。在調查中，調查官員可採用筆記、書面陳述簽字、錄音等各種手段。調查員的建議可附加在報告表上，一旦該報告通過批准程序就可公開，甚至於報告未完成之前，調查官員亦可將其所獲得的證據，提供給要求獲得證據的相關人員。

c. 正式調查（Formal Investigation Process）

對於較重大之海事，調查官員進行這種形式的調查。調查官員在證人宣誓後蒐集證詞，並交由調查庭筆錄製作人記錄並且製作副本。在這種情況下，將按照規則4的程序列出利益方的名單。進行正式調查的決定通常由海岸防衛隊地區司令或總部作出，這類調查大約每年進行12次。在正式調查過程中，僅由一位調查官員在一個會議室內舉行公開聽證會，被列在名單上之利害關係人均可到場詢問證人，因此有時將這種調查稱之為「一人調查委員會之調查」。

d. 海事調查委員會之調查（Marine Boards of Investigation）

海事調查委員會係由海岸防衛隊司令下令設立，其成員亦由其指定。該委員會的成員是根據所要調查的事故特點及成員的專業和專長作選擇。海事調查委員會僅針對重大海事案件進行調查，這類海事主要是以發生人命喪亡較多、受檢船舶滅失或公眾高度關注及敏感的事故。

除保密原因外，這種調查是採用公開聽證會的形式進行，聽證會的各次會議都對公眾開放，被指定為海事調查委員會成員的全是海岸防衛隊官員，一般情況下指定2至4人，其中有一名主席和一名記錄員。在

聽證會上，委員會將全面徹底地重新查詢證人。

(4) 海事調查報告

海事調查委員會的調查報告須註明船舶、船舶所有人和當事的船員，偶爾提到重要證人的姓名。報告通常以「主要原因（Primary Cause）」及「促成原因（Contributing Causes）」來說明事故發生原因。所有調查報告都是公開的，但不一定發表，發表的僅是海事調查委員會的調查報告。在海事調查報告中，通常包括許多安全建議，這些建議由海岸防衛隊審查、認可或刪除後發佈，以便促使這些建議付諸實踐。

2. 美國國家運輸安全委員會的海事調查

(1) 概述

美國「國家運輸安全委員會」（National Transportation Safety Board：NTSB）的成立起源於西元1926年航空商務法案，美國國會委以美國商務部應調查飛航事故的原因[9]。之後調查的責任交由民航委員會的飛航安全局負責，該局成立於西元1940年。

在西元1967年，美國國會將所有運輸機構合併成一個新的「美國運輸部」（DOT），出於行政目的，在DOT下設立有NTSB，作為一個獨立調查機構。在創建NTSB時，國會設想一個明確定義且任務單一的組織，比分開單獨工作的機關，能更有效地促進交通運輸系統更高的安全水準。自西元1967年以來，NTSB已在航空、公路、海運、管道、鐵路，及有關危險品運輸的意外事故中進行調查。

9　http://www.ntsb.gov/about/history.html

在西元1974年，國會重新設立NTSB為一個完全分離DOT的機關，理由在於政府主管機關可能對某起重大事故的發生負有一定的責任，而完全由政府主管機關負責事故調查，可能會掩蓋其過失或推卸其責任，故需要有一個獨立的運輸安全委員會主持重大事故的調查，這也是對政府主管機關實施有效監督的一種途徑，也使調查和建議能更客觀。

該機構於西元2000年開始，為提高員工的技術職能，並使調查更廣泛專業化，通過建立NTSB學院，此乃運輸界的一項重大創舉。喬治華盛頓大學維吉尼亞校園被選中作為學院現址。NTSB在西元2003年8月入住新址設施。在西元2006年10月1日，NTSB學院正式更名為NTSB培訓中心，更能反映該設施內部的培訓任務。

NTSB由五位成員組成，其中設有1位是主席、1位副主席，另有3位委員，每位均由總統提名，並且由參議院確認通過，任期5年。其下設有航空、鐵路、公路、海運和有害物質運輸管道等5個事故調查部。NTSB在全國各地設有10個現場辦公室、1個技術局、1個安全項目局和1個行政管理局。

(2) 調查範圍

USCG有對所有海上事故進行調查的管轄權，NTSB對調查「重大海事[10]」則有共存的管轄權。在USCG按照其規則，進行海事調查時，NTSB亦可以參與調查。此外，NTSB亦負責調查USCG的船舶與其他非公務船舶相撞，而導致一人以上喪生或75,000美金以上財產損失的海

---

10 重大海事所指的是1.6名或6名以上人員死亡；2.100總噸或100總噸以上的機動船舶滅失；3.初步估計財產損失在50萬美元以上；4.有害物質對人命、財產和環境造成嚴重威脅者。

事。如果有重大海事案件發生，USCG應該通知NTSB，然後由雙方就NTSB參與調查或公開調查事項進行協商。

(3) 海事調查的程序

NTSB的海事調查由幾個技術小組在當地進行，由NTSB的調查官員領導每個小組，各小組成員亦包括有各利害關係人所指派的參與者或觀察員。調查委員會自行決定是否舉行公開聽證會，這取決於事故是否重大。在現場調查中所蒐集到的所有證詞都是公開的，當然公開聽證會上獲取的證人證詞也是公開的。聽證會屬於瞭解事實的性質，而無正式的辯論，無對立的當事方，期望當事方參加調查是讓其在專門知識上協助調查委員會。

NTSB法案規定，除商業秘密外，所有調查到的資料及NTSB收到或發送的報告與文件等，均應該具體請求提供給公眾。惟在例外情況下，可就此一問題和實施懲戒的主管機關協商，有時某些證人會請求在實施懲戒的主管機關代表不在場之情況下作證，這在實踐中是被允許的。

當NTSB要求USCG調查一起海事案件時，USCG按照其自己的程序進行初步調查，但NTSB將指定一人或數人出席初步調查的各個階段，包括現場調查和公開聽證會。NTSB的代表可以行使的職權，包括有：1.對調查的範圍提出建議；2.傳喚和查詢證人；3.提交或要求另外的證據。當USCG完成實地調查後，總部要將調查紀錄提供給NTSB作為參考，而USCG總部則自行公佈調查報告。

(4) 海事調查報告

NTSB公開發表的海事調查報告通常由七部份組成，包括：引言、

案件提要、調查經過、對事實的分析、結論（事故發生的可能原因）、建議及附錄（通常先列出人員方面的資料）等。調查報告中應載明船名、海事發生的日期和地點，涉及案件的船員等。報告中也要有證詞的摘要。報告的正文部份不涉及當事船員的姓名，但在報告附錄中則首先列出其姓名。

調查報告由負責的調查官員或其他技術工作人員共同起草，然後送交內部工作人員審查和討論。報告草本一旦完成，必須送幾份複本給調查委員會的成員，以便有充分的時間審閱報告並提出看法。較低級別的事故調查報告通常透過個人投票方式來通過。在投票前，調查委員會成員應審查報告摘要，並透過加註方式以表達自己的意見。

調查報告由調查委員會公開舉行會議進行審議。這種會議每兩週召開一次，會議上不但審議公開聽證會中進行調查的事故調查報告，並審議其他的調查報告。在開會前應通知各當事方，他們可以出席會議，但不能參與辯論。事實上，委員會成員除了討論彼此的意見外，主要是對調查報告的內容及建議提出意見。因此，會議在一定程度上是屬於委員會成員和報告起草者之間的溝通過程。

提出安全建議是NTSB的最終成果，建立NTSB的目的就是為了透過進行獨立的事故調查和提出改善安全的建議來增進交通運輸的安全。這種建議數量很多。這些建議可以提供給船舶所有人、各種組織或政府機構。所有的安全建議都會發表在《聯邦年鑑》（Federal Register）中。如果建議是提給運輸部的相關部門，則依照規定必須對此限期作出具體回應。安全建議的回應率非常高，這說明了調查委員會的工作普遍受到認同。

在美國，如果經調查涉及到對事故當事人的行政處罰（例如取消船員證書）時，事故處理將移轉至行政法院。不服行政法院的行政處罰判決之事故當事人可以向海岸防衛隊司令官申訴，對海岸防衛隊司令官的的處理結果不服，還可以繼續向NTSB申訴，如果對NTSB的裁斷仍不符，最終可以向哥倫比亞特別法院申訴。也就是說，美國的審級是四審制。

(三) 加拿大

1.概述

西元1976年4月1日加拿大海岸防衛隊最高長官W. A.奧尼爾籌組海事調查局。該局設置在海岸防衛隊之內，但受最高長官直接指揮。西元1976年以前，海上事故的初步調查主要由船舶安全局負責執行，西元1976年海事調查局成立後，已經改由海事調查局任命的調查官員才具有專司初步調查的權力[11]。西元1984年9月海事調查局脫離加拿大海岸防衛隊，但仍然保留在運輸部內，調查報告直接呈交海事行政官員。西元1990年3月《加拿大運輸事故調查和安全委員會法案》生效，成立加拿大運輸安全委員會（The Transportation Safety Board；TSB）。

該委員會的任務就是對海上、管道、鐵路和航空四種形式的運輸事故進行獨立調查或公開聽證會，確定事故發生的原因，找出安全方面的缺陷，提出改進運輸安全的建議，因而增進海上、管道、鐵路和航空運輸的安全。該委員會下設5名委員（其中包括有1名主席），由大約220

---

11 http://www.tsb.gc.ca/eng/index.asp

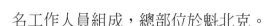
名工作人員組成，總部位於魁北克。

2.調查範圍

TSB有權調查發生在加拿大水域的任何海事，同時在下述狀況下，還有權調查發生在其他水域的任何海事，如果：1.某一主管當局請求加拿大進行調查；2.事故中某一船舶是在加拿大登記或其執照是由加拿大政府簽發；或3.事故的重要證人，或知道引起事故發生的有關信息的人員到達加拿大或在加拿大某地被發現。

根據《加拿大運輸事故調查和安全法案》，海事是指：

(1) 任何與船舶作業有關的事故；

(2) 任何情形或狀況。如任何這些情形或狀況發展，委員會確信會引起前項(1)所述的事故。

3.海事調查

運輸安全委員會進行海事調查的目的就是增進海上的安全。海事調查工作的原則即是公開、公正、勝任、全面。該委員會有權決定是否對所發生的海事案件進行調查，所依據的準則是視海事調查能否有增進海上安全的潛力或公眾的關注程度。

從法規上來講，海事調查並沒有進行分級，但在實際工作中，根據事故情形所進行的調查工作還是有差別的。當某一事故發生，如該委員會認為應進行調查，就會任命1名或多至30名調查人員來進行海事調查。調查人員有權勘驗現場、蒐集證據和詢問證人等。

在進行事故的調查作業中，如果委員會認為有必要對該事故進行公開聽證會調查，那麼委員會主席就有權任命包括其本身在內的1名或多名人員，來主持公開聽證會，對於事故進行公開調查。

為求時效，調查官員的工作特點要求他們隨時做好出發準備，一旦接到通知就立即趕赴事故現場進行調查工作。其應隨身攜帶一個公文包，包內應備有下列物品：1.本人的身份證；2.錄製證言用的錄音機；3.海事調查表格；4.出生死亡證明表格；5.照相機；6.空白傳票；7.供見證人宣誓用的聖經；8.海事調查手冊；9.加拿大《航運法》相關文件；10.工作用的電話。

　　TSB亦建構實驗室，提供零件、結構組件、系統、裝置及殘骸的分析測試，並且加入水下搜尋及殘骸、失事現場文件、重建，機載聲音及記錄重現，工程部門也發展文件修護、影像分析及先進的失事調查技術。

4.調查報告

　　海事調查結束後，運輸安全委員會負責編寫調查報告，調查報告應包括調查結果、安全缺陷和安全建議。調查報告草稿完成後，須經委員會通過，然後草稿寄給有關當事人或機構，聽取他們的意見，調查報告正式完成前是保密的，任何人不能使用該報告草稿。

　　委員會將收回的意見蒐集登記，參考有價值的意見，對報告進行修改，完成正式報告，並進行發表。在一般狀況下，委員會將在事故發生1年內公佈報告，對於非常複雜的重大事件，報告時間則可以延長。

(四) 日本

1.概述

西元1876年日本開始實行船員、引水人的考試發證制度，明確規

定船員、引水人的標準與責任，爲此，海難審判開始走向制度化[12]。西元1896年制定了對船員的《處罰法》，確立了獨立的審判制度，西元1897年設置了「海員審判所」（區分高等和地方海員審判所）。西元1947年11月制定了《海難審判法》，於西元1948年2月29日該法正式生效，沿用至今，已成爲日本海難事故調查與處理的最根本依據。同年海員審判所改組爲海難審判所（下轄7處地方海難審判所）。1949年運輸省下的附屬海事調查機構「海難審判廳」成立，基於海難審判法的設置，爲行使海難相關審判的運輸省（現爲國土交通省）的外設單位。分爲執行第一審審判的地方海難審判廳以及第二審的高等海難審判廳。原則上前者由3名審判官，後者由5名審判官以合議庭方式進行審判。審判官獨立行使其職權，對高等海難審判廳的審判不服，其訴訟隸屬東京高等法院的管轄。追查海難的原因，透過裁決作出明確結論，期望能防止海難的再度發生。

隨著西元2001年1月6日實行的中央省廳重組，「國土交通省」將主管海陸空運輸、鐵路、港灣、船舶、交通、氣象等行政機構的「運輸省」；主管道路、河川、政府廳舍建造維護、住宅及都市計劃等社會資本維護的建設事業的「建設省」；進行北海道綜合開發事務（河川、治山、農業及港灣等）的行政機構「北海道開發廳」及掌管土地、水資源、振興離島、災害對策和大都市行政策等國土行政的綜合行政機構「國土廳」等4個省廳統合，重組規模龐大，此時「海難審判廳」亦改隸屬於「國土交通省」。

---

12 http://www.mlit.go.jp/jmat/press/press.htm

西元2008年10月1日，「國土交通省」再次進行改組，「海難審判廳」廢止後一分爲二，新設立統合「海難審判廳」的事故原因調查業務與「航空‧鐵路事故調查委員會」的直屬局「運輸安全委員會」；另特別機關「海難審判所」則繼承原屬「海難審判廳」的懲戒處分職權。

　　2.海難審判制度的法律地位

　　日本制定法律的權力在國會，司法權屬於最高法院（即最高裁判所）。政府行使行政執法權，行政法規的最高執行權力是內閣總理大臣。日本海難審判所是隸屬於國土交通省，屬於政府編制序列，以審判的方法調查處理海上事故，其內容不屬於司法範疇，而屬於行政範疇，所以日本的海難審判所實質上是一種行政法院。因此海難審判屬於行政執法，而非司法機關。在審判過程中堅持依據法律、注重證據、公開審判的原則。審判官有獨立審判權，不受國土交通大臣或審判所長官意志的影響約束。

　　日本海難審判所還有一個特點，就是在本所內設置審判官和審判理事官。審判官相當於法官，審判理事官相當於檢察官。海事案件是否需要實施審判程序，決定權在於審判理事官。審判理事官負責海事案件的調查、取證，提請審判；審判官則負責海事案件的審理和裁決。兩者之間既相互合作，亦相互制約。這種制度有利於保證海事案件審判裁決的準確性、公正性和合理性及執行法律的嚴謹性。

　　必須注意的是，日本海難審判所的職責是在運輸委員會成立後出現轉變，由原本查明原因以達預防海難的目的，限縮至僅對於海事從業者或引水人因職務上的故意或過失所造成，得作出裁決予以懲戒。然而根據日本最高法院之判例，海難審判所的裁決對民事或刑事之裁判並無拘

束力，事實上僅尊重其裁判作爲證據之一[13]。另有關海上事故調查原因查明則交由運輸委員會以統合承辦之。

3. 審判程序

(1) 調查程序

海難事故發生後，地方海難理事官首先通過海上保安廳、警察局、地方運輸局、外務省領事館和新聞機構等各種管道獲得資訊，確認海難事故是否眞實。對確實發生的海難事故立即進行調查，蒐集有關的各種人證、物證及資料。如果屬於重大海難或雖損失不大，但社會影響很大的海難事故，可以成立特別調查本部，交由東京海難審判所（中央）調查，必要時可抽調其他地區海難審判所的審判理事官參與協助，以強化調查力量。進行認眞全面的調查研究；經調查後，根據海難事故損害程度對社會造成的影響，及今後防止海難事故的發生有無指導意義，確定是否提交審判。如果審判理事官認爲不需要提交審判，即使當事人要求審判，海難審判所亦無權開庭審判。

(2) 一審審判程序

一審審判是在審判理事官提出確立審判後，方能開始審判。審判必須由3名審判官組成。倘若海難事故情況複雜，涉及技術專業性者，亦可以指定2名參審員，共同組成審判庭。

首先審判開始要確認受審人姓名、性別、年齡、職務及是否爲海難事故的有關人員，爾後理事官和受審人各自陳述意見；意見陳述完畢後，審判長宣讀裁決意見並宣佈休庭。基本上該裁決意見是根據理事官

13　中華民國船長公會，《臺灣地區與大陸地區海事評議制度之研究》，第164-179頁。

的意見起草。再次開庭時，如受審人對裁決意見有異議，審判長則宣佈進行公開辯論。理事官和受審人都有權請證人到庭作證。證人作證前必須宣誓，不得提供偽證，受審人還可以聘請辯護律師（即輔佐人）參與辯護。辯論程序實際上是讓理事官和受審人充分陳述各自意見，真正辨明事故原因，保證法庭裁決的準確性和公正性。辯論時，法庭審判官不得發言，更不容許作誘導性發言。辯論結束後，審判長宣佈休庭，休庭期間審判官和參審員進行認真研究和充分協商，確定最終裁定書內容。裁定書內容主要是對海難事故的原因作出完整全面的結論，並決定受審人是否處罰。審判官和參審員在協商研究過程中如有不同意見，則實行少數服從多數的原則，形成裁決結論。

裁決結論成立後，再次開庭，宣讀最終裁決書。如果受審人無異議，則交由理事官按法庭裁決意見執行，裁決意見分為三種：1.吊銷執照，2.停止業務（停止執照的期限為1個月以上、3年以下），3.警告處分。倘若受審人對裁決不服，可在30天內上訴東京海難審判所。

(3) 二審審判程序

二審審判必須由5名審判官組成，遇有重大海難事故或涉及專業技術性強的海難事故，可聘請（選擇合適人員）2名參審員共同組成審判庭。審判程序與一審相同。倘若受審人仍對二審裁決不服，則可在30天內上訴最高裁判所審理。

(4) 海難審判所的組織編制

日本國土交通省下的中央海難審判所（東京）管轄全國8個地方海難審判所，分別設置在函館、仙台、橫濱、神戶、廣島、長崎、門司及那霸（門司支所）等地，實行逐級分區管轄。在日本管轄海域以外的太

平洋地區，海難事故由橫濱地方海難審判所管轄；大西洋、印度洋地區海難事故由神戶地方海難審判所管轄。按照《海難審判法施行令》規定，全國共配置審判官25名、審判理事官23名。審判官及理事官均非終身制，在海難審判所內不定期互調。這種制度既有利於相互制約，亦有利於擴展業務知識面及增加實務經驗。

五、各國海上事故調查制度的比較分析

綜觀各國有關海事調查之立法、組織、機制及功能等，皆因各國海事發展的歷史沿革與成熟度不同，而存在許多差異。英、美、加、日等國，由於海事發展較早，事故原因調查的制度也較成熟客觀。茲就各國海事調查制度的總合比較分析內容，詳細分項說明，如表一所述。

其中美國最早於西元1967年就成立運輸安全調查委員會NTSB，並且於西元1974年脫離運輸部調查相關運輸事故，以求有效監督各運輸主管機關，確立調查機關之獨立性及客觀性；其NTSB與USCG於海事調查雙軌制更是獨步全球，顯示國家對於海事調查工作的重視，明確規定彼此間的調查範圍及職責，有效分工亦有效監督，對於杜絕海上安全主管機關的失職亦有一定功效。涉及USCG之海事案件則交由NTSB實施調查，更能有效反映事故真正原因。相對而言，我國的海事調查僅是在航政主管機關內部進行，與美國的體制相較，缺乏制約和監督的功能。

表3-1　各國海事調查制度的總合比較分析內容

國別	一、 事故調查單位	二、 隸屬機關	三、 成立沿革	四、 法令依據
一 英 國	海上事故調查局（MAIB）	運輸部 （DFT）	1989年 （1989年以前海事調查由運輸部海上理事會的調查員負責執行）	商船航運法、歐洲議會指導海上運輸事故調查的第2009/18/EC號指令
	海事及海岸警備局（MCA）		1998年 （1998年海事安全局與海岸防衛隊合併成立海事與海岸防衛隊）	
二 美 國	海岸防衛隊（USCG）	國土安全部	1915年 （1915年緝私船隊與海上救生隊合併設置海岸防衛隊，屬財政部。1967年移屬運輸部。2003年移屬國土安全部）	美國聯邦第46號法案、國家運輸安全委員會法案、國家運輸安全委員會及海岸防衛隊合作備忘錄
	國家運輸安全委員會（NTSB）	聯邦政府	1967年 （原屬運輸部，1974年重新設立NTSB為一個完全脫離DOT的機關）	
三 加 拿 大	運輸安全委員會（TSB）	聯邦政府	1990年 （1976年隸屬於運輸部的海岸防衛隊籌組了海事調查局。1984年海事調查局脫離海岸防衛隊，但仍保留於運輸部。1990年海事調查局併入TSB）	航運法、海事初步調查與正式調查規則

國別	一、事故調查單位	二、隸屬機關	三、成立沿革	四、法令依據
四日本	海難審判所 運輸安全委員會	國土交通省	2008年 （1949年運輸省下海難審判廳成立，2001年省廳重組，海難審判廳改隸國土交通省。2008年海難審判廳掌理業務一分為二，由海難審判所及運輸安全委員會承辦）	海難審判法、海難審判法施行令、海難審判法施行細則
五臺灣	航港局（原港務局）	交通部	2012年 （原交通部各港務局於本年3月1日參考海運先進國家「政企分離」的經營體制，正式改制成立航港局及臺灣港務股份有限公司，由航港局辦理航政及港政公權力事項）	海事評議小組設置及評議作業要點（101年8月17日交通部航港局航務字第1011610158-1號令訂定發佈）、海事報告規則

（資料來源：陳致延，中華民國101年）

國別	五、主要功能	六、制度特色
一英國	調查事故發生時之實際狀況，探究肇事原因，促進海上人命安全及減少海上事故之發生。目的不在於歸咎事故之過錯或判別責任之歸屬。	1.英國的海上事故調查是由同屬於運輸部的MAIB和MCA（The Maritime and Coastguard Agency）負責。MCA和MAIB一般，隸屬於運輸部的獨立機構。其主要任務是確保海上安全和防止海洋污染。MCA掌理危險航行或船員違法活動的舉發，但其較少處理海上航行事故的預防，主要處理岸際安全的問題。MAIB則係負責所有海上交通事故原因的發現及改進。 2.MCA負責發放海技士的資格證照，但它並沒有權力中止或吊銷其資格證書。英國的海事審判

國別	五、主要功能	六、制度特色
		機關是簡易審判院（Court of Summary Jurisdiction）和海難委員（Wreck Commissioner）。如果事故發生在公海及國外，則由海軍審判庭（Naval Court）負責。簡易審判院由法官和陪席審判員組成，主要負責一般海上事故的審理，並有權中止或吊銷海技士資格。海難委員則主要負責重大海上事故的審理，海難委員及主執行官具有與法官相等的權力，並有權中止或吊銷海技士資格。英國的審判院如果無法在外國履行職務，則由停泊在外國的英國軍艦或英國領事館的海軍軍官、領事或船長等組成審判庭。
二美國	發現事故原因，採取適當措施以增進海上人命和財產安全之決定。審查確定行政違法責任，並視情節給予行政處罰。（USCG）任務明確單一的調查事故原因，對政府主管機關實施有效的監督（NTSB）	1.美國的海事調查採取與眾不同的雙軌制，由USCG負責對所有海事進行調查，同時NTSB負責所有海事中屬於「重大海事」部份之調查。兩者的調查依據各自獨立的調查規定而進行，各自提出調查報告和增進海上安全的建議。此外，NTSB亦負責調查USCG的船舶與其他非公務船舶相撞，而導致一人以上喪生或75,000美金以上財產損失的海事。如果有重大海事案件發生，USCG應該通知NTSB，然後由雙方就NTSB參與調查或公開調查事項進行協商。 2.NTSB分離DOT獨立出來，理由在於政府主管機關可能對某起重大事故的發生負有一定責任，而完全由主管機關負責事故調查，可能會掩蓋其過失或推卸其責任，故需要有一個獨立的運輸安全委員會主持重大事故的調查，這也是政府實施有效監督的一種途徑，也使調查和建議能更客觀。 3.2000年在喬治華盛頓大學維吉尼亞校園通過建立NTSB學院，此乃運輸界的一項創舉。2006年NTSB學院改為NTSB培訓中心，藉以反映該設施內部的培訓任務。

國別	五、主要功能	六、制度特色
		4.NTSB統合各運輸單位合併而成，脫離運輸部，獨立調查航空、公路、海運、管道、鐵路以及危險品運輸意外事故。
三 加拿大	獨立調查確定事故發生的原因，找出安全方面的缺陷，提出改善運輸安全的建議，以增進運輸安全。	1.TSB架構實驗室提供零件、結構組件、系統、裝置及殘骸的分析測試，並加入水下搜尋及殘骸、失事現場文件、重建、機載聲音及記錄重現，工程部門也發展文件修護、影像分析及先進的失事調查技術。 2.TSB統合各運輸單位合併而成，獨立調查航空、管道、海運及鐵路運輸安全事故。
四 日 本	對海上事故進行調查，提請審判執行裁決，查明海難原因，以防其再度發生	1.日本將海難審判走向制度化，1949年即在運輸省下設立海難審判廳，進行二審級裁決，廳內並設有審判官及理事官（相當於法官及檢察官），因此具有獨立審判權，不受其他長官意志的影響約束。 2.2008年海難審判廳掌理業務一分為二，由海難審判所繼承原屬海難審判廳的懲戒業務，事故調查業務則納入運輸安全委員會中，亦與其他海運先進國家組織改制趨勢並駕齊驅。
五 臺 灣	1.船舶沉沒、碰撞、觸礁、強迫停泊或其他意外事故及有關船舶貨載、海員或旅客之非常事變等海事案件之調查評議事項。 2.有關船員及不屬船員部份之過失責任評議事項。 3.海難事件海損評議事項。 4.有關船舶航行安全之建議改善事項。	原交通部各港務局於2012年3月1日正式改制成立「航港局」及「臺灣港務股份有限公司」，由「航港局」辦理航政及港政公權力事項。由航港局當然委員（5名）及其他實務、特殊經驗人員等，共計11至13名組成海事評議小組裁決海事案件。惟一直以來我國均無海事調查的專責機構，港務局改制航港局後，現行之海事調查工作仍由航港局各航務中心之人員兼任，未若國內飛航安全委員會直接隸屬於行政院，並設有事故調查組、飛航安全組及調查實驗室等單位一般獨立且專責。

（資料來源：陳致延，2002年）

英、加兩國一開始即成立專門「海事調查局」，以負責海事的調查，加拿大海事調查局先脫離海岸防衛隊，爾後再脫離運輸部所轄，併入TSB，與美國NTSB同樣直接對聯邦政府負責，以求事故調查立場的超然獨立，以促進海上人命安全及減少海上事故發生。日本則在事故調查和海難審判上實行權力分離與制衡，辯論制度和權利救濟制度，確保行政相對人的權利，海難審判獨立制度相當完善，亦非常值得借鏡。

相較而言，我國海事調查主管機關仍由航政主管機關所屬人員作出，未獨立脫離交通部；另因體制關係，使得調查的主要目的仍停留在雙方事故責任的劃清，對於事故成因的查明及改進措施的建議屈居次要地位。在調查技術支援與服務網絡方面缺乏有力支持，事故調查報告的公開亦較不透明，實有必要在我航政主管機關航港局正改制設置之際，深入分析探討與提昇精進之。

六、結語與建議

事故調查的主要目的，誠如西元2010年國際海事組織所公告生效的「海上事故安全調查規則」第1條所規定，是為防止將來的海上事故和事件再度發生，然而進行的調查，不為劃分過失或確定責任，基本上是屬於調查事實的性質，而不在於採取處罰和訓誡措施。海事安全調查應分離且獨立於任何其他形式的調查，較為遺憾的是，在我國海上事故調查執行單位，迄今仍未成立獨立性質的調查機關，或與航政主管機關分離併入，諸如其他國家設有直屬中央的「運輸安全調查機關」，因此在預防事故發生的安全角色上，仍有積極努力提昇的空間。

對於海洋事務的經營，我國起步較晚，未如國際若干國家擁有所謂「海上交通安全法規」的立法，每當重大海難事故發生時，均由航政主管機關依據行政命令設立「海事評議小組」負責，以全權負責海事調查與鑑識評議處理工作。有關現行我國海事調查之目的，缺乏吸取相關國際海事案件的經驗教訓，藉以防制類似事故未來再度發生，而僅作為一般行政疏失處置依據。隨著時代的變遷，近年來海洋事務已逐漸受到各界重視，觀其各國行政機關的組織改造及立法作為，對於海上事故之調查處理及「鑑識工程」（Forensic Engineering）等工作，我國相關海上調查及航政主管機關，不僅在立法作業進度上，必須緊跟國際公約更新的腳步，在海事調查與評議工作的技術與觀念層面上，亦應更加努力精進，如此方能與先進海運國家同步走向海事安全防制的世界潮流上。

第肆章

海上意外事件調查的技術實務
——尋找事發的根本原因

摘要

曾經遭遇火災或爆炸所損壞，遭逢機械故障（Mechanical Failure），或是發生過若干意外事故，導致人身傷害，或者財物損失（Property Loss）等船舶，幾乎經常是海事調查案件的主要課題，藉以確定其發生的根本原因（Root Cause）及重要引致因素。在本論文中，對於海上意外事件的調查過程（Investigation Process）被詳細描述，其中包括有爲求進行一件完整的調查工作，而被經常應用所需的專業技能與特殊知識等。透過若干案例調查的應用，結合海事、機械及材料冶金等測試與分析（Testing and Analyses）工作的共同協力合作實務小被討論。基本上，許多工程應用的訓練法則（Engineering Disciplines）必須被重新創建出事件的連續次序過程、涉及的零組元件，及極爲可能的引致原因等。諸如工程維保、控管、設計，及「故障安全防護效能」（Fail-safe Performance）等議題皆包括在海事及機械專家（Marine/mechanical Specialist）領域之中。有關故障類型（Failure Mode）的判定、腐蝕作用角色、因熱效應所致功能降減（Thermal Degradation），及材料擇用等相關議題，通常會由材料冶金專家（Metallurgist）進行

評估作業。設計、材料擇用（Materials Selection）及零組件製造方式（Component Fabrication Methods）等皆可能成爲關鍵重要的討論議題。

關鍵辭：工程技能、海事調查、海事鑑識、鑑識調查、故障安全防護。

一、前言

在本論文中，吾人將提供有關海上意外事件調查（Marine Accident Investigations）工作內容的一些基礎性討論。其主要目的在於當正在尋找意外事故或事件的潛在造成原因時，提供若干事件發生的背景資料，以爲海事專家（Marine Professional）們詳細思考的依據。無論意外事故是否涉及一部機器設備的重複過早故障失效（Premature Failure），船員同仁的嚴重傷害，或者是整艘船舶的損失等，所有被討論的基本原則皆是可以適用的。當整艘船舶損失及歷史事故損失（Historic Losses）等事件引起社會大眾的廣泛關注時，在本論文中特別強調在於重複造成損失事件的發生類型上，其對於現今進行中的船舶建造及機械製造等商務，並且發生於一般輸運貨物及旅客等業務的損失皆是極爲重要的。

在造船暨輪機工程師協會（Society of Naval Architects and Marine Engineers；SNAME）組織中，設有一個「海事鑑識」專責小組（Marine Forensics Panel；SD-7），其主要宗旨在於深思熟慮及扮演在專責

小組所關注事件上的事實尋找者角色[1]。在此一專責小組所持續不斷討論的一個項目，即是其他技術及標準等組織（Standard Organization）的作業程序於「海事調查」（Marine Investigation）的可應用性。

　　該「海事調查」的工作範圍是極富多樣性的，可能遍及從非常微小的損失至極為重大的公共災難（Public Disasters）等。其中可能涉及若干獨特的專業技能及工具，諸如潛水員、海洋考古學（Marine Archeology）、有繫纜的「可水中潛航載具」（Tethered Submersibles）及其他等等[2]。並且其可能發生在若干司法審判權（Jurisdiction）其中之一，或者是成為審判權力的一個重要爭論（Dispute）部份。一艘船舶的持續「安全通行權」（Safe Passage），可能與獨立調查員所需要，在不受干擾現場的適時檢查（Timely Inspection）工作有所衝突。這些前述因素意味著在建立適當的海事標準（Marine Standards）上，仍存有極大爭論的難處。

　　現今大多數研究文獻資料的主旨在於更為具體地提出每一個別議題及應用資訊（Nuance）等。在本論文中所引用的參考文獻資料包括有若干相關出版刊物，可以作為在海事議題上的文獻搜尋調查（Literature Searches）工作之出發點。至於在本文所提列的參考文獻內容，應僅是現今可用相關學術研究文獻中的一小部份。在「海事調查及鑑識」

1　Mengot, R.F. and Woytowich, R.T., 'The Breakup of Titanic：A Progress Report from the Marine Forensics Panel', Vol. 47, No. 1, Journal of Marine Technology, Society of Naval Architects and Marine Engineers, USA, January 2012, pp. 37-46.
2　吳東明及許智傑，海巡執法服務及海洋科學研究的尖端應用科技介紹－挪威康士堡公司所研製福進3000型自主操控無人水下載具系統，第十八卷，第一期，海洋及水下科技季刊，中華民國海洋及水下技術協會，中華民國九七年四月，頁一八至二三。

領域中，未來工作仍待有志同好積極投入發展。

二、調查員角色

在任何一個值得調查的事件中，皆存在有諸多當事方及引人興趣的事物等。大多數案件主要被關注於找尋、歸因，或者避免其責任及附屬的金融義務（Financial Liability）。調查者尋找一個根本原因（Root Cause），並且渴望能交流如何避免事件再次發生（Reoccurrence）的思想訊息。透過若干研究成果的出版文獻（Publication of the Findings），及在學術研討會中所發表研究成果的各要項優點之充份討論等方式，高尚且機敏的調查員或許可能期望與專業同儕們互相交流所學的專業知能。

「崇高作為」（Nobility）經常被衝突的利益（Conflicting Interests）所壓倒。僱用的一方（Employing Party）或許可能期待自己保留調查結果，以便控制發表的時間及本質狀態。因此，調查的結果或許可能被保留直到「法律訴訟程序」（Legal Proceeding）啟動的時候。在一個發現過程（Discovery Process）及訴訟（Lawsuit）進程中，所有紀錄將可能最終都會陳現出來。一般而言，在法律訴訟程序（Legal Proceedings）結束後，經常是在真實事件發生後的數年間，相關案例記錄或許可能成為眾所皆知，並且該案件承辦調查員或許可能自由地傳達其調查發現結果。在另一方面，當事實真相不利於一方或多方利益，其調查結果或許可能永遠不能公諸於世。至於「保險需要」（Insurance Requirements）、調解處置（Mediated Settlements）、法院命令（Court

Orders）、客戶願望、與其他當事方的協議，或者所有權人的協議（Proprietary Agreements）等全部因素，皆或許可能成為導致調查者永遠無法公開發表其調查結果的原因。

當進行調查意外事故案件時，其工作成就的等級在於當事方能夠迅速有效接收到其所需要的資訊，並且能夠依據其所得知消息，在其最佳利益條件下，逕行辦事作為。一位「海事調查員」（Marine Investigator）必須同時理解：1.僱用其從業的當事方所期待之工作範圍，並且2.有害於該當事方利益的可能潛在之相關因素。諸如立即迅速清除整理（Clean up），或者進行修補（Repairs）以便繼續營運等，這些日常世俗活動皆有可能損害破壞證據（Spoil Evidence），即是造成損壞或者變成無用事物（Spoliation）的原因。因此調查員應該關心保存的是證據，及其他當事方和未來可能相關的當事方之通告等適當的資料文件。一位專業工程師（Professional Engineer）背景的調查員俱備附加的人類道義責任（Ethical Obligation），藉以確保被發現的小工程錯失（Engineering Lapses），不曾對於大眾的安全性造成危險（Hazard）後果。

一位「海事調查員」（Marine Investigator）必須應用適合恰當的工具，藉以經得起揭露一項意外事件的爭議問題、潛藏因素，及根本原因（Root Cause）等。這套調查工具箱（Tool Kit）內的適當內容物係依據處理案件的實際需要情況，再以機動調整更變之，並且在事件調查工作啟動時，經常仍是不可能預知的。無論如何，諸多「工程技能」（Engineering Skills）可能會被涉入其中。依據個別特定的事件調查之情形，對於理解及重建事件的原委經過，在表4-1中所列舉的這些詳細

項目內容或許可能是十分重要的。對於事件調查工作而言，其中或許可能存在有諸多不同的面向，或者前述所列舉的項目可能不是那麼適切關聯的。因此，調查者應該慎思前述所列舉要項的應用可能性，添加其他適合於環境情形的項目，並且刪除那些不相關的項目。

　　無論如何，對於一個事件的完全瞭解（Omniscient Knowledge），或許可能沒有辦法得到。為求能夠有效執行一個完整的調查工作，引進其他專業技能於調查工作中，或許可能在若干事件個案上是極為重要的。在表4-2所述中，建議若干其他學科訓練法則（Disciplines），或許對於若干特定的調查案例可能是有所助益的[3]。在時間、資源、範圍、法庭加註的限制（Limits Imposed by the Courts）、紀錄的存在物和可用性，及可靠的資料文件及人證證詞（Available Data and Witnesses）的可靠性等限制條件內，一位調查員必須盡己最大能力以執行之。

表4-1　可能與調查相關的代表性資料

相關調查的代表性資料項目	備　註
1.事件發生的詳實細節確定 (1) 何事發生 (2) 證人供述 (3) 決定與事件的系列鏈結 (4) 時序過程 (5) 所採行動 (6) 事故關聯鏈是如何組織 (7) 記錄及報告	

3　Smith, K.M. and Schmidt, F.E., 'Marine Accident Investigation Techniques：Finding the Root Causes', Vol. 42, No. 4, Journal of Marine Technology, Society of Naval Architects and Marine Engineers, USA, October 2005, pp. 210-219.

相關調查的代表性資料項目	備　註
(8) 記錄資料數據 (9) 圖像照片 (10) 圖樣文件	
2.環境的瞭解 (1) 溫度 (2) 天氣 (3) 侵蝕性的環境 (4) 能見度 (5) 噪音 (6) 分心干擾	
3.人為因素的理解 (1) 人體工學因素 (2) 訓練 (3) 技能及效能 (4) 健康 (5) 疲勞	
4.人為涉入操作程序的理解 (1) 合約關係 (2) 監督管理 (3) 建議實踐 (4) 被採常規	
5.先前材料、維保及作業的歷史記錄 (1) 故障前情形 (2) 修理前情形 (3) 狀態報告 (4) 類似設備的歷史記錄 (5) 維修與保養	
6.設計標準及規範 (1) 指定要求 (2) 標準及常規 (3) 規章及法規 (4) 圖樣及手冊	

相關調查的代表性資料項目	備　註
7.是否製造符合設計意圖 (1) 製造缺陷 (2) 材料替代品 (3) 後續的修改 (4) 適當的組裝 (5) 適當的警衛及安全措施	
8.涉及材料為何失靈或者成功 (1) 故障起因 (2) 壓力 (3) 壓力集中器 (4) 材料特性 (5) 微觀結構 (6) 材料組成	

表4-2　海上意外事故調查所涉及的典型工程技能人士與工作內容

意外事故本質種類	所涉及的典型工程專業技能人士與工作內容
1.機器元件故障失效	(1)機械工程師：局部負荷、設計、振動、應力、維修保養。 (2)冶金工程師：材料擇用、斷裂分析、材料特性、腐蝕。 (3)磨潤工程學家：磨損與潤滑。 (4)電機工程師：監視與控制、絕緣特性、電流與動力。 (5)造船工程師：環境、整體負荷。
2.結構組件故障失效	(1)冶金工程師：斷裂分析、材料特性。 (2)機械工程師：強加負荷、設計、結構分析、應力分析。 (3)造船工程師：船舶結構設計、船舶結構介面、船舶運動。

意外事故本質種類	所涉及的典型工程專業技能人士與工作內容
3.船殼／船體破裂	(1)造船工程師：船舶運動、船體撓曲、海洋環境、船體設計。 (2)冶金工程或者材料工程師：斷裂分析、材料擇用、材料特性、銲接（或者製造）程序。 (3)環境工程師：污染。
4.貨物損害	(1)造船工程師：貨物繫制系統、環境、局部加速度。 (2)機械工程師：應力分析、損害評估、貨物裝卸設備。 (3)人為因素工程師：貨物裝卸、安全性、物料流通。 (4)冶金工程或者材料工程師：腐蝕損害、封裝設計。 (5)調查員：損失價值、貨物繫制（在某些情況下，該調查人員並非是一位工程師。）
5.船上工作人員或者乘客傷害（在突發狀況下）	(1)機械工程師：相關機械原因。 (2)生物機械工程師：傷害評估、傷害原因、意外滑倒或者失足跌倒評估。 (3)造船工程師：船舶運動、船舶設計。
6.船上工作人員傷害（在長期慢性情況下）	(1)生物機械工程師：傷害評估、傷害原因、醫療病歷。 (2)造船工程師：船舶運動、船舶設計。
7.火災	(1)原因與起源分析專家：起源點與導引原因。 (2)機械或者電機工程師：原因與起源、涉入設備、燃料、維修保養、監視與控制、接地、絕緣、電機控制。 (3)造船工程師：船舶設計、環境、防火、消防系統。 (4)環境工程師：污染。
8.碰撞或者擱淺	(1)造船工程師：船艙設計、操縱能力、船舶穩度、緊急救難、結構損壞評估。 (2)船長：駕駛臺操作、海上航行。 (3)機械工程師：事故現場重建、系統反應、系統或者組件設計。 (4)人為因素工程師：能見度、分心焦躁、人為反應。 (5)環境工程師：污染。

有鑑於表4-1及表4-2等所述係是適合實務工作參考及學術研究（Academic Study）應用，再者其背後所採用概念更爲簡明地闡述於表4-3，實爲學習瞭解一個調查事件的指導準則。調查員的角色即是學習或者發現存在案件偵查矩陣（Matrix）空白領域中之事實眞相情形。透過採用事件發生前後時程M2E3偵查矩陣作業方式，此指導準則可以被牢牢記住，方便有效應用於調查實務工作中。

三、專業用語定義

　　爲求達到有效溝通（Effective Communication）的目標，在此論文中所使用的若干重要專業用語說明如后。另因爲作者並未俱有專業律師職能，並且這些專業用語的法律上定義（Legal Definition）或許可能與隨後所敘述者有所差異。在本論文中的專業用語定義皆爲作者所認知，並且或許可能被讀者所考量爲有用的，藉以嘗試理解（Figure Out）作者確切所想要表達的意思。

表4-3　瞭解一個事件偵查指導準則：整個事件發生前後時程的M2E3項目

指導準則項目／發生前後時程	之前	期間	之後
1.人名			
2.材料			
3.設備			
4.能量			
5.環境			

(一) 鑑識工程

「鑑識工程」（Forensic Engineering）是使用工程技能（Engineering Skills）及基本法則等，在法院（Court of Law）或者其他類似公開討論會中，解決那些涉及可能成為爭議的主題事件之作業。這些類似的公開討論會或許可能是一個調查詢問（Inquiry）、仲裁公斷（Arbitration）、調解斡旋（Mediation）的法庭，或者是在當事方間尋求一致協議的一個簡單會議。假若調查事件涉及一個重大的價值損失情形，該損失的任何後續調查工作係由一位工程師來執行，即可以被視為「鑑識工程」。

(二) 當事方

當事方（Party）是一個在事件中有利害關係的個人或者公司（Corporation）。一個當事方或許可能遭受實際有形或者金錢的損失（Monetary Damage），或者是一個當事方或許可能被指控所必需，對於引起或導致損害／損失負起全部或部份的責任。假若資料文件業已提交至法院，法院將依當事方加以命名編彙歸檔：即為要求損失的一方及被宣告對於該損失必須負責的一方。從那個觀念論點向前推展延伸下去，當事方的身份是非常清楚的。無論如何，在調查程序進行的初始階段時，或許可能不甚清楚誰會是所有的當事方？或者誰將會是當事方？隨後討論的部份，即是關於如何在不至於造成一當事方產生其他的當事方的損失可能性，以進行一件「鑑識調查」（Forensic Investigation）工作。至於那些新生的當事方必須能夠檢閱相關證據，並且個別單獨地

尋找其或可能使用，藉以確定其涉入此案件程度的相關事實論據。

(三) 損失

　　為求配合本論文的議題用途，一個損失被認為一人的受傷或是死亡；機具設備、貨物品項、一艘船舶，或者對一個設施場所等損失；或者環境損害（Environmental Damage），其他損害等所造成的結果。其他損失或許可能被宣告，諸如延遲送達（Late Delivery）、生產的損失、收入損失、在一份合約中所載明的功能欠缺不足（Performance Failure）、過度的建造費用成本（Construction Costs）及其他等等。雖然這些前述項目皆不是本論文的主要討論焦點，但是在這些事件中，執行一項「鑑識調查」（Forensic Investigation）工作的一般性原則可能不會有太大的差異。

(四) 證據

　　證據（Evidence）是一個實際的物品或者狀態，提供關於一個損失的事實真相熱衷之解釋。證據或許可能是虛無輕飄的（Ethereal），或者是俱持久性的（Durable）。煙霧形態、氣味、殘骸碎片樣品（Debris Patterns），及遭受腐蝕所致材料的表面狀態等，皆是虛無輕飄證據（Ethereal Evidence）的案例。諸如損壞的鋼纜繩索（Wire Rope）、在一艙櫃中的腐蝕破洞（Corrosion Holes），或者一個彎管艤裝元件（Bent Fitting），皆是具持久性的證據（Durable Evidence）實例。一位鑑識工程調查員（Forensic Egineering Investigator）的挑戰是如何發

現、記錄，並且保存可能因為時間、使用、濫用、腐蝕、交通、清除整理（Clean-up）或者修補等因素所致結果，將會消失不見的證據本質（Kind of Evidence）。

(五) 根本原因

根本原因（Root Cause）係為一位「鑑識調查員」（Forensic Investigator）至高無上的神聖目標。損失經常可能是事件的一長串連鎖效應之最終結果。每一個連接環節（Link）可能既是必然發生的（Consequential），並且為連接前後環節而存在。在連鎖鏈中，改變任何一個細節情形即會打破切斷那連接環節，並且或許可能導致一個除了此一損失以外的結果。因此，根本原因即是第一個連接環節。在古老的格言中所述：「因丟失一根釘子導致馬蹄鐵遺失，因缺少一個蹄鐵導致馬匹喪失，因喪失馬匹導致戰爭失敗。」遺失的釘子是戰爭失敗的根本原因？或者那漫不經心的釘馬蹄鐵之鐵匠工人是根本原因呢？

(六) 工作成果

諸如計算、分析、筆記、照片及實驗等，皆是工作成果的實例。在一個調查及後續訴訟（Subsequent Litigation）的程序中，所有這些記錄或許可能變得可以明顯洩漏的。有時這些成果或許可能給予調查員有暫停的機會，以期保持謹慎小心的（Circumspect）態度以處理之。假若擔任一位美國執業律師（Lawyer）的諮詢顧問（Consultant）工作，為一位律師所準備的報告可能有時是「享有特權的」（Privileged），

並且能夠佔據保留，或律師基於若干觀點立場（Grounds），審慎思考後再行讓與發表。爲當事方所直接準備的報告或許可能不能享有相同地位的特權。這主要是一位律師的疑難問題，而不是一位工程師的疑難問題，但是一個有智慧的調查員將會建議其可能委託顧客（Potential Client），在爲一個特定工作（Assignment）及產出工作結果而聘僱一位專家之前，先行與其僱用律師（Attorney）討論相關特定權利，或許可能是妥適的。

(七) 證據毀棄

假若證據被喪失，或者在所有當事方不曾擁有適當機會從證據中得到教訓前即被損壞，一個「證據毀棄的主張要求」（Spoliation Claim）可能會發生。假若該主張要求被確認，對於全部受損害的另一當事方，損壞證據的當事方將擔負若干責任。在爲可能是改變事情眞相的證據之安全性及其他撤銷的情況下，當其認爲證據的保存（Preservation of the Evidence）所需之有利條件時，俱有適當合理的司法管轄權限（Reasonable Justification）是可以被普遍接受的。不過，在盡其可能的情況下，毀損意外事故現場（Accident Scene）、損壞或者丟失主體設備（Subject Equipment）或記錄等，必須被完全避免的。

四、調查工作步驟

一個事件的「鑑識調查」（Forensic Investigation）工作，通常在時間經費環境條件許可情況下，定會依循一個邏輯順序，逐一著手開

展各工作項目內容。往往當「及時要求」（Timeliness）勝過「邏輯順序」（Orderliness）考量時，工作步驟次序即會因而被干擾混亂。一位精明幹練的「鑑識調查員」（Forensic Investigator）能夠愈快在一個事件發生後到達現場（Scene），那麼就愈可能將輕飄細微的證據（Ethereal Evidence），加以注意記錄及維護留存下來。一般而言，該調查工作通常遵循科學方法（Scientific Method），依序為：1.蒐集事實真相；2.構思假說（Hypotheses）；3.測試假說，及4.記述結果等。至於在一件「海事調查」（Marine Investigation）工作中所涉及典型作業程序（Typical Processes）步驟的綜合說明，詳參看表4-4所示[4]。

表4-4　在一個鑑識調查案件中的典型工作步驟

工作步驟項目名稱	備註
1. 蒐集背景資料	
2. 檢查事發現場	
3. 保持人工物件	
4. 實驗室內非破壞性的檢查	
5. 破壞性檢查	
6. 實施測試	
7. 準備報告	
8. 宣誓作證	
9. 正式文件記錄（法庭用）	

（註：並非所有工作步驟都可能適合於所有調查案件）

4　Ruggieri, J.A., 'Industry Guidelines for the Forensic Investigation of Marine Incidents', Vol. 43, No. 1, Journal of Marine Technology, Society of Naval Architects and Marine Engineers, USA, January 2006, pp. 22-26.

(一) 蒐集背景資料

合乎邏輯的工作進程（Progression）應是從蒐集背景及最初眞相事實等開始啓動。在先前類似的報導傳聞、法令規章、作業標準，及有可能相關公認所接受的工作實務（Accepted Practice）等基本探索範疇內，這些眞相事實即已暗示其中。先前類似事件結果、類似事件及情況的文獻資料，及重要專業人士（Key Players）所發表刊物見解等，經常亦是合適的背景資料（Background）。

有關事實眞相的調查結果，包括有發現及檢閱設計圖樣，技術手冊（Technical Manuals）、證人供述（Witness Statements），內部的事件調查員報告、最初的調查員報告、警察報告（Police Reports），及在「鑑識工程調查員」（Forensic Engineer Investigator）介入與事件發生之間所產出的其他相關論文報告和同時間內發生的情報訊息（Contemporaneous Communications）等。

這些項目即是構成背景遠因的部份。透過一種「文獻搜尋」（Literature Search）方法，將可以揭露這些相關資料文件的內容[5]。在此文章中所列舉的參考文獻，包括有若干從經驗顯示可能是相關的規章及標準，但是或許可能已在船舶輪機工程專業（Marine Engineering Professional）的經驗範圍之外，並且按例在「鑑識調查」（Forensic Investigation）作業中是不會被涉及的。

在若干因素考量中，財政的及金融的狀況（Fiscal and Financial

5　李浤源主編，撰寫博碩士論文實戰手冊，中華科際整部研究會合編，正中書局，中華民國八十八年十一月。

Circumstances）最好亦必須瞭解。一個有財政困難（Fiscal Difficul-ties）的公司或許可能爲求補償損失，進而縮減囤積庫存數量（Cut a Corner）。另外，對於一個需費時冗長及花費昂貴的調查事件，一個財政基礎不穩固（Shaky Fiscal Grounds）的公司或許可能不會是最爲可靠的委辦顧客。

（二）檢查事發現場

「檢查」（Inspection）工作採取實地現場與實驗室（Laboratory）等兩種併用的形式，進行相關構成要件的調查審問（Examinations）作業。在美國測試暨材料協會（American Society for Testing and Mate-rial；ASTM）所制定E冊第678、860、1188及1459號等這些參考資料文件中，對於檢查工作及從檢查中蒐集資料（Collection of Information）作業是存在有重要關聯性的[67]。對於一位熟練的「鑑識調查員」（Fo-rensic Investigator）而言，「事發現場」的檢查（An Inspection of the Scene）行動，必定揭露被其他人曾經遺漏或忽略的若干資訊。除非環境情況是無法克服的，不然調查員皆應該盡其所有努力，進行現場勘查及檢查主題的設備。根據實務經驗顯示，縱使是在實際事件發生時日許久之後，此一行動通常仍是非常俱有價值的，並且俱有啓發性的（En-lightening）。

---

6 ASTM. E 678, 'Stanadrd Practice for Evaluation of Technical Data', American Society for Testing and Material, West Conshohcken, PA, USA.

7 ASTM. E 860, 'Stanadrd Practice for Examining and Testing Items That Are or May Become Involved in Product Liability Litigation', American Society for Testing and Material, West Conshohcken, PA, USA.

(三) 保持人工物件

通常被鑑定為品項及組成元件（Components）應該被保留及保護，因為其包含有關於事件的相關且重要之資料訊息。這留存做法或許可能與其他需求發生相互衝突（In Conflict with）情形，諸如修補或者更換組成元件的需要、為求繼續安全操作（Safe Operation）的需要，及其他作業的需要等。儘可能在事件發生後不久、正當任何人工物件的移動（Removal of Any Artifacts）之前，及在人工物件的移動之後等時候，事發現場的狀態應該被註釋（Noted），及以照片（Photographs）或者錄影（Video）方式記錄下來。被保留的人工物件（Retained Artifacts）狀態亦應該被審慎地註釋及記錄。在美國測試暨材料協會（ASTM）所制定E冊第1188[8]、1459號[9]，及國家火災防護協會（National Fire Protection Association；NFPA）第921號[10]等參考資料文件中，皆已提供詳細的指導方針（Detailed Guidance）。

(四) 實驗室內的非破壞性檢查

若干總量的「非破壞性檢查」（Nondestructive Examination）工作經常是必要的，藉以進行損失的初步評估（Preliminary Assessment）、

8　ASTM. E 1188, 'Stanadrd Practice for Collection and Preservation of Information and Physical Items by a Technical Investigator', American Society for Testing and Material, West Conshohcken, PA, USA.

9　ASTM. E 1459, 'Stanadrd Guide for Physical Evidence Labeling and Related Documentation', American Society for Testing and Material, West Conshohcken, PA, USA.

10　NFPA 921, 'Guide for Fire and Explosion Investigations', National Fire Protection Association, Batterymarch Park, Quiney, MA, USA.

可能假設性的（Hypothesized）原因，並且藉以確認其他人可能成為當事方。一個涉案設備的詳細之「非破壞性檢查」（Detailed Nondestructive Inspection）工作，通常在一個實驗室（Laboratory）或者是在一個安靜的環境中實施，可以揭露出很多的資料訊息。通常設計的細節（Design Details）、製造細節、零組元件製造廠商（Manufacturers），先前磨損（Wear）及維修（或者期間缺乏）的徵象，及可能故障失效原因的直接證據（Direct Evidence）等皆是明顯可知的。這些檢查提供涉案設備的關鍵方向之確認，及給予可能的未來「破壞性檢查」（Destructive Examination）論點等見解。

一個精細的照片記錄（Photographic Record）包含有諸多觀點及細節，經常被發現可獲得在檢查工作當下沒有被注意到，但是後來成為重要的資料訊息。在採取可能會消滅相關的論據（Obliterate Relevant Data）行動之前，照片的文件檔案（Photographic Documentation）至少應該被考慮製作留存。在進行任何物件的拆卸分解（Disassembly）工作前，該「固定性的標記」（Permanent Marks）的工作法，例如註記符號，應該被採用，以校準修理及記錄其零組配件的排列（Alignment）與方位（Orientation）等。

一種移動繫固元件（Fasteners）做法，藉以揭露一台機器的內部情形或許可能無論是消極無助（Destructive）與否。機件磨損（Wear）的情況、在拆開一套裝置前的器具上存在之記號、在繫固元件上的塗裝油漆（Paint）的狀態、無論銜接墊圈片（Washers）是否存在就位，及無數其他細節等，可能皆與主題事件有所關聯。另一方面，在當時，這些細節或許可能曾經似乎微不足道的（Trifling），可是之後變得舉足輕

重的。

(五) 破壞性檢查

在進行事發現場（Scene）或者零組元件的任何「破壞性檢查」（Destructive Examination）作業之前，必須給予其他的當事方有時間審慎考慮及參與機會等。這個基本原則早已在美國測試暨材料協會所制定E冊第1188號（ASTM E 1188）規範中被清楚地載明。假若被通知指示進行一項破壞性的測試（Destructive Test）或者活動時，饒具經驗的調查員將會堅決要求一份經有授權許可行動的正式「書面文件」（Written Document）。經常地，一項經由所有當事方皆同意的「協議」（Protoco）正是最為明智的程序做法（Course）。有時候，所有當事方皆同意關於什麼是沒有幫助的項目正是有益的。在進行一項「破壞性檢查」（Destructive Examnation）工作之前，從另一當事方取得其書面同意（Written Approval），確定可削弱任何日後相關損毀證據的索賠主張（Spoliation Claim）。設備的「破壞性檢查」（Destructive examination）係被用以揭露其內部的特徵（Internal Characteristics）、材料特性（Material Properties）、任何故障失效的本質，及其他相關的資料訊息等。

(六) 實施測試

「實驗室測試」（Laboratory Tests）或許可能證實一項主題零件的特性。這些或許可能是材料的特性，諸如強度、延展性（Ductility）、化學性質，及組合成分；或者「實驗室測試」或許可能示範操作該主

題零組件的使用性能，藉以與設計需求（Design Requirements）或者規範規章作一對照比較。這些測試的例證概有設備操作性能（Operability）、控制能力與速度、電流承載容量（Carrying Capacity）、絕緣阻抗（Insulation Resistance）、動力需求、傳達動力、振動（Vibration），及諸多其他項目等。

假若根據針對此一觀點所進行調查的想定假設（Hypotheses）已被深入考量，實驗室或者是現場實地的測試（Field Testing）作業或許亦可能會被執行，藉以考驗此一想定假設。此一測試工作或許可能涉及該主題設備、類似該主要設備的樣本事例、或者有關基本原則（Underlying Principles）或者假設的情況（Hypothesized Circumstances）的測試項目。

(七) 準備報告

一位恰當的專家或許可能是一個證據及證據的真相事實（Evidentiary Facts）之報導人。對於「財務責任」（Fiscal Responsibility）的最終分配（Ultimate Assignment）或者限制歸屬（Quantification）等，一位專家或許亦可能推論出關鍵的結論：該專家的結論（Expert Conclusions）應該是以其所尋得或發現的事實為基礎。一位專家或許亦可能根據其個人的特殊經驗及專門技術（Special Experience and Expertise）為基礎，以使用其所謂的「專門知識」。在一次法庭訊問啟動之前，在若干立場觀點上，專家意見的可採納性（Admissibility）可能會被遭受質疑挑戰。至於這種質疑挑戰的細節，則是已在本研究文章的討論範圍之外，此處不再贅述。

假若其意見主張係以根據觀察（Observations）與事實真相、從此主題上已出版與相關的論文專著（Treatises）中所學得、依循堅實牢固之科學原理（Scientific Principle）的實驗工作，及依循公認被接受的實務常規（Accepted Practices）之計算等基礎，那麼該專家係處於充分穩固且理直氣壯的立場基礎之上。以「專門知識」為基礎的專家報告應該可以完全地被闡明，並且與先前所使用相同的「專門知識」之常規實踐取得始終如一的吻合特性。在情況可行時，意見主張之測試或者確認（Verification）可以透過執行「示範性實驗」（Demonstrative Experiments）方式，獲得一個令人信服且格外難以質疑挑戰的見解主張。

一旦進行實地現場與實驗室調查（Field and Laboratory Investigations）作業是相當充實重要的或者徹底完整的，那麼一份調查結果的報告或許可能是合適的。無庸置疑地，保留事發同時的「實地現場註釋」（Contemporaneous Field Notes）是適當的，並且調查員的委託客戶或許可能被一份根據事實情況的報告（Factual Report），或者兩者擇一地一份更徹底周密的報告（Thorough Report）所提供的專家意見與結論，及事實真相等所縫合誘導。

在美國測試暨材料協會所制定E冊第620號（ASTM E 620）規範中，包含有書面報告的標準格式（Standard Format）及實務範例等[11]。一般而言，一份報告的閱讀者應該要能夠知道資料訊息的來源、該撰寫報告所依據為何，及「已知事實真相」（Known Facts）係源自何種消息來源。諸如「根據報導」用詞應該被避免，附和贊同「目擊者與海岸

---

11 ASTM. E 620, 'Stanadrd Practice for Reporting Opinions of Technical Experts', American Society for Testing and Material, West Conshohcken, PA, USA.

防衛隊所屬調查員（Coast Guard Investigator）的報告看法一致」的說法等。並且該報告內容亦應該展現作者的足夠誠意（Bona Fides），因此特別專門技能的範圍亦可能為大眾所知道。經常地，一項完整的履歷資料表（Curriculum Vitae）會被附加上來。

在法律層面中，若干意見主張及結論皆有其特別重要的暗示含意（Implications）。這些含意其中包括有在設計過程中缺陷（Deficiency）的調查結果（即為設計缺陷；Design Defects）、在設計與實踐間的誤差（即為製造缺陷；Manufacturing Defects）、在規範標準／公認接受的慣例常規（Accepted Practice）與事故發生當時的慣例常規所起作用（Practice in Play）間的差異（即為誤用或者錯誤），預想不到的情形（超出合理的預期；Beyond Reasonable Expectation），及操作指南（Instructions）與徵兆警告（Warnings）上的合適性（即為警告失效；Failure to Warn）。任何結論內容應該絕非偶然隨意地作出決定。所有結論皆應該是在調查員的專門技能之領域範圍內，並且應該被仔細斟酌思考的。

(八) 宣誓作證及正式文件記錄

假若在正式的訴訟程序必須實施時，調查員應該備妥其檔案及註釋等，藉以在宣誓作證（In Deposition）及隨後其他證詞聲明（Testimony）程序中，針對其調查發現成果進行一場口頭陳述（Oral Presentation）。有時候，這個工作程序將會在隨後數月或數年內，進行及時「初始調查」（Initial Investigation）的工作，並且自信可靠的調查員

必須俱備卓越出色的溝通交流技能（Communication Skills），以敘述其事件的細節詳情。

在律師及陪審團不清楚的「技術行話用辭」（Technical Jargon）範圍內，不應將其被過度誇大。在西元2002年希克曼（Hickman）與桑普瑟爾（Sampsel）所發表論文中，提供若干闡明資料訊息的案例[12]。雖然一位海事專家（Marine Professional）勢必熟悉這些專業用語及用法，但是這些參考文獻資料將是其他不清楚此專長領域者的絕佳提示註記文件。

這些相關的事實真相應該從一位海事調查員（Marine Investigator）的報告及「口頭證詞」（Verbal Testimony）中，清楚且完全地得知。在作證程序實施時，在該調查員的頭腦中，事實真相應該是清晰的，好似檢查工作昨天完成一般。

在《異地的陌生人》（Stranger in a Strange Land）一書中，科學幻想小說作家（Science Fiction Writer）羅伯特·海因倫恩（Robert Heinlein）假想有一位特殊專長的專家，其係為一個公正誠實的證人（Fair Witness），在法律事件（Legal Matters）中，其用字遣辭總是可被普遍接受，並且總是能夠備受信賴。當其被問及在一處遙遠山腰（Distant Hillside）上的一間房舍顏色時，那公正誠實的證人可能回答：「從這一邊看過去是白色的。」因此海事專家調查員（Marine Expert Investigator）應該以同樣小心的態度，考慮斟酌在其報告中的宣誓

12 Hickman, R.S. and Sampsel, M.M., 'Boat Accident Reconstruction and Litigation', 2nd Edition, Tucson, AZ, Lawyers & Judges Publishing Company, USA, 2002.

答覆（Sworn Responses）之用字遣辭。

五、案例研究

在若干「案例研究」中，計有4個事件案例被提供出來，藉以展示進行一項徹底周密的「鑑識調查」（Forensic Investigation）工作所需的工藝技能廣度（Breadth of Technical Skill）。並且在這些案例中，每一個案皆為「鑑識調查」的真實案例。若干細節被加以刪除省略，諸如涉案的特定當事方、場所位置及事發日期等。涵括有這些案例研究的目的，不僅是檢視複審這些個案的細節詳情，並且當然亦是說明調查工作可能採取若干不同的途徑（Divergent Paths）。這些「案例研究」試圖逐漸灌輸海事專業領域的全程知識，並且竭力推演若干受損害的當事方所經常使用，以嘗試提出其索賠主張的必然因果關係。

在其調查工作程序中，諸多重要教訓之一即是，對於製造廠商（Manufacturers）及操作人員（Operators）亦必須實施徹底周密的調查作業，以便深入瞭解根本的發生原因（Causes），並且進而獲致適當的最終調查結果（Outcome）。

(一) 鋼索損壞故障案件

當一艘中型尺寸的軍用油料補給艦（Military Tanker）在港內發生擱淺事故時，一艘救難拖船（Salvage Tug Boat）獲報前往執行應對處置作業。經由「初步勘查」（Initial Survey）所得結果顯示，確定該艦輕微擱淺在鬆軟的沙洲淺灘（Shoal）上。該救難拖船調派部署兩套支

架的海灘作業機具裝置（Beach Gear），其中包括有支撐錨及檢修卸放的滑輪纜索傳動裝置（Overhauling Gear）等，並且繞送一條拖曳纜索（Towing Hawser）至該擱淺軍艦（Stranded Vessel）上，其主要目的係為翻轉移動該擱淺軍艦，以便將其拖行進入較深水域中。大約在漲至高潮位（High Tide）一小時之前，救難拖船開始拉緊海灘作業機具裝置的支架上之纜索。

該沙灘作業機具裝置的每一支架皆由一個特殊的錨（Anchor），纏附於1.625吋鋼索纜繩（WireRope）上所組成。該海灘作業機具裝置上的拉緊作動係透過在系統軌道中的圈繞纜索以拖拉之。一個繞圈軌道係由包括有一套「滑車輪組」（滑車或滑車輪Pulleys and Sheaves）的抓緊繩索、「木工制止器」（Carpenter Stopper），及拖拉（縮進）滑車輪組（Retraction Blocks）等所組成，然後在進行拖拉（Haul）縮進滑車輪組時，將承受負荷傳送至另一具固定制止器上。其中「木工制止器」係為一種可以在其全長中段處被設定，藉以確實拉緊鋼索纜繩的裝置。該拖拉力量係由0.625吋鋼索套繞拉經過一對4個滑車輪組（Four-sheave Blocks），其機械效益（Mechanical Advantage）約為10：1。同時該0.625吋鋼索被向後牽引至船橋側翼（Bridge Wings）下方處，經過一個「導纜滑車輪」（Fairlead Block），藉以改變鋼索的方向至一具位於甲板艙間上凹室（Alcove）處的電動絞機（Electric Winch）上。該電動絞機可以產生約8噸的拉引力量，因此應是可牽引出約80噸總數的理論拖拉縮進力量（Theoretical Retracting Force）。總計約有2,100呎的0.625吋纜索被加以使用。

其實際作動拖拉縮進力量是受制於錨的持控力量（Holding Power），在此案例中預估約爲29噸。倘若考量到摩擦力與工作效率等因素，該0.625吋鋼索的最大實際作動負荷值（Maximum Actual load）約在3.0至5.0噸之間。經由材料試驗（Material Test）額定0.625吋鋼索的破壞強度（Breaking Strength）爲31,600磅，其工作負荷（Working Load）的安全係數（Safety Factor）爲2.0，即在約7.9噸受力負荷下，鋼索將會發生斷裂情形。

當在一個拖拉縮進圈繞作動即將結束時，在船橋側翼下方接近「導纜滑車輪」的0.625吋鋼索發生爆炸性斷裂情形。該錨支架（Anchor Leg）內所貯存的能量拉動木工制止器及附屬滑車輪（Attached Sheaves）高速向前運動。當0.625吋纜索被拖拉經過滑車輪時，該尖刺的斷裂端（Bitter End）在甲板周遭猛然挪動抽打著，同時擊傷在甲板附近的若干工作人員，最爲嚴重的傷害是造成人員大腿股骨的創傷截肢（Traumatic Amputation）結果。

根據目擊者的證詞（Witness Testimony）及相關照片等資訊，該調查員重建繫索在甲板上的海灘作業機具裝置之佈置塊現場情形。並且其亦檢查滑車輪裝置的所有構成組件之移動自由度（Freedom of Movement），及在繫索裝備系統（Rigging System）中，任何擰軋擠壓（Pinching）徵兆或其他缺陷等。檢查結果沒有發現任何異常情形。殘留斷裂的0.625吋鋼索部份被卸除，並且移送材料試驗。透過從船上及支援活動作業的日常文書工作（Paperwork）及記錄所得資訊，藉以追溯這條鋼索纜繩（Wire Rope）的維修保養經歷（Service History）及原始資料等。維修記錄（Maintenance Records）被重新檢視，並且確定該鋼索已曾被檢查，及自從裝置於拖船上以來，遵循公認可接受的實務常

規（Accepted Practice），進行鋼索塗抹油脂以潤滑之。

該鋼索纜繩的若干試驗全程被實施「拉力試驗」（Tension Test）直到斷裂爲止，其中發現該條鋼索纜繩在約60%安全工作負荷（Safe Working Load），或30%額定破壞強度（Breaking Strength）等情況下，即發生裂斷現象。幾個鋼索的試驗樣品被詳細研究。該纜索係爲一種纖維核心（Fiber Core）型式的建造物。纏繞在核心處附近的金屬索線（Metal Wires）被發現業已腐蝕。

該「維修工作常規」（Maintenance Practices）的適當性被加以檢查。在維修工作的間隔時間及「維修技術」（Maintenance Techniques）的有效性等項目均被加以檢查。該應用於潤滑的油脂漿（Oily Grease Slurry）被加以評估，藉以確認其在海水環境中，能否滲入鋼索纖維（Wire Fibers）及其有效持久能力（Durability）。據實務結果可發現，在滲入鋼索纜繩結構情形中，「手工油脂潤滑作業」（Manually Slushing Work）僅能顯現微小地有效助益。然而應用專爲機器油脂潤滑作業用途所設計機具以進行油脂潤滑工作，是更爲有效的。此兩種作業方法程序均可被維修工作程序（Maintenance Procedures）所容許採用。在鋼索裝置於船上之前，應用油脂潤滑機具（Slushing Device）方式以作業之，然而自從初始裝置（Initial Installation）於船上後，即採用手工油脂潤滑（Manual Slushing）作業方式行之。該潤滑油脂材料（Slushing Materials）被裁定爲在建議的維護間隔時間（Recommended Maintenance Intervals）內，是可以持續足夠經久耐用的性能。

依據記錄查詢結果指出，該鋼索纜繩早在此一事故發生前約35年已被製造生產完成，並且業已貯存於倉庫（Warehouse）內達20年之

久，然後被轉送至一處救難器材儲藏庫房（Salvage Storeroom）。在事故發生之前5年間，該鋼索纜繩業已被裝置到船上。在最初製造（Initial Manufacture）完成至轉送至船上使用的期間，並未進行鋼索纜繩的油脂潤滑或其他的維修等作業。

　　該根本原因係為濕氣（Moisture）因素，在其長期的貯存期間中，滲入繩索的纖維核心（Fiber Core）所致。此原因引致腐蝕（Corrosion）現象產生，促使鋼鐵纖維（Steel Fibers）強度變得軟化衰弱。繩索第一次裂斷失效係由於遭受一個非偶然的顯著負荷。此一案件被著手進行調查，藉以確認是否有任何涉案當事方應遭受到可能的刑事起訴（Criminal Prosecution）行政之行動作為。最終沒有任何後續起訴動作發生。為求達成案件終結目的，在調查中所涉及專業技能項目被涵括如后：

1. 機械工程（Mechanical Engineering）：確認負荷及拖船部署後的負荷集中（Load Concentrations）情形。

2. 機械工程：評估甲板儀品配件（Deck Fittings）及五金器具的材料狀況。

3. 專業的救難知識（Salvage Knowledge）：重建繫索裝置情形。

4. 機械工程：進行鋼索的破壞性地測試作業。

5. 冶金工程（Metallurgical Engineering）：檢查鋼索且確定腐蝕（Corrosion）的原因。

6. 冶金及材料工程（Materials Engineering）：評估抗腐蝕的材料情形。

(二) 錨鍊孔損壞故障案例

一艘35呎馬達動力遊艇（Motor Yacht）的製造廠商在遊艇船艏處，裝置一具「拖曳眼板艤品配件」（Eye Fitting）於船艏柱上，並且其所處位置正好在吃水線上方。該艤品配件的設置目的係應為一具「卸扣鉤環」（Shackle）的容許銜接處，以為錨碇繫泊或者船艇的拖曳等用途。在一項冗長的海上拖曳（Ocean Tow）作業期間，該「拖曳眼板艤品配件」被從船艏處拉扯開來。該遊艇經歷海上拖曳狀況，並且最終沉沒入深水海洋中。遊艇船東試圖從遊艇建造廠商尋找出損害修復（Recovery of Damages）的可能性，包括提供一個不適合其預期使用的艤品配件及在建造中可能存在的不完美缺陷。在此一案例中，那些調查員受限於其自身的能力，以有效蒐集事件的相關資訊。大部份被毀壞的船艏眼板殘骸被重新尋獲，並且穿越螺栓的緊扣元件（Through-bolt Fasteners）仍留存在原處。圖4-1中即為「拖曳眼板艤品配件」的外觀情形。

關於損壞的精確位置、拖曳的狀況，及當地海象天候狀況等資訊，

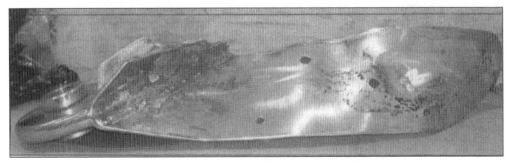

圖4-1 裂斷錨鍊眼孔的變形及破裂起源位置之顯示照片

僅能從拖曳航行的船上航海日誌（Log）記錄得知。沒有目擊證人的陳述（Witness Statements）或者其他資料文件等可以取得應用。至於該沉沒遊艇的設計及製造圖樣（Manufacturing Drawings）等，倒是可以順利得到應用。

根據航海日誌的記錄項目得知，遇難損壞船業已斷斷續續地（Off and On）被拖帶長達數週時間，並且其拖曳航行的平均速度係在10到12節之間。從美國國家海洋暨大氣總署（National Oceanic and Atomspheric Adminstraton；NOAA）建置資料庫所獲得的天氣資訊指出，在造成該船損壞事件的前2天間，可能是和緩適度的平橫及斜向波浪海象狀況（Beam and Quartering Seas）。惟在事件發生之前，海象曾經是來自多種不同的波浪方向（Different Headings）。

當一處裂痕傳送增至艤品配件的深處大部份時，並且正巧位於右舷（Starboard）的三角腋板（Gusset）處，此時「拖曳眼板艤品配件」（Eye Fitting）即告失去作用效能。類似的裂痕亦被發現從左舷上已開始逐漸成長出來。依據「冶金檢查」（Metallurgical Examination）結果顯示，裂縫（Crack）引致艤品配件失效原因係起源於三角腋板的銲接處（Gusset Weld），並且從艤品配件的底部朝上頂部方向延伸成長。該「拖曳眼板艤品配件」產生變形的狀況，係由於持續一致性地承受一種巨大力量拉扯「拖曳眼板」至左舷，引致右舷側板材料（Starboard Side Material）的損壞失效，殘留材料發生彎曲（Bending）情形，並且經由船體結構（Hull Structure）拉扯其上所鑲嵌的螺栓（Mounting Bolts）。海水可能經由受損壞的船艏柱區域湧入，造成船艙發生大量進水的情況。拖曳船上的工作人員既沒有察覺泛水（Flooding）情形的發生，亦沒有針對大量進水情形作出適時的應變處置（Respond in Time），於是造成船隻沉沒結果。

受毀壞艤品配件的冶金性質及銲接處狀態等，均藉由「冶金檢查」（Metallurgical Examination）以確定之。包括有金屬品件、銲接處、緊扣物件材料及繫固的方法（Method of Fastening）等均被加以測定，並且在海水環境中，材料的相容一致性（Compatibility）亦被加以檢查。導致船艏拖曳眼板（Bow Eye）的破壞之裂痕情形被加以檢查，藉以確定故障失效的本質原因。

在此一案例中，採用材料係爲316 L合金奧氏不鏽鋼（Austenitic Stainless Steel）。該銲接作業係採用「鎢惰性氣體技術」（Tungsten Inert Gas；TIG）及一種「高鎳質金屬塡銲材料」（High-nickel Filler Metal），以進行處理之。對於材料及其工作環境（Service Environment）而言，此一工作方法是有所助益的，因爲在銲接過程（Weld Processes）中，高鎳質的基座金屬（Base Metal）不會被削弱太多或者產生太大變化。在表4-5中，係顯示在角腋板（Gusset）、銲接珠道（Weld Bead）及在錨鍊孔（Eye）的主結構組件上之斷裂表面（Fracture Surface）等基座金屬的基本元素集中（Elemental Concentrations）情形。

表4-5　結構裂斷部份的基本金屬之基本元素集中情形　（百分比例）

結構處／元素	鐵	鉻	鎳	錳	鉬	鈣	矽	鋁	鈦	氯	鉀
1.角腋板	58.74	18.62	11.02	2.1	2.19	1.63	1.46	1.15	1.52	0.78	0.39
2.銲接點	34.56	15.77	45.03	2.44	0.66	0.54	0.36	0.25	0	0.39	0
3.斷裂處	70.08	15.23	11.45	1.47	0.85	0.22	0.35	0.29	0	0	0

這些元素組成結構可藉由「X射線折射光譜學」（X-ray Diffraction Spectroscopy；EDS）加以測定，即是在「電子顯微鏡」（Electron Microscopes）上經常可以掃描得到的一種功能。假若該銲接點或者鄰近區域業已被發現有鎳（Nickel）或鉻（Chromium）等元素成份的缺陷情形，隨即其可能將會成為反應作用的啟動者，促進附著內聚力現象的蓬勃發展。這個檢查可以確認材料及銲接工作常規（Welding Practice）的適當性。

關於該受損失效的艤品配件方面，兩個領域的調查工作被緊接在後地繼續進行。一者為配件部份的設計，其中包括有其抵抗翻倒的能力，及材料的擇用等均要列入考慮。其次，製造缺陷（Manufacturing Defects）是否為造成失效的原因亦被加以檢查。該「奧氏不鏽鋼」（Austenitic Stainless Steels）可能會遭受「氯化所引致的應力腐蝕裂痕」（Chloride-induced Stress Corrosion Cracking；SCC）。設計的細節可能會有所影響；負荷力量是如何透過艤品配件被進行轉移傳遞。銲接過程（Weld Processes）可能產生諸多瑕疵，將會削弱其完整的裝配組合品質。

當設計一個艤品配件被作為一種拖曳連接器具（Towing Connection）用途時，若干因素必定要列入審慎考量；即若在傳統「半滑航艇型」船體（Semiplaning Hulls）上，存在有脆弱的「方向穩定性」（Directional Stability），因此被拖曳船舶將容易發生左右側移偏離航向的現象，或是其將會發生側移至某一舷向，並且穩定停滯在某一舷側的現象。因此，作用在船艏拖曳眼板上的合力（Resulting Force）不總是朝船艏向前的，並且該拖曳眼板（Eye）或許可能承受相當顯著的側

向負荷（Side Loads）。此外，當在進行拖曳作業時，將會有產生高動態負荷（Dynamic Loads）的潛在可能性。拖曳船的縱搖（Pitch）、起伏（Heave）及縱移（Surge）等狀態與被拖曳船的運動反應，可能會產生不同相位的延遲現象[13]。因此，該實際承受的動態負荷（Actual Dynamic Loads）可能是平均穩定靜態拖曳負荷值的許多倍之譜。

　　動態負荷可能藉由拖曳索具的其他部份裝置之設計，並且透過調整航向、拖曳速度，及拖曳短索長度（Tow Pennant Length）等，予以舒緩減輕之。拖曳船隻的短索長度，即為實務上慣稱的懸垂鍊線（Catenary），可實作為一種彈簧（Spring）的用途效應。同時該彈簧可以減輕或者放大動態負荷的效應。使用一條更粗重的纜繩線，或者增加一段鍊索的長度至拖曳短索時，可藉由因將懸重鍊線拖曳較深，造成彈簧反應較慢，進而改變拖曳時的船艇運動反應。調整該拖曳短索的長度，可以調節該拖曳作業，促使兩艘船艇所遭遇波浪更為趨近於同步狀態的時間點上。

　　倘若備有一位搭乘者（Rider）積極操船拖曳時，將可能增加拖曳穩定性（Tow Stability），不過相對地，該拖曳的搭乘操船者將會面臨其他若干的工作風險。拖航路線與速度等選擇可能將拖曳時的工作應力盡量降低至最小程度。此一工作需要拖曳船船長的靈活主動監控（Active Monitoring）及明智理性的作為。一般而言，一項拖曳工作的成功與否取決拖曳船船長（Towing Vessel's Master）所作的決定及作為。船艇設計者可能不知道一位拖曳操作者（Tow Operator）的必備知識及職

13　Rawson, K.J. and Tupper, E.C., 'Basic Ship Theory', Longman Inc., New York, USA, 1976.

業技能水準，因此當設計一項可能被應用於拖曳工作的五金饊品物件時，其應該考量是在一種最為極瑞惡劣的工作情況下使用。有關拖曳眼孔的設計限制（Design Limitations）之操作指南或者警示說明及使用守則，可能用以協助保護船艇建造者（Boat Builder）或者設計者的若干權益。

該「冶金檢查」（Metallurgical Examination）說明由裂縫引起的故障失效起源於銲接點處（Weld Site），但是受到銲接點處的入熱量影響，裂縫穿越基座材料（Base Material）延伸至外部區域。該「高應力斷裂」（High-stress Fracture）現象係遵循經過三角脇板（Gusset）的最大應力的方向平面（Plane of Maximum Stress）所產生。既非材料敏感化作用（Material Sensitization），亦非「氯化所引致的應力腐蝕裂痕」（Chloride-induced Stress Corrosion Cracking；SCC）造成斷裂縫的主要原因。此即指明材料及製造生產過程（Manufacturing Process）並不是造成故障失效的原因。

在工作時間長度及各種狀況的航行過程中，船艏拖曳眼孔未曾發生故障且完好倖存，因此該饊品物件及聯接器具承受持續外在負荷（Sustained Loads）的工作能力得以被有效證實。調查員推斷其根本原因起於拖曳人員讓拖曳眼孔所承受負荷超過饊品物件的設計能力。此一案例最終被採行一項談判協議（Negotiated Agreement）結果得以解決，並且其協議解決的內容文件未公諸於社會大眾。為求得到最終結論目的，其所涉及調查工作的相關專業技能被涵括如后：

1.冶金工程（Metallurgical Engineering）被用來確定建造的使用物料材質、裂縫的起源及延伸情形，及搜尋可能侵蝕所造成故障的程度。

2.造船工程（Naval Architecture）可被用以分析該船艇在被拖曳狀態下的運動行為、承受負荷及作動反應，拖曳作動的動力狀態，及在拖曳行動中可能遭遇的天候海況（Sea Conditions）情形。

(三) 拖船直梯設計及船員背部傷痛案例

一個職業生涯將近退休的拖船（Tug Boat）船員抱怨其罹患慢性背傷（Chronic Back Injury）情形。其聲稱該傷痛部份是因為在拖船機艙（Engine Room）裡工作時跌倒，仍然忍受持續工作所造成的。當拖船從事碎破5吋厚冰層，藉以清理一個航道時發生意外滑跤事件，其係因為當船員正攀爬直梯向上時，拖船突然蹣跚搖晃（Lurch）航行。因為直梯所被宣稱缺失設計（Deficient Design），導致船員跌倒，並且遭受或加重其背傷情形。該船員正試圖尋找從其僱主方，獲取部份傷殘（Partial Disability）及其他損害的賠償金費用。

該設計的缺失（Design Deficiency）被聲稱主張係依據「美國測試暨材料協會」所制定F冊第1168號（ASTM F 1168）規範所為[14]。該技術規範提供船上樓梯（Stair）及直梯（Ladder）等設計的準則（Guidelines），並且包括諸多其他工作事務。諸如樓梯踏板高度（Tread Height）、斜度，及手扶欄杆（Hand Rails）的必要條件等，這些參數皆被包括在其中。該被聲稱的直梯缺失是因為僅在一邊設有與直梯踏板（Ladder Treads）平行的手扶欄杆。此外，在機艙裡缺少一個當值站臺（Watch Station）、缺少足夠手扶握把（Hand Holds），並且在進行工

---

14 ASTM. F 1168, 'Stanadrd Practice for Human Engineering Design for Marine Systems, Equipment and Facilities', American Society for Testing and Material, West Conshohcken, PA, USA, 2010.

作（Underway Operation）中使用直梯的必要性亦被主張斷言是一項導因。

拖船公司決策亦被聲稱是有所疏忽草率的，因爲選用此特定拖船（Tug），以進行破冰（Ice Breaking）作業。因爲該拖船未設有破冰船（Icebreaker）的外形，並且其實際上較其他可用的破冰船爲小，擇用此特定拖船，以進行破冰作業，被斷定是一項輕忽草率的決定。在該船隊中的其他拖船，被聲稱是更適合執行上述該項任務工作。調查員確定在該討論中（In Question）的拖船業已服役超過40年。該設計成品早在相關直梯設計標準規範（Design Standard）制定前即已製成。有關涉及「美國測試暨材料協會」（ASTM）所制定標準規範是一種「實務常規應用」（Practice）的標準，當是不同於應用在任何特殊設備或機械裝置（Mechanism）的標準規範。做爲一種「實務常規應用」的標準規範（Practice Standard），其是一種供爲應用的自發性準則（Voluntary Guideline），假使將人爲因素（Human Factors）引入船舶設計的領域。因爲該拖船的設計早在技術標準規範制定前已完成，因爲對於現存船隊所屬船艇逐行升級改善並不恰當，因此一項新的「建議性實務常規」（Recommended Practice）規範被發佈出來，並且自發性標準（Voluntary Standard）迄今並未被應用，以完成拖船公司所屬船隊的任何部份工作，並且就這個設計案例而言，該技術標準未被認爲是一個適當的直梯設計指導準則（Design Guide）。

再者發現儘管直梯僅在一側設有手扶欄杆，其他空間的特徵仍提供一種類似手扶欄杆的實用同等設施（Practical Equivalent）。一支直立管，即一支油艙測探管（Tank Sounding Tube），位於該直梯的幾时距

離範圍內，並且提供一個牢固的握把（Sturdy Grip），可以被應用於支撐一個人在直梯上。在進行船舶檢查工作時，該管上所陳現的磨損情況，正與其經常被當作手扶握把之用途相吻合。一位生物機械工程師（Biomechanical Engineer）分析當以此種方式使用直梯時，船員背部所承受的應力，並且尋找有效的手扶握把之設計位置，以適於直梯的安全使用。

　　至於使用該拖船進行破冰作業時，可能敘明設計意圖的最初規範（Original Specifications）內容未被找到。船殼結構圖樣（Shell Structural Drawings）顯示在吃水線船舯段朝向船艉段的附近區域，顯示有增加船殼板厚度（Plating Thickness）的趨勢，並且亦顯示在這個區域的結構肋骨分佈間距（Frame Spacing）約是拖船上其他位置者的一半。概括來說，這些特徵被發現與美國驗船協會（American Bureau of Shipping；ABS）的破冰結構加強規定要求（Ice Strengthening Requirements）是符合一致的[15]。雖然無法證明該拖船被設計，以符合美國驗船協會（ABS）的結構規範要求，但是此船體構造指示在冰地作業（Operation in Ice），可能被考量為是該拖船工作任務的一部份。再者，在這起意外事件發生前許多年來，該拖船及在船隊的所有其他拖船，業已被應用來清理航道冰層及其他類似冰地作業。

　　調查員的報告指明在破冰作業（Ice-breaking Operations）中的橫向與縱向加速度（Lateral and Longitudinal Accelerations）應該可以被預

15　American Bureau of Shipping, 'Rules and Regulations for the Classification of Ice Breaking Service', New Jersey, USA, 2005.

計得知的,並且其記述這些加速度的所預期量。雖然專業技術研究文獻不太廣泛充足,惟可確信的是,在機艙裡所經驗出的局部加速度可能明顯會小於受傷方的鑑識工程師(Injured Party's Forensic Engineer)所聲稱相關之若干研究文獻裡所記載的高加速度量。至於那些引述的加速度量係在破冰船碎擊厚冰層的船殼外板(Shell Plating)衝擊區(Impact Zone)位置,以加速計(Accelerometers)測量之。操作方的鑑識工程師(Operator's Forensic Engineer)認為,研究文獻所引述內容並不適當,其對於該拖船的作業是極為關鍵的。

直梯的設計與拖船破冰作業應用等被裁定並非是造成受傷痛的根本原因(Root Causes)。在交互報告及作證(Depositions)後,此案例在到達審判階段前,被總結裁定不予受理。海事專家(Marine Professionals)應該注意到受傷方不會遲疑應用最近公佈的標準規範作為判定可接受的慣例常規(Accepted Practice)之參考文件。無論相關與否,該真相的探求者——即法官,面對這些可供應用的參考文件,以判定該設計在此案件中的應用適當性。美國測試暨材料協會所制定F冊第1168號(ASTM F 1168)規範[16]包括有對於能見度(Visibility)、警報器、工作高度,及一項設計的許多其他方面等的建議性產業慣例常規(Recommended Practices),並且一位海事調查員應該熟知其技術內容。為求得到最終結論目的,其所涉及調查工作的相關專業技能被涵括如后:

---

16 ASTM. F 1168, 'Stanadrd Practice for Human Engineering Design for Marine Systems, Equipment and Facilities', American Society for Testing and Material, West Conshohcken, PA, USA, 2010.

1.造船工程（Naval Architecture）與船舶的設計及任務有關；此外亦與直梯的設計有關。

2.生物機械工程（Biomechanical Engineering）與該傷痛、其發生原因，及其預期用途（Intended Use）的直梯之適當使用性（Suitability）有關。

(四) 動力遊艇爆炸及火災案例

擁有一艘18年船齡遊艇（Yacht）的主人遭受其住處鄰居多有抱怨，談及該遊艇經常散發出汽油（Gasoline）氣味。當一次爆炸毀壞該遊艇且造成船主受傷時，船主正在進行小船清理（Boat Cleaning）工作。船主說明在爆炸發生之前，其正在使用乾濕兩用式的真空吸塵器（Wet and Dry Vacuum）。事件發生經過數週之後，船主因受傷而死。船主的資產從遊艇承造者尋求損失賠償，係因為在其油艙設計及材料擇用等被宣稱是有所缺陷的。鋁製油艙材質被聲稱是有所缺陷的，因為其易受電流襲擊（Galvanic Attack）。油艙的安裝處置（Installation）亦被聲稱是有所缺陷的。該油艙被宣稱設置於污水艙底的位置太低下，並且導致其被重複地浸濕於鹹性海水裡。其中鍍鋅釘子（Galvanized Nails）被宣稱業已設置安裝，因其與該油艙緊密接觸，導致腐蝕失效結果。

調查揭示該艘遊艇在該次燃油外漏事件發生前的3年間，在一場颶風（Hurricane）災難意外事件中沉沒，當時該遊艇船身曾衝擊港區椿基設施，以致結構破裂，並且其宣佈將全部損失及沉船殘骸（Hulk）

出售給一家沉船殘骸打撈公司（Salvage Company）。經過數月後，沉船殘骸打撈公司打撈浮起該遊艇船體，進行修補船艇破洞、修理動力引擎，及其他次要工作等。經過若干時日以後，在進行一次船艇檢驗（Boat Survey）後，該船係由船主從沉船殘骸打撈公司購得，並且已使用約2年期間。在該次船艇檢驗作業中，提出很多問題，其中包括電機的（Electrical）、機械的（Mechanical），及船艇結構的（Structural）問題等。並且在檢驗結果中，值得注意的問題之一是將污水泵（Bilge Pump）與燃油艙（Fuel Tank）設置於同一隔艙間，這是應該避免的不合宜設計結果[17]。

　　該船艇未曾被發現有更進一步專業維修工作（Professional Repairs）的相關證據。在此艘遊艇上，沒有建造工作圖樣（Construction Drawings）或其他相關施工細部文件等可以被尋得。先前承建此遊艇的造船廠業已關閉歇業，然而該公司仍在另一個造船廠區，以不同型態持續經營商務工作。最初，船主的遊艇資產僅容許進行「非破壞性測試」（Nondestructive Testing）。「空氣測試」（Air Tests）揭示靠近鋁質油艙底部，在其兩頭末端接近低點處發現有洩漏現象。共計有4處洩漏位置，其3處在一末端，及1處位於另一末端。第5處位置未見洩漏現象，但是其顯示好像是存在一個破洞，業已被以樹脂（Resin）填充修補過。該洩漏處（Leak Sites）位置接近銲接點。依據「美國測試暨材料協會」所制定E冊第1351號（ASTM E 1351）規範[18]，即為實

---

17 Lioyd's Register, Rules and Regulations for the Construction of Special Service Craft, London, UK, 2005.
18 ASTM. E 1351, 'Stanadrd Practice for Production and Evaluation of Field Metallographic Replicas', American Society for Testing and Material, West Conshohcken, PA, USA, 2010.

地金相複製品的生產及評估之標準規範（Standard Practice for Production and Evaluation of Field Metallographic Replicas），醋酸鹽複製樣品（Acetate Replicas）被製作，以為進行「顯微鏡檢查」（Microscopic Examination）洩漏處附近的表面情況。在若干洩漏處被發現有玻璃纖維與樹脂的證據，並且在鄰近其中一個洩漏處位置的油艙邊上亦被發現有纖維與樹脂複合物（Fiber/resin Compound）。一件醋酸鹽複製樣品的照片被陳列如圖4-2所示。

在油艙底部出現有刮痕、磨損痕跡（Wear Marks），及其他證據

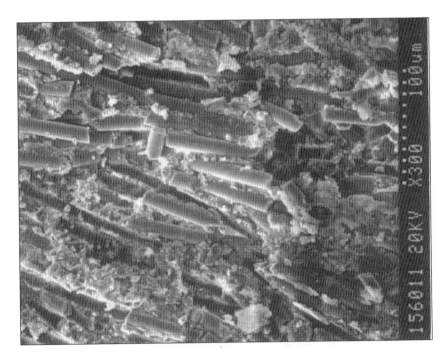

圖4-2　從鋁質燃油艙接近洩漏處位置所得複製樣品的顯微照片
（注意在此洩漏處位置可發現有線狀纖維，經採用其他技術檢驗證實這些纖維係為矽氧化物（玻璃），並且由聚酯樹脂圍繞其外。）

標記等，其指示該處曾有結構加強材（Stringers）所支撐著。若干長段的橡膠條帶（Rubber Strip）被發現，並且若干生鏽殘留的釘子被嵌入於橡膠條帶裡。在靠近支撐結構位置的油艙底部未發現電流腐蝕（Galvanic Corrosion）的證據。該橡膠條帶成套一致的褶覆於結構加強材上，並且釘子位於油艙底部下方一或兩吋，與水平線裝置（Horizontal Installation）呈現一致性的情況。

船主的遊艇資產反對實施油艙樣品的「破壞性移除」（Destructive Removal）作業，藉以確定其腐蝕的種類與本質。然而更進一步的測試工作項目隨後被認可批准。該油艙的較低角落，包括所有洩漏處位置，皆被搬移至一間實驗室（Laboratory），以便進行檢查工作。當油艙被切割開來時，棕褐色鹹分殘礫碎泥（Salty Debris）被發現包覆著艙內較低表面，並且若干明顯清楚的證據線痕（Witness Lines），諸如油箱內水線高度，皆在油艙內部被發現出來。在這些線痕中，最為突出顯眼的是在燃油抽引管（Fuel Pickup Tube）的高度，位於較油艙最低點約高3吋處。在使用燃油抽引管移除油艙內容殘泥雜物後，該抽引管高度與殘餘艙內的污水液體（Residual Liquid）高度仍保持一致。從外部看像是個小孔洞（Pin Holes），然而由內部看來卻更像是個火山坑口（Craters）。從油艙內部的電流腐蝕業已襲擊該銲接點附近及內部的鋁質材料，並且擴展至若干位置直到艙壁被蝕穿破孔。至於同一油艙洩漏處位置的外視與內視等情形之照片，請參看圖4-3及圖4-4所示。

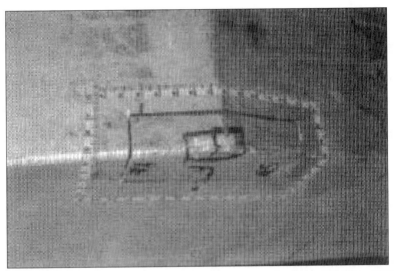

圖4-3 在鋁質燃油艙的低點銲接區域之洩漏處位置外視情形（倒置）

圖4-4 鋁質燃油艙在最低點洩漏位置的銲接區域內視情形
（注意明亮的表面與深凹蝕痕，鹽分殘礫碎泥形成棕褐色殘留物在油艙底部
上）

　　該調查員推斷決論該燃油艙的材質擇用係遵循產業標準慣例常規及美國海岸防衛隊規章（US Coast Guard Regulations），即美國小船暨遊艇委員會[19]（American Boat & Yacht Council）的美國聯邦法典第33篇[20]（33 CFR）。該遊艇沉沒事件的根本原因（Root Cause）被確定起源於其油艙內長時間早已殘留的水及淤泥（Silt）所造成。由於從油箱內部開始發生腐蝕現象，導致最終發生洩漏情形。支撐性結構加強材（Support Stringers）的高度及釘子的設定位置，排除其與油艙的接觸可能性。當不同金屬材料（Dissimilar Metal）位置的接觸距離超過1呎時，將可能不會發生電流腐蝕情形，然而假若與釘子直接接觸，應早已發生電蝕現象。因為5處位置並未同時發生故障失靈現象，所以在油艙故障發生前，船主已應有預先察覺（Prior Notice）。在若干洩漏的位置處，所被發現到的玻璃纖維與樹脂，與預先企圖修補（Prior Repair Attempts）者陳現一致性結果。該爆炸及起火情形係起因於濃烈汽油氣味（Gasoline Fumes）暴露充塞於從工廠內真空吸塵器（Vacuum Cleaner）所產生的未加防護遮蔽之火化（Unshielded Spark）所引起。

　　在相互報告及宣誓作證之後，最終此一案例以一種未公開宣告的解決方式裁定結案。除此之外，該項調查結果說明在此期間中，一個建造者或設計者或許可能必須承擔若干責任。為求得到最終結論目的，其所涉及調查工作的相關專業技能被涵括如后：

1. 造船工程學（Naval Architecture）與油艙的設計及建造（Con-

---

19 American Boat & Yacht Council,'Standards and Technical Information Reports for Small Craft', Edgewater, MD, USA.

20 33 CFR Parts 1-199, Coast Guard, Department of Homeland Security, Washington, USA.

struction）有關。

2.冶金工程學（Metallurgical Engineering）與腐蝕調查有關，該場所位置的複製與檢查，及所發現纖維（Fibers）與材料的鑑定（Identification）。

六、總結與建議

在負責執行一個海事案件的調查工作時，海事專家或許可能在某些調查結果上仍需面對若干艱難挑戰。調查員（Investigator）必須本以專業方式，執行其專案任務工作。履行本項專案工作成果可能需要其他相關工程學門的專業技術（Expertise），並且「冶金專門技術」（Metallurgical Expertise）或許是一種有效可用的資源，藉以提供深入洞察材料故障（Material Failures）的本質及原因。對於若干被普遍接受的作業實務及聲稱的必要規範等，該調查工作或許可能需要俱備一定的寬度、深度，及程度等理解，這些是與造船工程（Naval Architecture）及輪機工程（Marine Engineering）等產業實務規範（Industrial Practice）有所不同的。

在技術及法規基礎上，調查員應該預期到其任一鑑定見解及結論將會遭受質疑挑戰。一般而言，調查員將堅定其主張的立場，倘若：1.調查員使用科學的方法（Scientific Method）；2.使用的測試檢驗及工作方法是在證實有效且可以重複實施情形下施行，是可被接受，並且通常是被科學社團（Scientific Community）所接受；3.能夠禁得起同儕見解（Peer View）考驗；4.且該調查工作係建立在學術性的論文專書（包括

有專門技術論文及教科書文）及可被接受的工作實務規範等。

　　調查員或許可能需要兼備陳列展示在記錄保存（Record Keep-ing）、材料維護（Material Preservation），及通信訊息等方面的專業技能，達到使法庭可以接受的最低標準。在技術層面上，複雜的說明或許可能需要清楚地向沒有專門技術背景的聽眾（Nontechnical Listeners）作出一一解說，以利其能充份瞭解。作者期望此論文或許可以作為一個探索起點，藉以協助「海事調查員」（Marine Investigators）成功完成其專案任務工作。

第伍章

現今海事案件調查的應用科技及制度議題

摘要

　　在觀察歷年案例中所發現船舶碰撞案件具有高度涉外性及複雜性，經常伴隨著人命傷亡、海洋環境污染及船貨損害，進而衍生行政、刑事及民事等責任。諸如碰撞兩方分屬於不同國籍，更牽涉出國家管轄權限問題，再者碰撞海域，如在國際法中所規範的不同海域，亦有不同法律適用的情形。

　　海上船舶碰撞事故的處理，不僅必須重視搜救成效，對於蒐證技能的提昇與事故原因的調查分析，更是不容忽視的事項。隨著現代海事科技設備的日新月異發展及海上安全管理的強化，事故調查成為海上交通安全管理的一個不可或缺之重要環節。透過事故原因分析的提醒及建議，有助於預防海上事故的發生。綜觀世界其他海運先進國家皆有變相關專責調查機構，負責實施獨立性質的事故調查，以瞭解還原事實眞相。

　　本研究針對實務上處理船舶碰撞所衍生的法律責任、執行國家管轄的法理基礎，延伸至國際間海上事故調查的制度與執行比較，最後對於海上事故調查的依據及現代海事科技的取證方法，諸如岸際雷達、漁船

監控系統、自動識別系統、船舶航行數據記錄器及碰撞跡證比對等海事鑑識工作層面加以探討，進而提出若干有關海上事故調查制度的建議，以為我國航政主管及海巡機關調查施政的參考應用。

關鍵辭：輪機工程、冶金工程、海事鑑識、光譜分析法、海事安全調查。

一、前言

　　海上運輸是歷史最悠久的運輸手段之一，就國際貿易而言，海上運輸是運量最大的貨物運輸方式。由於我國為海島型國家，海運量已然形成相當大的經濟規模，隨著海洋運輸業的發展，船舶數量不斷增多，海上運輸風險亦不斷增加，一旦發生海上事故，將可能為社會、經濟及環境等造成巨大的危害。因此，海上交通事故，尤其是那些對環境造成嚴重污染，抑或是對人命安全造成重大傷亡事故的發生，使得人們對海上運輸的安全性、船舶的可靠性及船員的素質開始產生懷疑。國際間業已開始探求這些重大海上事故發生的原因，亦不斷促使吾人修改現行的安全法規，使其完善。然而這些工作必須透過事故調查，以查明事故真相，分析事故原因，以判明事故責任，進而提出安全建議，採取安全措施，以防制事故再次發生。

　　本章文中所提及的海上事故調查，主要考量現階段海巡機關在接獲船舶碰撞事故或其他重大海難時，皆以救助人命為第一要務馳往現場。經過長久的努力，在海難救助上亦有明顯進步；雖然救助率逐年提昇，

惟檢視海難事故案件卻仍頻傳，因此在注重救助、追緝、調查等事後工作外，亦應積極推動事前的預防發生工作。然而要預防船舶碰撞或海難的發生，首先最必須被注重的即是事故調查的進行作業及程序。

二、事故調查的概念與依據

「事故調查」（Accident Investigation）的主要目的，簡言之即是為探究事故發生的原因，及防止未來事故再次發生，進而實施的調查行為。事故調查程序必須確認造成事故的直接原因、間接原因及根本原因等，並且根據根本原因，改善安全管理系統的缺陷，以預防相同或類似的意外事故再次發生。

意外事故調查的觀念最早源自於漢因理奇（W. H. Heinrich）先生所倡導的「骨牌理論」，最初是應用於調查職業傷害事故。相關連續事件模式認為事故的起因為不預期的事件，事件之間有明確的因果關係存在，後續發生的事件具有「擴散」或「衍生」的效應。骨牌理論將每一項事件因素視為一張骨牌，當初始事件發生後，其他事件因素亦會依序發生，最終導致尾端事故及人員傷亡、財物及其他損失等後果。因此依照該理論的邏輯，若移走一張或數張骨牌，將不至於使整排骨牌倒下，即最終事故就不會發生。

雖然過去數十年，已發展出若干不同的事故調查方法，但是每種方法各有優缺點及不同的適用範圍，或是需要俱備高度的專業能力，因此迄今仍未有一種方法，可以普遍適用於各種事故調查工作上。參考各種調查方法，綜合事故調查作業的模式，概包括有初步調查（初步證據蒐

集、事件陳報等級、提報意外事故）、成立調查小組（依事件等級）、資料蒐集（人員、位置、文件及物件等相關證據）、發展時間序列、根本原因分析（損失、事件類別、直接原因、間接原因及根本原因）、報告與建議等要項。透過這些要項分析事故原因及探討管理系統的不足之處，對於系統缺失徵兆採取措施，方能避免相同或類似事故再次發生，亦可確保安全的工作環境。

當海上交通事故案件發生後，亦須透過相關事故調查模式，瞭解其原因，並且預防再次發生。然而船舶發生交通事故後，將會有不同單位進行各種調查，諸如負責海上安全部門的調查、船公司的調查；倘若涉及民事賠償責任，海事法院、仲裁員、調解人員或各方的律師會進行調查；假如船舶已保險，則保險公司會進行調查；更如涉及刑事責任，檢調及海警單位亦會進行調查。綜合而言，各種形式的調查工作可概分為「海上刑事調查」（Marine Criminal Investigation）、「海上民事調查」（Marine Civil Investigation）及「海上行政調查」（Marine Administration Investigation）等三大種類。

前揭各項調查工作方式，重點及目的內容有相當大的區別。在台灣地區，一般國內多數學術論文所見的「海事調查」，大多係指由我國航政主管機關針對船舶沉沒、擱淺及碰撞等海損事故，或其他意外事故，及船舶、載貨、船員、旅客等非常事變所實施的海事行政調查，其目的是為判定海事事故各方當事人的責任歸屬，及追究當事人的行政過失。

然而在國際海事組織所實施的各項國際公約及各決議案規定授權由締約國進行的事故調查，目的策重於防止海難事故的再度發生，並且找出根本原因。其性質上應是屬於「海事安全調查」（Marine Safety

Investigation），與我國航政主管機關主要為判定責任歸屬及追究行政上過失的海事行政調查有所差異[1]。在西元2010年1月1日強制實施的MSC.255（84）號「海上事故安全調查國際標準及建議作法規則（簡稱為「海事安全調查規則」）」（The Code of the International Standards and Recommended Practices For a Safety Investigation into A Marine Casualty or Marine Incident）決議案中，將「海事安全調查」定義為：係指針對海上事故或海上事件所發動展開的調查或詢問，其旨在預防事故再次發生，此種調查工作內容概包括有證據蒐集、分析，原因因素界定，及在必要時提出安全管理建議。

　　很多國家皆未對海上事故調查工作確下定義，惟參照世界各國普遍做法綜整來看，基本上正規的海上事故調查工作概分為兩大類，即「初步調查」（Preliminary Inquiry）與「正式調查」（Formal Investigation）。「初步調查」一般是在航政機關接到海事報告後立即進行，調查人員需要有專門的任命，具有法定權力進行調查工作，調查結束後要撰寫並提交海事調查報告書，說明事故經過、事故原因、應吸取的教訓及預防類似事故的措施及建議等。這類調查不是公開進行的，海事調查報告書亦不會公佈。倘若初步調查結果表明事故重大或有重要經驗值得吸取，即要提請正式調查，否則調查工作將以初步調查完畢而結束。「正式調查」一般是針對重大海上事故進行的，亦可不進行初步調查，而直接進行正式調查。正式調查是由專門的海事調查機關所組成的「事

1　為免與傳統所稱「海事（行政）調查」用語混淆，筆者因此將題目定名為海上事故調查，藉此與「海事（行政）調查」作區別，並與國際間所推動之「海事安全調查」作結合。

故調查委員會」，依照正式調查法規進行的。這類調查在形式上與法院的調查相類似，公開進行庭審調查，調查結果報告要正式公開出版的。

三、海上事故調查的制度分析

以往我國航政機關（原各港務局）進行海事案件調查時，是依據《臺灣地區各港務局海事評議委員會組織規程》、《海事報告規則》及《海事報告處理要點》等相關行政規則所進行，係屬行政調查性質，對於海事案件的處理程序約略可分為獲悉、詢問、調查、評議、審查、送達等。我國海事調查採用「職權進行主義」，當在發生海事案件時，如為一般輕微之海事案件，經初步調查詢問後，未發現有任何過失責任問題時，或涉及海事各方就責任問題已經協調解決時，航政機關可逕予結案；倘若涉及重大海難事故，或發生事故之各方就責任問題未能妥善解決時，則於進行海事調查後，召開「海事評議委員會」評議處理之。另外，假如海難事故發生人員傷亡或涉及刑事責任問題時，則由海巡機關或刑事警察機關主動介入調查，若該機關不知情，則應移交司法警察機關依《刑法》及《刑事訴訟法》等相關規定進行調查。

在中華民國101年3月交通部航港局[2]正式成立以後，相關海事調查

2　原交通部原各港務局於2012年3月1日正式改制成立「航港局」及「臺灣港務股份有限公司」，本次改制主要經參考海運先進國家「政企分離」的經營體制，進行國內航港體制改革，將原基隆、臺中、高雄及花蓮四個港務局依業務分工分別設立「航港局」及「臺灣港務股份有限公司」，由「航港局」辦理「航政」及「港政」公權力事項，另設立「臺灣港務股份有限公司」專責港埠經營業務。航港局除局本部外，將於基隆設置「北部航務中心」、臺中設置「中部航務中心」、高雄設置「南部航務中心」、花蓮設置「東部航務中心」；負責各國際港之港政及航政監理業務。臺灣港務股份有限公司除總公司外，亦分別成立基隆、臺中、高雄及花蓮四個分公司，負責各國際商港之港埠經營。

及處理程序依據新發佈《海事評議小組設置及評議作業要點[3]》規定辦理，航港局所屬海事評議小組受理海事案件的評議，應先由各航務中心作成海事檢查報告書或資料摘要，連同卷證送局請召集委員指定日期開會評議[4]。依據條文而言，改制後的航港局執行海事案件評議，與原各港務局執行海事評議形式上差別不大。傳統來說，我國航政機關的相關海事調查處理程序，詳細分項敘述如下：

(一) 獲悉海事發生

航政主管機關海事承辦部門（航港局各航務中心）依據海事報告、交通部指示、海岸電台通報及新聞傳播等獲悉相關海事案件時，應隨即展開調查、蒐集相關資料、詢問有關船員及證人等，詳查事實真相。若無過失責任或當事方皆無爭端，則可做成紀錄結案；倘若各方爭端未解決，則須由航政主管機關進行海事調查（現場調查、傳詢證人、資料查證、海事報告書）等相關作為。

(二) 調查與蒐證

航政主管人員調查的具體方法，一般包括：現場勘查、現場攝影與測繪、證據之蒐集、審查與判斷等。證據資料之蒐集通常包括：航海記事簿、航向記錄器、雷達日誌、海圖資料、機艙日誌、俥鐘記錄簿及其他自動記錄資料等。如為船舶觸礁或擱淺，則須索取損害公證影本、船

3　101年8月17日交通部航港局航務字第1011610158-1號令訂定發佈。
4　依據交通部航港局辦事細則第7條及第16條之規定掌理事項。

週測深略圖（註明當時潮高及時間）、事故前及事故時之航跡記錄圖及船舶適航有關證書等；如為船舶碰撞，則須索取事故前及事故後30分鐘航跡圖（附事故時船位略圖）、損害公證影本或撞損照片等，資料蒐集之同時，可針對各項疑點詢問有關船員及見證人，並且適予記錄，如有引水人參與，應予查詢，且飭其提送引水報告，以供調查詳情。

(三) 海事檢查報告書

在進行海事評議作業前，其最重要的工作即為海事檢查與海事檢查報告書的撰寫。然而海事檢查工作首重時效，檢查經過如有疏漏欲重行調查蒐集證據，無論時間、空間均有所困難。海事檢查員應依案情需要，參考海事報告內容，登輪或至海事現場蒐集有關海事資料，依據蒐集資料與目擊證人、當事人的詢問筆錄研判海事報告陳述的真實性；假如海事案件涉及工業技術或法律行政問題時，得函請有關機關或專家學者，提供資料或意見。對於所蒐集的海事資料與各項證據，海事檢查員必須綜合加以研析，以專門技術的觀點，釐清海事發生經過，並且針對海事發生原因，提出專業見解，撰寫成海事檢查報告書或海事資料摘要，提請海事評議委員會討論評定之。

(四) 提請海事評議

在海事檢查報告完成後，航務中心應依據相關規定，提請航港局「海事評議小組」進行評議。該小組執行秘書（航港局派科長兼任）應依據海事報告、詢問筆錄暨蒐集海事資料等理解整個案情，再次對海事

檢查員所撰寫的海事檢查報告書或海事資料摘要予以核閱後，連同海事卷證送局，請召集委員指定日期開會評議。

該「海事評議小組」計置委員11人至13人，航港局長、港務長及航務組、船舶組、船員組組長爲當然委員，其餘委員由局長就下列人員中選聘之：

1. 具有一等船長資格，並有三年以上實務經驗者。

2. 具有一等引水人資格，並有三年以上實務經驗者。

3. 具有一等輪機長資格，並有三年以上實務經驗者。

4. 行政院農業委員會漁業署代表。

5. 具有驗船師資格，並有三年以上實務經驗者。

6. 具有資望之相關教授或教師。

7. 具有資望之保險從業人員。

8. 具有法官、檢察官或律師資格，並有三年以上實務經驗者。

9. 具有資望之會計師。

10. 具有資望之海事公證人員。

11. 其他對海事案件之處理特別具有經驗之人員。

在評議準備程序前，以書面審理主義爲原則，評議時，海事案件當事人列席評議會議時，應給予列席人閱覽有關資料的便利及充分辯解的機會。該會議於聽取前條列席人員之說明或申辯後，主席應告知其退席，宣佈進行評議並作成決議。海事評議委員會之決議，以委員過半數之出席，出席委員過半數同意而作成，並得將不同意見載入記錄，以備查考。出席委員之同意與不同意見人數相等時，則取決於主席之裁決。當事人對海事評議書有異議時，當事人收受海事評議書後，發現足以影

響評議小組決議之新事證者，得向航港局申請海事案件重新評議。前項申請，應自海事評議書送達後三十日內爲之。海事案件之對象涉及軍艦、公務船、漁船時，如由評議小組受理評議後，應將海事評議書分送主管機關。

　　現今英國的海上事故調查是由同屬於運輸部的「海上事故調查局」（Maritime Accident Investigation Branch；MAIB）及「海事及海岸防衛隊」（Maritime and Coastguard Agency；MCA）負責。在西元1989年以前，英國的海上事故調查（以下簡稱海事調查）是由運輸部海事理事會的調查員負責執行[5]。西元1989年後，英國根據西元1988年商船航運法，成立「海上事故調查局」，負責海上事故之調查，位處南安普敦，MAIB是隸屬於運輸部（Department for Transportation）的一個獨立機構，其最高長官首席調查長負責直接向該部之國務大臣提出報告及建議事項。MAIB下有4組調查團隊，每個團隊組成包括1位主任調查官及3位調查員。MAIB所有的調查員皆需受過專業訓練，通曉航海、輪機、造船或漁業學科等海洋工業，一般行政人員處理財政、契約、記錄、資料分析及出版，並且提供調查員各種調查上的支援。

　　MAIB進行調查之目的，在於調查事故發生時之實際狀況，並進而探究其肇事原因，以促進海上人命安全及減少海上事故的發生。除爲達成前述主要目所必要者外，調查之目的亦不在於歸咎事故之過錯或判別責任之歸屬。成立於西元1998年的MCA如同MAIB一般，即是隸屬於運輸部的一個獨立機構。其主要任務是確保海上安全與防制海洋污染。

5　http://www.maib.gov.uk/home/index.cfm。

MCA掌理危險航行或船員違法活動的舉發，但其較少處理海上航行事故的預防，主要處理岸際安全的問題。MAIB則係負責所有海上交通事故原因的發現及改進。另外，儘管MCA負責發放海技士的資格證照，但它並沒有權力中止或吊銷其資格證書[6]。

美國的海事調查採取與眾不同的雙軌制，即由美國海岸防衛隊（United States Coast Guard；USCG）負責對所有海事進行調查，同時美國「國家運輸安全委員會」（National Transportation Safety Board；NTSB）負責所有海事中屬於「重大海事」部份的調查。兩者的調查依據各自獨立的調查規定而進行，各自提出調查報告及增進海上安全的建議。

美國「國家運輸安全委員會」（NTSB）的成立起源於西元1926年航空商務法案，美國國會委以美國商務部應調查飛航事故的原因[7]。之後調查的責任交由民航委員會的飛航安全局，該局成立於西元1940年。

西元1967年，美國國會將所有運輸機構合併成一個新的美國運輸部（DOT），出於行政目的，在DOT底下設立NTSB，作為一個獨立調查機構。在創建NTSB時，國會設想一個明確定義且任務單一的組織，比分開單獨工作的機關，能更有效地促進交通運輸系統更高的安全水平。自西元1967年以來，NTSB已在航空、公路、海運、管道、鐵路及有關危險品運輸的意外事故中，進行調查工作。

6　付玉慧主編，海事調查與分析，大連海事大學出版社，2010年10月第1版，頁230-238。

7　http://www.ntsb.gov/about/history.html, 2012.

西元1974年，國會重新設立NTSB爲一個完全分離DOT的機關，理由在於政府主管機關可能對某起重大事故的發生負有一定責任，而完全由政府主管機關負責事故調查，可能會掩蓋其過失或推卸其責任，故需要有一個獨立的運輸安全委員會主持重大事故的調查，這是對政府主管機關實施有效監督的一種途徑，亦使調查和建議能更客觀。

該機構在西元2000年開始，爲提高員工的技術職能，並使調查更廣泛專業化，通過建立NTSB學院，此乃運輸界的一項重大創舉。喬治華盛頓大學維吉尼亞校園被選中做爲學院現址。NTSB在西元2003年8月入住新設施。在西元2006年10月1日時，NTSB學院名稱更改爲NTSB培訓中心，更能反映該設施內部的培訓任務。

NTSB由5位成員組成，其中1位是主席、1位副主席，另有3位委員，每位由總統提名，並且由參議院確認通過，任期五年。其下設有航空、鐵路、公路、海運和有害物質運輸管道等5個事故調查部。NTSB在全國各地設有10個現場辦公室、1個技術局、1個安全局及1個行政管理局。

西元1976年4月1日加拿大海岸防衛隊（Canadian Coast Guard；CCG）最高長官奧尼爾先生籌組海事調查局。該局設置在海岸防衛隊之內，但受最高長官直接指揮。西元1976年以前，海上事故的初步調查主要由船舶安全局負責執行，西元1976年海事調查局成立後，已經改爲由海事調查局任命的調查官員，方俱有專司初步調查的權力[8]。西元1984年9月海事調查局脫離加拿大海岸防衛隊，惟仍然保留在運輸部

8　http://www.tsb.gc.ca/eng/index.asp，瀏覽日期：05/08/2011。

內，調查報告直接呈交海事行政官員。西元1990年3月《加拿大運輸事故調查和安全委員會法案》生效，成立加拿大「運輸安全委員會」（The Transportation Safety Board：TSB）。

該委員會的任務就是對海上、管道、鐵路和航空等四種形式的運輸事故進行獨立調查或公開聽證會，確定事故發生的原因，找出安全方面的缺陷，提出改進運輸安全的建議，因而增進海上、管道、鐵路和航空運輸的安全。該委員會下設5名委員（其中包括1名主席），由大約220名工作人員組成，總部位於魁北克。

西元1876年日本開始實行船員、引水人的考試發證制度，明確規定船員、引水人的標準與責任，為此，海難審判開始走向制度化[9]。西元1896年制定對船員的《處罰法》，確立獨立的審判制度，西元1897年設置「海員審判所」（區分高等和地方海員審判所）。西元1947年11月制定《海難審判法》，西元1948年2月29日該法正式生效，沿用至今，已成為日本海難事故調查與處理的最根本依據。同年海員審判所改組為海難審判所（下轄7處地方海難審判所）。西元1949年運輸省下的附屬海事調查機構「海難審判廳」成立，基於海難審判法的設置，為行使海難相關審判的運輸省（現為國土交通省）之外設單位。分為執行第一審審判的地方海難審判廳及第二審的高等海難審判廳。原則上前者由3名審判官，後者由5名審判官以合議庭方式進行審判。審判官獨立行使其職權，對高等海難審判廳的審判不服，其訴訟隸屬東京高等法院的管轄。追查海難的原因，透過裁決作出明確結論，期望能防止海難再度

9　http://www.mlit.go.jp/jmat/press/press.htm，瀏覽日期：05/08/2011。

發生。

　　隨著西元2001年1月6日實行的中央省廳重組，「國土交通省」把主管海陸空運輸、鐵路、港灣、船舶、交通、氣象等行政機構的「運輸省」、主管道路、河川、政府廳舍建造維護、住宅及都市計劃等社會資本維護的建設事業的「建設省」、進行北海道綜合開發事務（河川、治山、農業及港灣等）的行政機構「北海道開發廳」以及掌管土地、水資源、振興離島、災害對策和大都市圈政策等國土行政的綜合行政機構「國土廳」4個省廳統合而成，重組規模龐大，此時「海難審判廳」也改隸於「國土交通省」。

　　西元2008年10月1日，「國土交通省」再次進行改組，「海難審判廳」廢止後一分為二，新設立統合「海難審判廳」的事故原因調查業務與「航空・鐵路事故調查委員會」的直屬局「運輸安全委員會」；另特別機關「海難審判所」則繼承原屬「海難審判廳」的懲戒處分職權。

　　必須注意的是，日本海難審判所的職責是在運輸委員會成立後出現轉變，由原本查明原因，以達到預防海難的目的，限縮至僅對於海事從業者或引水人因職務上之故意或過失所造成，得作出裁決予以懲戒。然而根據日本最高法院之判例，海難審判所之裁決對民事或刑事之裁判並無拘束力，事實上，僅尊重其裁判作為證據之一[10]。另有關海上事故調查原因查明，則交由運輸委員會統合承辦。

　　綜觀各國有關海事調查之立法、組織、機制及功能等，皆因各國海事發展的歷史沿革與成熟度不同，而存在許多差異。英、美、加、日等

10　中華民國船長公會，臺灣地區與大陸地區海事評議制度之研究，第164~179頁。

國由於海事發展較早，事故原因調查的制度亦較成熟客觀。茲就各國海事調查制度的總合比較分析內容，詳細分項說明，如表5-1所述[11]。

表5-1　各國海事調查制度的總合比較分析內容

項目	事故調查單位	隸屬機關	成立沿革	法令依據
一英國	海上事故調查局（MAIB）	運輸部（DFT）	1989年 （1989年以前海事調查由運輸部海上理事會的調查員負責執行）	商船航運法、歐洲議會指導海上運輸事故調查的第2009/18/EC號指令
	海事及海岸警備局（MCA）		1998年 （1998年海事安全局與海岸防衛隊合併成立海事與海岸防衛隊）	
二美國	海岸防衛隊（USCG）	國土安全部	1915年 （1915年緝私船隊與海上救生隊合併設置海岸防衛隊，屬財政部。1967年移屬運輸部。2003年移屬國土安全部）	美國聯邦第46號法案、國家運輸安全委員會法案、國家運輸安全委員會及海岸防衛隊合作備忘錄
	國家運輸安全委員會（NTSB）	聯邦政府	1967年 （原屬運輸部，1974年重新設立NTSB為一個完全脫離DOT的機關）	

11 吳東明及陳致延，海上事故調查制度的比較研析及策進思維，年度學術研討會，水上警察學系，中央警察大學，中華民國一○一年十一月。

項目	事故調查單位	隸屬機關	成立沿革	法令依據
三 加 拿 大	運輸安全委員會（TSB）	聯邦政府	1990年 （1976年隸屬於運輸部的海岸防衛隊籌組海事調查局。1984年海事調查局脫離海岸防衛隊，但仍保留於運輸部。1990年海事調查局併入TSB）	航運法、海事初步調查與正式調查規則
四 日 本	海難審判所 運輸安全委員會	國土交通省	2008年 （1949年運輸省下海難審判廳成立，2001年省廳重組，海難審判廳改隸國土交通省。2008年海難審判廳掌理業務一分為二，由海難審判所及運輸安全委員會承辦）	海難審判法、海難審判法施行令、海難審判法施行細則
五 臺 灣	航港局 （原港務局）	交通部	2012年 （原交通部各港務局於2012年3月1日參考海運先進國家「政企分離」的經營體制，正式改制成立航港局及臺灣港務股份有限公司，由航港局辦理航政及港政公權力事項）	海事評議小組設置及評議作業要點（101年8月17日交通部航港局航務字第1011610158-1號令訂定發佈）、海事報告規則、

（資料來源：陳致延，2012年）

其中美國最早於西元1967年就成立「運輸安全調查委員會」（NTSB），並於西元1974年脫離運輸部調查相關運輸事故，以求有效監督各運輸主管機關，確立調查機關之獨立性及客觀性；其NTSB與

USCG於海事調查實施雙軌制更是獨步全球，顯示國家對於海事調查工作的重視，明確規定彼此間的調查範圍及職責，有效分工亦有效監督，對於杜絕海上安全主管機關的失職亦有一定的功效。涉及USCG海事案件則交由NTSB實施調查，更能有效反映事故真正原因。相對而言，我國海事調查只是在航政主管機關內部進行，與美國的體制相較，缺乏制約和監督的功能。

英、加兩國一開始即成立專門之海事調查局來負責海事之調查，加拿大海事調查局先脫離海岸防衛隊，後再脫離運輸部所轄，併入TSB，與美國NTSB同樣直接對聯邦政府負責，以求事故調查立場之超然獨立，以促進海上人命安全及減少海上事故發生。日本則在事故調查和海難審判上實行權力分離與制衡，辯論制度和權利救濟制度，確保行政相對人的權利，海難審判獨立制度相當完善，亦非常值得借鏡。

對比而言，我國海事調查主管機關仍由航政主管機關所屬人員負責，未獨立脫離交通部；另因體制關係，使得調查的主要目的仍停留在雙方事故責任的劃清，對於事故成因的查明及改進措施的建議屈居次要地位。在調查技術支援與服務網絡方面缺乏有力支持，事故調查報告的公開亦較不透明，實有必要在我航政主管機關航港局正值改制設置之際，深入分析探討與提昇精進。

四、現今海事調查的應用科技

船舶發生碰撞後，當事人因恐懼後續將產生龐大的民事賠償、人員傷亡的追訴，往往為逃避責任而肇事逃逸離開現場，枉顧須遵守其救助

義務，搶救人命。因自己行爲致生一定結果危險，負防止其發生之義務，所以肇事逃逸之船舶必定對於其危害行爲需負責任。爲使逃逸之船舶負起責任，對此類案件的調查，證據的取得極其重要。對海上碰撞肇事逃逸案件證據審查的主要範圍分述如下：

    1. 事故發生的時間、地點；

    2. 船舶的外部特徵；

    3. 事故發生時在事故地點附近通過的其他船舶；

    4. 肇事船體碰撞他船的痕跡；

    5. 當事船舶內部的航行數據紀錄；

    6. 當事船舶人員的筆錄及行爲活動；

    7. 所蒐集的物證經科學鑑定與事實相符。

不管目的係爲使逃逸之船舶負起責任，抑或是分析事故的重建發生原因及預防再次發生，都必須透過證據來還原事故經過。然而海上證據的取得方法與陸上有所差別，以下將探討有關在海上，如何運用現代海事科技設備進行調查採證。

(一) 岸際雷達

接替前海岸巡防司令部在台澎部署的岸際雷達（RD-250）及新構建的新型雷達（NOR-250），海岸巡防署目前所使用之岸際雷達系統是由其前兩種雷達所組成。自民國90年起至92年，分三年完成岸際雷達系統籌建計畫；除由原來海巡部建置的岸際RD-250型雷達站重新調整遷架外，並且同步籌補新型雷達，以有效綿密的雷達監控我國四周海域，24小時全天候監控海面，提高監控操作效能。

1. 岸際雷達種類[12]

(1) 岸際雷達 RD-250型

RD-250型岸際雷達是英國立頓海事系統公司（Litton Marine System）所屬的迪卡海事（Decca Marine）部門所產製的Bridge Master Ⅱ 250型雷達。岸際雷達籌建共有53座，建立近海目標監控的能力，目前採用單機執勤，有效監控距離為12浬，以航跡描繪，再透過無線電通報。

(2) 岸際雷達 FR-1510D 型

因受陸地地形的影響，RD-250型岸際雷達會產生監控死角，舊型FR-1510D岸際雷達可彌補不足之處，於民國79年度獲得，主要是提供進出港船隻監控，不過目前僅剩13座，已屆最大使用年限。

(3) 新式岸際雷達NOR-250型

NOR-250型雷達是海巡署成立之初，歷時3年籌建而成的沿海情資偵蒐設備，該型雷達裝有各岸際雷達站全面使用NOR Control IT VET 5070型作業系統，並且分成掛載8呎水平極化天線與18呎圓形極化天線等兩型，已推廣建構至海巡機關所屬78個雷達站[13]。

---

12 劉偉生，岸際雷達應用於沿海漁業管理可行性探討，國立中山大學海洋事務研究所碩士論文，2010年6月，頁7-11。

13 沈啟仁，「精進海域巡防能量之船艦寬頻通信系統研究」—以海巡署衛星船位回報系統為例，中央警察大學水上警察學系碩士論文，2011年6月，頁55-56。時至民國99年，岸總局再度為了新成立之「綠島保育小隊」，及綠島附近海域之觀光資源維護、海上犯罪打擊、生態環境永續經營，獨立起案設置一處綠島岸際雷達站。同樣採新型雷達之雙機複式配置的綠島雷達站，其籌建架構與其他77處雷達站概念相同，不僅將前端雷達站以無人固守方式，逕行24小時連線監視與硬體故障報修維護，而且透過海巡資訊網路數據連線，將雷達顯示器輸出畫面視頻資訊傳回後端勤指中心儲存運用，而勤指中心值勤人員亦可藉由網路連線，直接對前端雷達系統進行設定、查詢、管理等操作。

海巡岸際雷達站採用NOR-250型雷達監控者，均以雙機複式配置模式執行，同時配有8呎和18呎雷達天線，並且結合兩套收發信機，更由於加掛「導波管切換單元」，使兩型雷達組成元件，得以交互切換運作，藉此增強雷達設備可用性，俾利雷達操作人員於各種不同天候下，均得清楚判讀附近海域船舶航跡變化。

透過前述岸際雷達系統全天候偵測，自前端雷達顯示器所擷取的監控畫面，經由海巡資訊網路，傳至後端雷操手負責輪值監看勤指中心工作站；隨後，來自全國各處雷達站監控所得情資，將再透過內部網路傳送回海巡署自行研發的雷情顯示系統內[14]。

2. 岸際雷達的蒐證應用

岸際雷達系統將所轄範圍內，船舶實際的航行位置顯示於雷達畫面上，雷操手可以很清楚看到船舶的行徑狀態，所有的軌跡路徑也都將存於資料庫中，以做為日後調閱查詢船舶行徑路線的歷史資料，航行資料可顯示目標之船艦速度向量線及長度，並提供「最近接觸點」（CPA）及「最近接觸時間」（TCPA）等功能。透過此一系統，可以使岸上單位瞭解船舶現行船位及動態，有助海巡署確實掌握海上船舶動態。岸際雷達對海上船舶之監控，可對海難事故提供船舶位置和遇險資訊。

由於岸際雷達系統於雷達螢幕上所顯示的僅是掃描光點，因此目前海巡署均是在船舶進出港口時進行鎖定，以辨別目標。在船舶出港時由負責的安檢所實施檢查後，通報守望哨依序通報雷操手，進行逐船鎖定

---

14 雷情顯示系統是一個以岸際雷達系統偵蒐情資為資料來源，並鏈結海巡寬頻通信網絡，搭配電子海圖資料庫之套疊圖層，將各地雷達站觀察、監控、追蹤、鎖定、警告等各類雷達顯示內容，以使用者圖形介面（GUI），在該系統的操作視窗中輸出。

監控，並且將各船舶律定編號，在進港時，則由雷操手通報守望員，依序通報安檢所實施檢查，使雷達操作程序確實執行。另外有關商船部份，於商港進出航道海域，雷操手偵測到較大回跡光點時，經雷操手透過港務局「船舶進出港預報系統」查詢研判與守望哨核對確認進出商港船舶之身份識別。

惟岸際雷達之蒐證應用容易受限於天候及距離，對於僅航經我國附近海域不進入我國港口，或由其他國家水域欲進入本國商港之船舶，抑或是在我港口進出港超過雷達監控範圍（脫鎖）的船舶，就難以辨別其身份進行航跡追蹤，因此在岸際雷達應用上，應配合雷情系統鏈結VMS及AIS提供之資訊或國軍的雷達資訊，作船舶身份及船位動態統合研判。

(二) 漁船監控系統

1. VMS發展

由於科技的發展，作業漁船逐漸大型化，且其捕撈技術也日趨進步，造成短短二十餘年間全球總漁獲量暴增超過一億公噸，漁船隊之規模更是遠高於漁獲量之成長，也使得全球漁業資源日益匱乏。因此為加強公海漁業資源管理，確保海洋漁業資源之永續利用，聯合國陸續通過各項宣言、協定、準則及公約，要求各沿海國及遠洋漁業國共同合作，加強資源之養護與管理。各區域性漁業組織及沿海國為有效管理所轄水域漁船作業秩序，並養護該等水域漁業資源，紛紛要求在其所轄水域作業之漁船應安裝漁船監控系統（Vessel Monitoring System；VMS），以掌握漁船即時動態資訊。

　　為配合國際漁業管理趨勢並善盡船旗國管理責任，漁業署自西元
1996年起，即委託財團法人中華民國對外漁業合作發展協會研發適合
國人操作使用的VMS，並於該協會成立監控中心，以處理接收漁船船
位相關訊息；並透過第一次獎勵補助方案於西元1996至西元1999年間
陸續獎勵漁船安裝VMS；西元2000年起，規定大西洋作業之鮪延繩
釣漁船及魷釣船，應安裝VMS回報船位，並且由管理較嚴格的大西洋
逐步拓展至印度洋和太平洋。西元2002年規定捕撈南方黑鮪及秋刀船
必須安裝VMS。西元2005年起，所有一百噸以上遠洋漁船均須安裝
VMS。另在西元2006年推動第二次獎勵補助方案，鼓勵小型鮪釣船及
大型拖網船安裝VMS，以消弭國內與國際上漁船大小單位落差所形成
的規範漏洞，此方案的實施，將可使臺灣所有遠洋漁船皆納入VMS管
理制度中[15]。目前除了回報船位外，更已規定部份漁船須透過漁船監控
系統回報漁獲。

2. VMS概述

　　漁船監控系統係透過通訊設備將漁船全球定位系統（Global Posi-
tioning System；GPS）船位資料傳送岸上至監控中心，使之可隨時掌
握漁船作業動態。目前所使用之通訊系統有衛星通訊及高頻（HF）、
特高頻（VHF）無線通訊等，惟因高頻（HF）、特高頻（VHF）無線
通訊受氣候及地形等因素影響較為嚴重，因此目前國際間較少採用在漁
船監控系統中，而大多採用穩定性較高之衛星通訊系統進行船位資料

---

15 張水鍇、劉坤玉、宋燕輝，臺灣遠洋漁業與漁船監控系統發展歷程與驅策動，
MarinePolicy,34(3)，2010年，第541-548頁。

傳輸之工具，在衛星通訊系統中，又以 ARGOS[16] 及 Inmarsat-C[17] 兩種衛星通訊系統佔大多數[18]。我國VMS 系統是利用此兩種衛星系統作為VMS 之訊號傳輸，但目前我國漁船安裝之VMS系統以Inmarsat-C系統為主。

　　透過Inmarsat-C系統之船岸雙向通訊之硬體設備，可以自動傳送船位、漁獲量或其他文字資料，亦搭配個人電腦或個人數位助理PDA，以收發電子郵件、回報漁獲量或閱覽相關訊息，並有結合海上遇險緊急通訊功能，亦可結合印表機，即可自動接收並顯示岸上所發出的特別指示或氣象報告資料。監控中心可將取得之船位資料轉入資料庫，透過地理資訊系統（GIS）軟體顯示船位、航跡，以瞭解漁船動態。

16　ARGOS 系統係由法國 Collecte Localisation Satellites 公司 （簡稱 CLS） 所發展，為單向通訊傳輸系統（由船至岸），通訊區域可涵蓋全球。該系統硬體設備包括 ARGOS 發報器天線、連接盒 （Connection box） 及資料傳輸器 （Psion），其傳輸方式係由 ARGOS 發報器天線自動將所接收之 GPS 船位資料傳輸至 ARGOS 衛星，再傳至 ARGOS 地面接收站資料處理中心儲存。資料處理中心以 E-MAIL 將資料傳至監控中心，或由監控中心以分封數據網路 （PACNET） 與 ARGOS 資料處理中心連線取得資料。至於漁船作業動態之監控，係由監控中心以 ELSA 監控軟體直接讀取資料，顯示並監控之。

17　Inmarsat衛星系統為國際海事衛星組織（International Maritime Satellite Organization，Inmarsat）所發展，作為船舶海上通訊之用，共有四顆同步衛星，分別分佈於東大西洋、西大西洋、印度洋及太平洋赤道上方，涵蓋全球南北緯 70 度間海域。目前國際間運用在漁船監控系統上的是Inmarsat-C系統。該系統硬體設備含衛星天線、Inmarsat-C主機及電腦系統（可傳送及接收資料），可由內建於主機內之GPS接收船位資料，經衛星天線傳送至Inmarsat衛星，再傳至Inmarsat地面台（Land Earth Stations; LES）。再由地面台依船上所設定之傳輸方式，如電報（Telex）、傳真（Fax）或電子郵件 （E-MAIL）等方式，將資料傳輸至監控中心，抑或由監控中心利用向地面台申請之資料網路識別碼（Data Network Identification, DNID），以E-MAIL或分封數據網路（X.25）透過Inmarsat衛星向漁船之Inmarsat-C設備抽取其 GPS 船位（即Polling）。監控中心再將取得之船位資料轉入資料庫，透過地理資訊系統（GIS）軟體顯示船位、航跡，以監控管理漁船。

18　中華民國對外漁業合作發展協會，http://www.ofdc.org.tw/。

3. VMS蒐證應用

海巡署為能確實掌握臺日爭議海域船舶動態，於民國97年1月完成鏈結應用農委會漁業署VMS相關船位資訊，整合於「雷情資訊系統」，以支援海巡署各單位執勤運用，詳如圖5-1所示。在完成跨機關間資料轉換，建立橫向協調聯繫機制，亦擴增既有岸際雷達監控範圍之外，可補足海巡署既有「岸際雷達」監控目標距離限制（12浬以內），監控範圍延伸至臺日重疊專屬經濟海域，並提高目標漁船身份辨識率，強化海巡署整體海域安全維護能量。

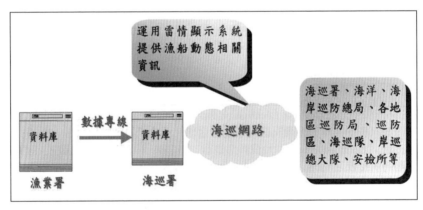

圖5-1　鏈結VMS系統架構圖

（資料來源：海巡署，中華民國101年）

一般而言，我國海上作業船隻主要區分商船及漁船兩大類型船舶，商船因產生損害後果較漁船嚴重，財產資本也較為充裕，因此在國際規範中，對於其要求均較漁船高。如西元2004年國際海上人命安全公約（SOLAS）公約修正案第五章中強制要求商船安裝自動辨識系統（AIS）和航程資料記錄器（VDR）等儀器，可使商船之即時船位數據

及航行動態，立即為岸上接收台知悉，且在發生事故後，可透過VDR進行事故重建，還原真相；惟在規範上，漁船則須考量裝設成本等各項因素，故而未能達到如此境地。

透過VMS系統之鏈結後，海巡人員可利用該署雷情系統，獲知遠洋漁船作業動態航跡，亦能調閱當時附近海域航行船隻，提供當時海域狀況，解決受限於雷達涵蓋範圍12浬內沿近海域之限制。惟現行VMS規定安裝對象並未普及至所有漁船，僅對於遠洋作業漁船進行強制安裝，因此在沿、近海範圍小型作業船隻，仍無法全盤掌握。另外，依各「區域性漁業管理組織」（Regional Fisheries Management Organizations；RFMOs）相關規範，VMS回報頻率大約僅每4至6小時回報一次[19]，不夠密集，對漁船船位的掌握僅為大範圍航行區域，不夠精準，在訴訟上的證據能力較為不足，因此對於船舶碰撞的蒐證上，仍須比對其他人證、物證等詳細資訊，以供研析之。

(三) 船舶自動識別系統（AIS）

1. AIS發展及規範

船舶自動識別系統（Automatic Identification System；AIS）裝備從國際海事組織（IMO）第38屆航行安全次委員會開始提出後，經西元1999 年IMO航行安全委員會第45次會議（NAV45）通過AIS強制性安裝決定：要求在西元2002年7月1日後建造的新船，及西元2008年7月

---

19 中華民國對外漁業合作發展協會，http://www.ofdc.org.tw/，國際間漁船監控系統之實施概況。

1日起在航營運船上必須裝備AIS。西元2000年5月IMO海事安全委員會議未通過上述強制性安裝AIS的議案，同年12月IMO海事安全委員會第73次會議（MSC73）通過AIS強制性安裝議案，按照國際海上人命安全SLOAS公約第五章的修訂案中，將AIS納入成為強制性的設備要求。

依據SOLAS公約第五章新規定，要求所有在西元2002年7月1日或以後建造，航行於國際航線的300總噸位以上船舶、公約國航行於國內航線的500總噸位以上船舶及所有客輪，均須配置船舶自動識別系統AIS。並且要求所有於西元2007年7月1日前建造的從事國際航線的各型船舶，必須在西元2003年7月1日到西元2008年7月1日前配置AIS設備，惟在此期限後2年內將永久退役船舶可免配置AIS設備。另因美國911恐怖攻擊事件造成飛航安全的危害，亦激起航運界的危機意識，進而促使IMO修正AIS設備規定的時程，在西元2002年，IMO海事安全委員會中，再次修改SOLAS第五章將航行於國際航線船舶的實施時程從西元2008年提前至西元2004年，其安裝期程，詳如表5-2所述。

表5-2　AIS 設備的安裝要求與實施時程

適用船舶		強制安裝AIS期限
1.國際航線船舶	所有客輪	2003年7月1日
	所有液貨船	2003年7月1日起第一次安全設備檢驗前
	50,000 總噸以上船舶	2004年7月1日
	300-50,000總噸船舶	2004年7月1日起第一次安全設備檢驗前，最遲在2004年12月31日前
2.非國際航線船舶	所有客輪	2008年7月1日
	所有500總噸以上貨船	

適用船舶	強制安裝AIS期限
2002年7月1日起新造船舶立即適用。 不受SOLAS規範的船舶，包括：軍艦、海軍船舶、政府非營利用船舶。 下列船舶則由政府決定是否適用或適用範圍： 1.只在領海基線內水域作業之船舶； 2.100總噸位以下所有航線之船舶； 3.500總噸位以下非國際航線之船舶； 4.漁船。	

（資料來源：張淑淨，中華民國92年）

2. AIS概述

(1) AIS功能：SOLAS第五章第19條規定明確指出AIS應該符合下列規定：

a. 提供自動連續性的基地站與移動站的通訊資訊，其中包括有船舶識別碼、船舶種類、船舶位置、航速、航向、航行狀態和其他船舶安全相關資訊。

b. 自動接收船舶的資訊。

c. 監控與追蹤航跡。

d. 有傳送基地站與移動臺之資訊能力。

(2) 涵蓋範圍：AIS典型的涵蓋範圍一般約在20至30浬[20]，視天線高度而定，也可以用中繼站延伸涵蓋範圍。

(3) AIS船載臺發送的資料內容：可分為三類[21]，其資訊類型與內

20 張淑淨，船舶自動辨識與報告系統整合規劃之研究，交通部委託研究案，2003 年 5 月，第 13 頁。
21 張淑淨，船舶自動辨別與報告系統整合規劃之研究，交通部委託研究案，2003 年 5 月，第 14 頁。

容，詳如表5-3所述：

a. 固定或靜態資訊：在AIS安裝時輸入，只有在船舶改名或改裝成不同種類的船舶時才需要更改。包括船名、呼號、MMSI識別碼、IMO識別碼、船舶長度、種類與貨載、定位天線位置等。

b. 動態資訊：除航行狀態外，都是從連接到AIS的航儀感測裝置取得並自動更新。包括船位、對地航向、對地航速、航艏向、航行狀態、轉向速率等。

c. 航程相關資訊：需要人工輸入，並且可能需要在航程中修改更新。包括有船舶吃水深、危險貨物種類、目的港與預計抵達時間及航行計畫等。

表5-3 AIS回報項目內容

資訊種類	回報內容
1.靜態資訊	*國際海事組織編號 / IMO number 海上移動服務識別號 / Maritime Mobile Service Identity（MMSI） 船舶呼號 / Call sign and name 船舶類型 / Type of ship 船舶長度與寬度 / Length and beam 全球定位系統天線位置 / GPS Antenna location
2.動態資訊	*世界標準時間 / Coordinated Universal Time（UTC） *轉向率 / Rate of turn *航行狀態 / Navigational status 船舶位置 / Position of the ship 船舶對地方向 / Course Over Ground（COG） 船舶對地速度 / Speed Over Ground（SOG） 航向 / Heading 船舶速度 / Ship Speed 船舶狀態 / Ship Status

資訊種類	回報內容
3.航行相關資訊	*船舶吃水深度 / Draught of the ship *航行目的地 / Destination *預計抵達目的地時間 / Estimated Time of Arrival（ETA） 裝載貨物資訊 / Cargo information
4.緊急求救消息	警示 / Alarm 緊急求救 / Safety
※ 以*標示項目為裝載A類AIS船舶[22]，按法令規範必須傳送的資料消息。	

（資料來源：廖偉辰，中華民國101年）

3. AIS蒐證應用

　　根據IMO規定，船舶上安裝的AIS設備除在有關國際協議、規則或標準要求保護航行資訊的情況下（如為避免海盜獲得船舶資訊），否則不得將AIS關閉。因此，每一艘配備AIS設備的航行船舶動態都能被即時追蹤、記錄，當事故發生時，利用AIS系統可調出逃逸船舶的一些重要靜態資訊，如IMO識別碼、呼號船名等；在認定事故地點上，透過AIS回報功能，可以調出被調查船的歷史航跡，觀其是否經過事故地點；在認定事故發生時間上，可以通過航跡圖及相關的船位資訊，判斷在相關的時間點上，被調查船是否位於相關事故地點；調出相關時間點上被調查船的船艏向，可判斷出其當時的航向，與被撞船當時的航向及被撞部位進行對照分析，從而進行查證；在肇事逃逸過程中，船舶往往會改變計畫航線，進行不循常的轉向，有一些不合理的駕駛操縱，這時可調出船舶的計畫航線及相關的轉向點資訊等進行查證。

22　船用AIS種類主要有：Class A型AIS和Class B型AIS，A類AIS是裝載於符合IMO AIS運輸規定下之船舶；B類AIS則是裝載於IMO尚未強制規範必須安裝B類AIS 的船舶類型。

　　AIS系統對於海事調查方面所提供的資訊，在證據效力上具有強大的可靠性。AIS系統能夠眞實地提供調查處理事故所需的一些技術方面資料，如航速、船位等，並且AIS提供的GPS船位是即時連續的，因此調查時可對事故發生海域，在可能發生的一段時間內，調閱AIS的存錄資料，顯示所有安裝AIS設備船舶在此水域內的歷史航跡，藉由與事故船舶的歷史軌跡進行比對，判別船舶事故的責任。另外，由岸台或其他船舶所記錄存儲的資訊可信度更高，大幅避免當事人爲逃避責任，進而惡意更改資料，弄虛作假的情況；並且AIS系統與其他類似儀器相比，還具有抗干擾、抗遮蔽、盲區小、定位精度高等特點，使得在港區內船舶相對密集的情況下，發生事故時亦能準確地獲得船舶的相關資訊，及時地進行處理。因此，AIS系統在海事調查的應用，將可更迅速、更可靠地釐清事故發生的經過，並且判別事故的責任。

　　然而AIS系統並非沒有其蒐證缺點，它只針對裝置AIS之船舶才能發生效用，如裝置AIS之船舶的艘數愈多，則自動蒐集他船資訊之船舶愈多。在我國AIS系統僅規定適用於商船上，因此對於無裝置AIS的其他船舶，因爲無法收發本船或他方船隻的資訊，因此就無相關資料可供調閱蒐證。

4.我國AIS實施現況

　　交通部運輸研究所港灣技術研究中心（以下簡稱港研中心）爲了儘速達成臺灣海域航安管理全面電子化，進而實現臺灣智慧型海運系統的總目標，港研中心自西元2009年3月至西元2011年8月已完成基隆港、蘇澳港、臺北港、臺中港、高雄港、花蓮港、馬公港、開元港、布袋

港、外埔港等10個主要港口之船舶自動辨識系統的建置[23]，並且透過網路整合了各岸臺的動態資訊，建立一套可以動態查詢臺灣海域船舶的動態資訊系統，一般使用者僅要透過港研中心船舶動態資訊系統網站[24]，即可以查詢、瀏覽及統計分析臺灣各主要港口進出港的即時船舶動態資訊。

海巡署為提昇海面船舶目標辨識率，目前已規劃完成鏈結港研中心的AIS相關船舶動態資訊，將AIS系統商貨輪船舶資訊整合於海巡署雷情系統平台顯示運用，並且於民國99年底開放海巡署各單位連線使用，以提供使用者顯示及查詢目標AIS相關資訊。

另海巡署艦艇裝設AIS系統自民國98年開始分為三個階段實施：第一階段（98-99年），海巡署先選定某1艘巡防艇加裝AIS船臺；進行評估以利後續建置作業。第二階段（民國100年），經AIS試驗編裝評估結果符合勤務需求及安全性後，先針對100噸級以上巡防艦、艇、船（共計37艘）裝設AIS船臺，以機動延伸雷達監控範圍，並提昇即時查緝、救難及漁業巡護效能。第二階段（民國101年以後），針對20至60噸級巡防艇（共計120艘；不含除污艇及救難艇）加裝AIS船臺，以達到監控周邊海面船舶的目標。在未來新造艦艇（包含強化編裝方案）亦均應一併裝設AIS船臺。

---

23 蔡瑞舫、張富東、邱永芳、張景森，智慧型航行與監測系統之研究，第33屆海洋工程研討會論文集，2011年12月，第753-758頁。

24 台灣海域船舶動態資訊系統網站，http://ais.ihmt.gov.tw/module/ShipsMap/ShipsMap.aspx。

(四) 航行數據記錄器

1. VDR發展及規範

航行數據記錄器（Voyage Data Recorder；VDR），俗稱黑盒子，不管在航空、陸地及海運的運輸工具上均可見其運用。詳如圖5-2及圖5-3等所示。自西元1970年代以來，美國國家運輸安全委員會NTSB一直積極促進VDR在船舶上的應用推廣。在對多起海難事故進行調查和總結時，NTSB不斷提出多項對系統發展和技術要求有關的建議，使其對VDR技術不斷完善，和制定規則上有積極推動的作用。NTSB不僅在多次「海上碰撞事件及其預防建議措施成效」等專題研討會上，對於USCG提出關於安裝VDR的建議，並且對IMO海事安全委員會提出相關安全性建議，建議其由美國港口啟航總噸位超過1,600以上所有客船的成員國，均應要求配備VDR。NTSB的建議得到IMO「海事安全委員會」的支持，在徵得各方意見後，於西元1995年採納成為「內部通過議案」。

圖5-2　船舶用航行數據記錄器（固定式）

圖5-3　船舶用航行數據記錄器（漂浮式）

（資料來源：http://www.nauticexpo.com，2014年）

　　根據IMO於西元1997年第20屆大會決議（IMO A.861第20號決議），通過對VDR一般性能的標準。IMO在該決議中較為詳細制定了VDR的技術標準，並且討論將安裝VDR要求列入SOLAS公約第五章修正案。該修正案業於西元2000年，IMO第72、73屆大會通過，並於西元2002年7月1日生效。該修正案規定了對國際間航行的駛上／駛下型客船（Roll-on/Roll-off Passenger Ship）和客船安裝VDR的最後期限，及對各種船舶安裝VDR的建議。按照IMO有關大會決議及A.861（20）號決議案，VDR的安裝時間和適用標準規範[25]，詳見表5-4所述，如下：

　　1. 西元2002年7月1日或以後建造的客船，於建造時配置。

　　2. 西元2002年7月1日以前建造的駛上／駛下型客船，應不遲於西元2002年7月1日或以後的第一次檢驗時配置。

3.除駛上／駛下型客船外，西元2002年7月1日以前建造的客船，應不遲於西元2004年1月1日配置。

4.除客船外，西元2002年7月1日或以後建造的總噸位3,000及以上國際航行的船舶，於建造時配置。

表5-4　VDR記錄內容項目表

記錄項目	要求條件
1.日期和時間	從船舶外部的時間源或內部時鐘至少每小時獲得一次。計時誤差不能大於1秒鐘。
2.船位	經緯度使用的基準來自一個指定的GPS，其分辨率應高於0.0001分／弧度。
3.速度	應按船上可獲得資料記錄相對於水或地的速度，包括指明速度是來自於哪種設備，速度的分辨率高於0.1節。
4.船艏向	由船上指定的電羅經指示，其分辨率高於0.1度。
5.駕駛室聲音	駕駛臺內的一個或多個麥克風應佈置成能充分記錄在指揮位置、雷達顯示器、海圖桌等位置或附近的談話。並且儘可能捕捉到駕駛臺內的內部通信、公共廣播和聲響警報（詳如圖5-5所示）。
6.通信聲音	應記錄有關船舶操縱的VHF通信，並與駕駛室聲音分別獨立。
7.雷達資料	這些雷達資訊應包括任何距離圈或標誌、方位、電子標繪符號、雷達圖、航線計劃、導航資料、航行警報和在顯示器上可見的雷達狀況，如實呈現完整雷達顯示。每15秒擷取一張雷達畫面。
8.回聲測深儀	依船舶上的測深儀測深狀態，其分辨率高於0.1米。
9.主警報	包括IMO強制要求所有在駕駛室內警報的狀態。
10.操舵命令和回應	艏向和航跡控制儀也應記錄，其分辨率高於1度。

記錄項目	要求條件
11.輪機命令和回應	包括任何伸鐘或直接的機器／螺旋槳控制器的位置，包括軸轉速、反饋指示，前進／後退指示器；還應包括艏側推和艉側推的狀態。轉速紀錄分辨率應高於1rpm，可變螺距螺槳其分辨率應高於1度。
12.船體開口狀態	IMO要求在駕駛臺內強制顯示的狀態資訊。
13.水密門和防火門狀態	IMO要求在駕駛臺內強制顯示的狀態資訊。
14.加速度和船體應力	如果船舶安裝了IMO強制的船體應力和回應監測設備，應予以記錄。
15.風速和風向	依船舶上之測風儀資料記錄之。

（資料來源：倪崇杰，2009年）

2. VDR概述

(1) VDR功能

船舶安裝船VDR可以記錄雷達資料，監控船舶交叉通過之全過程、主機運轉資料、監控主機，使其性能和維護情況達到最優化等功能，對船舶的安全航行與管理發揮重要的作用，對還原事故重建現場亦有極大幫助。從國際海事組織所發佈之相關決議案及技術性要求，可知VDR有以下幾點主要的用途：

a. 提供海事調查客觀的船舶數據。

b. 監控船員的技術操作情形，及提供船員培訓，達到要求的技術水準。

c. 監控主機運轉狀況，以助於提高航運公司的資訊管理。

根據SOLAS公約及其相關決議案之規定，VDR最低性能標準可歸

納如下[26]：

　　a. VDR是一完整系統：包括資料處理、編碼、資料界面、記錄參數、電源供應和專用備用電源（或充電式輔助電源）及相關配備。

　　b. 能連續獲取和記錄預先選擇資料：包括：航行參數（船位、航向、速度）、機艙參數（主機、舵機、俥令）、安全參數（主警報器、船體開口、水密和防火門的狀態、船體應力狀況）、駕駛臺通話和特高頻（VHF）通信、雷達資料及事後顯示的選擇等。

　　c. VDR能在12小時內連續記錄所有資料：並能「去舊存新」消除陳舊資料和保存最新資料，當供電系統中斷時，能以備用電源繼續供電2小時以上。記錄的資料具有完整性，並且能防止被篡改。

　　d. 記錄資料的儲存：記錄資料應能保留2年以上，位於保護容器內的資料，必須能承受按規定的惡劣環境試驗條件，並且在試驗後資料不會丟失。

　　e. VDR的資料保護單元需以色澤鮮明的保護性材料包裝，能滿足爆炸、燃燒、衝擊、浸沒等極端條件的要求，並且安裝聲納信標用於發送遇難位置信號，以便被搜尋。

　　f. 資料讀出、使用及分析：海事事故調查期間，只能由具公權力之行政機關開啓、使用和分析資料，以研判事故發生的原因。

(2) 記錄之資料內容

　　VDR的性能標準及應記錄保存的資料項目，按照IEC61996性能

26　張朝陽，VDR在海事調查案例之運用，海巡署海洋巡防總局海難事故蒐證及救護訓練教材，2010年，第3-4頁。

標準要求，VDR應連續保持關於設備狀態、輸出量、船舶指令和操作的預先選定指標資訊之完整記錄。VDR所記錄的資料應至少包括：日期、時間、船位、航速、航向、駕駛臺聲音、通信聲音、雷達圖數據、測深儀、主警報、操舵命令和回應、船體開口情形、水密門和防火門狀態、加速度、船體應力、風向及風速等具體資料[27]，詳如圖5-4及圖5-5等所示。

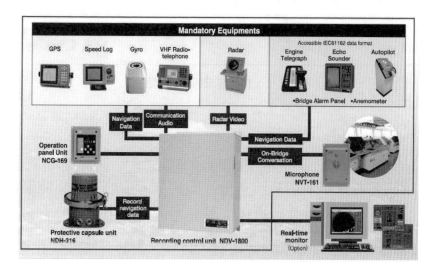

圖5-4　VDR記錄系統架構圖

（資料來源：Psicompany.com，2014年）

27　倪崇杰，船載航程資料記錄儀於商船航行安全上的技術整合分析，國立臺灣海洋大學商船系碩士論文，2008年，第34-37頁。

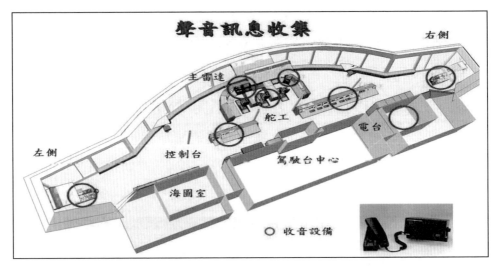

圖5-5 VDR聲音訊息收集圖

（資料來源：倪崇杰，2008年）

3. VDR蒐證應用

VDR的起源最早使用於航空飛行機具上，由於具有相關事發當時的環境、儀器、人員對話等紀錄，對於還原事故現場狀況有重要的地位，因此一旦發生空難事件，除搜救人員外，對於尋找黑盒子還原事故經過，亦是調查真相很重要的一環。然而對於處理船舶碰撞事件的蒐證上，亦可利用此一客觀數據特性，重建現場狀況，瞭解各方船舶的相關位置及相對運動狀況，藉以比對當事人筆錄及其他證據資料，查明事故真相。

自VDR開始被要求安裝設置在航行於國際航線船舶上，VDR的判別技術顯得格外重要，對事故真相之獲得，VDR確實發揮很大作用，其所儲存之資料，包括GPS、AIS、ARPA、舵令、俥鐘記錄等航行資

訊及主機運轉、駕駛臺談話記錄、通信儀器錄音、雷達記錄等各種資料之輔助，都是在研判海事事故不可或缺的重要資料。

　　試舉民國98年「土佐輪」碰撞我國「新同泉86號」漁船翻覆案件為例[28]，係我國第一個真正運用VDR資料，以協助判讀事故經過、還原現場及提供辦理刑事案件人員之重要參考。在該案中，雖然其他電子證物都指出「土佐輪」確實有避讓航跡，但因文字記錄不足以精準判斷，成為實證扣押該船，且當時值班的二副及舵工亦堅不認罪，就在案情呈現膠著之際，港務局人員提示海巡人員可藉由VDR工具的運用釐清案情，就在海巡人員徹夜解讀VDR的數據後，透過該二副與舵工在駕駛臺的對話錄音，發現該兩人均對造成「新同泉86號」漁船翻覆，在其雷達光點的消失等事實，有所認識。也因為透過此重要錄音證據，才使得該名二副船員俯首認罪，接受我國刑事制裁，受害「新同泉86號」漁船得以進行相關民事賠償。

(五) 碰撞跡證比對

　　依據路卡交換原理（Locard Exchange Principle）[29]，兩物表面互相

28　李凱真，新同泉86號漁船翻覆救援案人物專訪，海巡雙月刊第39期，2009年，第61-69頁。

29　「路卡交換原理」，取名自法國犯罪學家埃德蒙·路卡（Dr. Edmond Locard）博士。埃德蒙·路卡是著名的法國犯罪學家、法庭科學家，同時創建了法國里昂大學刑事鑑識研究所，是鑑識科學的先驅之一。以簡單的方式來闡述「路卡交換原理」，就是「凡有接觸必留下痕跡」，源自其所提出的原理：「凡兩個物體接觸，必定會有所交換轉移」。自然界普遍存在物質交換現象，犯人和犯罪現場或其受害人之間，總是存在物理證據的交流。兩種物質客體任何的相互接觸、摩擦、撞擊，則都會引起接觸面上物質成分的相互交流和變化，如細胞、體液、污泥、塵土或各種碎屑、纖維等物質，即使是細微或是肉眼難辨的，這些交換現象的證明可用於偵查犯罪的過程，或提供其偵辦的線索。

接觸，必有物質由一個表面移轉到另一個表面上。道路交通事故發生後，經常會於事故現場相關當事人、車輛、路面、現場環境等處留下各種跡證，而這些跡證之形成原因與座落於事故現場的關係位置、型態等跡象，均為日後從事肇事現場重建、肇事原因研判及肇事責任歸屬等之主要依據。

　　參考交通事故相關文獻資料，道路交通事故現場可能出現之跡證區，分為血液（血跡）、衣物（織物纖維）、毛髮、指紋、穿戴物、油漆片、玻璃、塑膠（金屬、車輛零件、附屬品）、油脂（油跡）、砂土、創傷、撞擊痕、輪跡、刮擦痕（斷裂痕）、足跡等 15 項[30]，其跡證類別及用途如表5-5所述。

　　而當海上船舶碰撞事故發生時，與道路交通事故蒐證對象不同之處在於船舶碰撞後，未必產生人員的傷亡，因而缺乏血液（血跡）、衣物（織物纖維）、毛髮、指紋、穿戴物、創傷等證據的研判；另外由於發生在海上，其海水特性更不能如陸地上產生，諸如砂土、輪跡、刮擦痕（斷裂痕）、足跡等證據。因此海上船舶碰撞事故，主要需要蒐證保全的物證分為三大項：第一項是有關肇事嫌疑船舶的基本資料和航行紀錄，諸如航海日誌、輪機日誌、俥鐘紀錄、航向紀錄及VDR系統資訊等；第二項為有關雷達站、AIS、VMS系統中有關船舶航行的紀錄；第三項即為本節探討的，有關船舶碰撞痕跡的勘驗（痕跡鑑識）及擦痕附近油漆樣本的採集（物理鑑識和化學鑑識）[31]。按碰撞物證的型態來

30　蘇志強、林龍霄、李憲蒼，提昇交通事故蒐證品質，交通學報，2003年12月，第129-156頁。

31　參照內政部警政署98年11月23日警署刑鑑字第0980153757號函頒修訂之「刑事鑑識規範」相關鑑識工作項目。

表5-5　道路交通事故跡證及類別彙整表

用途＼類別	油漆片	玻璃	塑膠、零件	輪跡	油脂（跡）	砂土	創傷	撞擊痕	血液（跡）	毛髮	衣物（纖維）	足跡	指紋	刮擦痕	穿戴物
種類與相關型態	●	●	●		●	●			●	●	●		●		
相關人、車、物相對外觀特性吻合度比對	●	●	●	●		●	●	●			●	●		●	●
相關人、車、物相對外觀特性吻合度比對	●	●	●		●	●			●	●	●		●		
車種、車型	●		●												
車輛行駛方向	●	●	●			●								●	●
車輛行駛速度	●		●					●						●	
撞擊型態							●				●				
撞擊點		●			●	●		●							●
撞擊位置	●							●						●	
撞擊力大小								●							
撞擊力方向與角度		●						●	●					●	●
車輛載重程度			●												
車輛行經處所與路徑			●			●									
新舊跡證			●											●	
熱車系統使用															
當事人姿勢與方向							●			●	●				
當事人相對位置									●			●			

（資料來源：蘇志強等，2003年）

看，船舶碰撞跡證的採集可區分為兩種，即撞擊痕跡和油漆樣本的比對，說明如后：

(一) 撞擊痕跡的比對

撞擊痕跡是指物體被撞擊或物體間相互撞擊所形成的痕跡。撞擊痕跡是在海事調查中最常見的勘驗方法之一。當航行中的船舶因操控不當、機械故障或失去動力等因素，常會發生船舶相互碰撞或船舶撞擊碼頭、岸礁等事故，船體移動瞬間與另一船體或其他物體摩擦或碰撞後，常致使船體發生形變、損壞或扭曲，而留下撞擊痕跡。由於不同的碰撞事故所造成的撞擊痕跡在型態、外觀上均不相同，因此可以作為鑑定碰撞對象的依據；此外，從撞擊痕跡之長度、形狀、位置等狀況，亦可藉以判斷碰撞當時的狀況。在實踐中，吾人可根據不同的標準，對撞擊痕跡進行不同的分類；根據形成撞擊痕跡時，撞擊體與承受客體的接觸狀態不同，亦可將其分為靜態痕跡和動態痕跡；根據撞擊痕跡的型態區分，可分為凹陷痕跡、空洞痕跡、線形痕跡及斷裂痕跡等。

(二) 油漆樣本的比對

兩艘船舶碰撞時，船殼間的油漆會發生轉移，此轉移的油漆，為吾人調查處理碰撞案件上，提供一件極有證明價值的物證。即從船體油漆來源談起，不同船舶可能塗覆不同品牌油漆，然而即便使用同家品牌油漆，亦可能因為在不同時間生產、或在不同船廠進行油漆調和時，產生不一樣的油漆成分，因此塗覆於船體油漆亦可提供鑑識單位物證比對個化的特性，並且在船舶每年進行維保工作時，通常會再進行刮除船底海蠣子，及重新油漆時，使得船殼油漆的層數會增加。另外船體油漆還分為水線以上區域、水線區域及船底區域，每一區域的油漆一般又區分為

底漆、中間漆及面漆等，使得每艘船舶的油漆樣本形成獨特的「油漆指紋」。因此在碰撞案件的處理上，油漆樣本的採集使得證據的信息更加豐富，作為證據個化的價值亦大大提高。

(三) 碰撞跡證的蒐證應用

我國在碰撞跡證之應用案例，於民國94年7月22日巴拿馬籍「盛遠輪」與我國籍「新東發136號」漁船碰撞案件中，曾採集油漆樣本送驗作為證據，當時基隆地方法院依據內政部警政署刑事警察局鑑定報告指出：「分別在『新東發136號』漁船左後舷及盛遠輪號船艏上留有相似成分之油漆鑑定，是本件盛遠輪號與新東發136號漁船發生船舶碰撞應堪認定」[32]，且該部份並經中華民國船長公會鑑定，就兩船發生碰撞之航跡及依「新東發136」號漁船被碰撞受損位置，認定「盛」輪在能見度可見「新」船左舷航行燈光情況下，應注意依據「國際海上避碰規則」之相關規定，採取適當避讓行動，卻因疏於注意至此，未採取適當避讓行動，致「盛」輪船艏碰撞「新」船左後舷，造成「新」船翻覆，自應負碰撞責任[33]。另如本件相驗情形下，被害人等4人確因本件船難而於生前溺水窒息死亡，亦經本檢察官率同法醫相驗屬實，則被告過失駕駛船舶行為，與被害人等人的死亡結果間，自具有相當因果關係。

此外作者可以發現其他國家，亦皆利用油漆取樣鑑定，以追查肇事嫌疑船舶。諸如在西元1999年「澳洲運輸安全局」（Australian Trans-

---

32 按基隆簡易庭民國96年度基交簡字第330號裁判書。
33 中華民國船長公會民國95年2月24日船公（95）漢字第2795號函暨「新東發136號」漁船於野柳外海翻船事件鑑定報告書。

port Safety Bureau；ATSB）調查賴比瑞亞籍「Craig The Pioneer」木材船和澳洲籍「May Bell II」漁船案件[34]中，亦採集兩船油漆樣本送驗，該樣本先經白光下立體顯微鏡以40倍率進行觀察，子樣本再以X射線能譜分析，及顯微紅外線光譜分析法，提供化學成分，確認兩船油漆樣本來自於同一來源，因此證實「Craig The Pioneer」輪曾碰撞「May Bell II」漁船。

目前，該課題研究成果已經成為中國大陸海事執法調查官進行船舶碰撞事故調查取證及事故處理的規範方法，應用前述技術和程序所做出的油漆鑑定結論，能夠作為海事執法證據，有效應對行政訴訟時，法院對船舶油漆物證，及其鑑定結論的技術與程序提出質證，大大增強海事執法部門行政復議與行政訴訟的應訴能力。

無論在相關海事調查及船舶碰撞刑事案件追訴上，我國皆需要船舶物證，以提供資訊重建現場，進而查明真相。因此無論是從航政主管機關執行海事調查，或是海巡機關執行刑事調查等角度上，皆應該結合陸上車輛採樣及鑑定的應用技術研究，在鑑識科學的基礎上，根據船舶碰撞油漆的特性具體鑑定應用，提出符合我國船舶碰撞事故油漆鑑定的採樣程序與方法。

五、結論與建議

海上事故調查的主要目的，誠如西元2010年國際海事組織所公告

---

34 澳洲運輸安全局網站，http://www.atsb.gov.au/，1999年10月9日第151號調查報告案例，頁12。

生效的「海上事故安全調查規則」第一條所規定，係為防止將來的海上
事故及事件再度發生，然而進行的調查，非為劃分過失或確定責任。基
本上是屬於調查事實的性質，而非在於採取處罰及訓誡措施。

　　海上安全調查應分離且獨立於任何其他形式的調查，比較遺憾的
是，在我國事故調查執行單位，迄今仍未成立獨立性質的調查機關，或
與航政主管機關分離併入，諸如歐美先進國家設有直屬中央的「運輸安
全調查機關」，因此在預防事故發生的安全角色上，仍有努力提昇的空
間。

　　對於海洋事務的經營，我國起步較晚，未如國外有所謂「海上交通
安全法規」的立法，每有重大海難事故之發生，均由航政主管機關依據
行政命令所設立「海事評議小組」負責調查處理。有關海事調查之目
的，缺乏吸取相關海事經驗教訓，防止類似事故再度發生。另有關「海
事評議小組」設置若干位委員，其中航港局長、港務長及航務組、船舶
組、船員組組長為當然委員，其餘委員由局長選聘之，應審慎考量海事
專業的公正人士為宜，諸如機械、材料、造船、航海、輪機及執法等相
關專長領域。

　　在執行海上事故之調查工作上，就人力及執勤工具而言，我國「海
巡機關」相較於航政主管機關具有時效上的相對優勢。因此，在國內海
事調查中，具有行政調查權的單位，除各航務中心外，海巡署具有實
際的執行能力，除可於第一時間抵達現場處理外，對於屬我國管轄的
案件，亦可於海上直接對於船舶實施登臨、檢查、搜索、逮捕、留置人
員、扣留船舶，甚至於發動緊追等執行管轄權。

　　隨著時代的變遷，近年來海洋事務已逐漸受到各界重視，觀其各國

組織改造及立法，對於海上事故調查處理方面，我國相關海上調查機關不僅在立法上應跟上國際公約的腳步，在技術觀念上亦要更加精進，得以與先進海運國家同步於世界潮流。建議我國政府機關應將相關監控系統整合，將漁船及其他小型船舶全面性安裝AIS系統，以提昇我國海上交通安全及船舶動態掌握。如此，可以強化我國海域安全的管理，在發生海上事故時，將更有助於事故的調查現場肇事原因的重建，及肇事逃逸船舶的追緝等工作遂行之。

第陸章

國際海難事件調查案例的鑑識分析及改善對策

—— 直布羅陀籍Philipp貨櫃船與英國籍Lynn Marie漁船碰撞案件

摘要

　　西元2011年4月9日清晨04時53分,在愛爾蘭海的英國曼尼島南方6浬處,直布羅陀籍Philipp貨櫃分送船與英國籍Lynn Marie扇貝採撈漁船發生海上碰撞事故。所倖是最終未發生任何人命傷亡及海洋污染情形,然而Lynn Marie扇貝採撈漁船嚴重毀損,被拖帶至英國曼尼島的聖瑪莉港。在兩船碰撞事故發生後,Philipp貨櫃船並未立即停車,「當值船副」及船長亦皆未與Lynn Marie漁船進行通聯動作,以確實瞭解該漁船是否需要若干必要協助。依據英國海上事故調查局調查結果,確認Philipp貨櫃船駕駛臺當值船副未能適當評估與Lynn Marie扇貝採撈漁船發生碰撞的潛在風險。並且其試圖規避漁船碰撞的處置作為,與「國際船舶海上避碰規則」所要求者相違背,最終發生危險的操船作為,導致兩船碰撞損壞的結果。該Lynn Marie扇貝採撈漁船駕艙當值船員亦未能及早察覺Philipp貨櫃船改變航向接近,並且不知兩船碰撞事故即將發生。直到沒有足夠安全前置時間,以採取適當有效的避撞操船作為。最

終海事調查報告具體建議Philipp貨櫃船經理人，必須提昇其駕駛臺負責瞭望當值船副的專業職能，並且確認船上所裝置的航海及避碰輔助設備，可以被有效使用，發揮其應有功能。根據英國海事調查局所發佈海事安全調查報告，得以深入瞭解海事案件調查及報告記錄的內容格式，以為我國海事主管及執行機關同仁參考應用借鏡。並且為求前瞻應付未來我國周遭海域可能發生的重大海上災難事件，預先建置適時適切的處變反應能量，提供若干海事行政處置權責機關的短、中、長程可行改善對策建議。

關鍵辭：自動導航、航行當值、最近接觸點、自動辨識系統、航程資料記錄器、海上事故調查局、國際海上避碰規則。

一、前言

西元2011年4月9日清晨04時53分（Universal Time Coordinated：UTC）間，在愛爾蘭海（Irish Sea）的英國曼尼島（Isle of Man）南方6浬處，直布羅陀（Gibraltar Registered）籍Philipp貨櫃分送船（Container Feeder）與英國籍Lynn Marie扇貝採撈漁船（Scallop Dredger）發生海上碰撞事故。所倖是最終未發生任何人命傷亡及海洋污染情形，然而Lynn Marie扇貝採撈漁船嚴重毀損，被拖帶至英國曼尼島的聖瑪莉港，進行後續維修工程。

在兩船碰撞事故發生後，Philipp貨櫃船並未立即停車，「當值船副」（Officer of the Watch：OOW）及船長亦皆未試圖與Lynn Marie扇

貝採撈漁船進行通聯動作，以確實瞭解該漁船是否需要若干必要的協助。直到Philipp貨櫃船駛離碰撞事故現場約20浬後，其船長才告知海岸防衛隊（Coastguard）關於該船所涉及撞船事故情形。

依據英國海上事故調查局（Marine Accident Investigation Bureau；MAIB）調查結果顯示，確認Philipp貨櫃船駕駛臺當值船副（Bridge Watch-keeping Officer）未能適當評估與Lynn Marie扇貝採撈漁船發生碰撞的潛在風險。並且其所試圖規避漁船碰撞的處置作為與「國際船舶海上避碰規則」[1]（COLREG）所要求者相違背，最終發生危險的操船作為，導致兩船碰撞損壞結果[2]。

該Lynn Marie扇貝採撈漁船駕艙當值船員（Wheelhouse Watchkeeper）未能及早察覺Philipp貨櫃船改變航向接近中，並且不知兩船碰撞事故即將發生。直到沒有足夠安全前置時間，以採取適當有效的避撞操船作為。有關Lynn Marie漁船與Philipp貨櫃船的相關設計數據資料彙整說明，請參看表6-1所述。

1　陳運揚等編著，國際海上避碰規則與艙面當值，交通部船員訓練委員會審訂，幼獅文化公司，中華民國七五年六月，頁一四至四三。

2　吳東明及陳致延，海難意外事件案例的討論分析及策進作為－馬紹爾群島籍Boxford貨櫃船與英國籍Admiral Blake漁船碰撞案件，年度學術研討會，水上警察學系，中央警察大學，中華民國一○一年五月。

表6-1　Lynn Marie漁船與Philipp貨櫃船的相關數據資料彙整比較

項目／船型	Lynn Marie	Philipp	備　註
1. 設計數據			
(1) 船旗國	英國	直布羅陀	
(2) 船級	無	法國	
(3) IMO編碼	無	9353735	
(4) 船種	雙橫拖網漁船	貨櫃船	
(5) 船東公司	私人所有	MS Vega Philipp Schiffahrtsgesselschaft.	
(6) 營運公司	無	Vega Reederei Gmbh & Co KG	
(7) 船體材質	木　質	鋼質	
(8) 船全長	17.13	154.85	公尺
(9) 登錄船長	15.55	144.90	公尺
(10) 總噸位	65	8,971	噸
(11) 人力底限	無	11	員
(12) 授權運貨	無	貨櫃	
2. 航程數據			
(1) 出發港	Port St Mary, Isle of Man	Liverpool, England	
(2) 目的港	Port St Mary, Isle of Man	Greenock, Scotland	
(3) 航程種類	扇貝採撈	定期貨櫃轉運服務	
(4) 貨物資料	70箱扇貝	貨櫃	
(5) 人員編制	4	16	員
3. 海難資料			
(1) 事件時間	2011年	4月9日	4時53分
(2) 海難種類	嚴重	海難	
(3) 事件位置	北緯53度59.4分	西經4度47.5分	
(4) 傷亡情形	無	無	

項目／船型	Lynn Marie	Philipp	備　註
(5) 損壞情形	艏柱、艏圍欄、左右舷肋骨、左拖網支架	船殼外板擦損	
(6) 航行狀況	過道通行	過道通行	
(7) 航程區段	Port St Mary to Port St Mary	Liverpool to Greenock	
(8) 海上環境	黎明曙光、能見度佳	海況平靜、空氣軟風	潮流西南西1.4節
(9) 在船人數	4	16	員

（資料來源：MAIB Report No 20/2011，2011年）

最終一份海事調查報告（Marine Investigation Report）製作完成，具體建議Philipp貨櫃船經理人，必須提昇其駕駛臺負責瞭望當值船副的專業職能。並且確認船上所裝置的航海及避碰輔助設備（Anti-collision Aids），可以被有效使用，發揮其應有功能。

二、事件過程說明

當日天空氣流呈現軟風（Light Airs）狀態，能見度約為6至8浬間。海況平靜（Calm Sea），潮流西南西向流速為1.4節。有關海上風速及浪高等狀態的分級研判資料，詳參看西元1993年國際氣象組織（World Meteorological Organization；WMO）所公佈「蒲福風級表」[3]（Beaufort Scale），請參看表6-2及表6-3等所述。海上黎明曙光（Nautical Twilight）時間是凌晨04時11分，陸上黎明曙光（Civil Twilight）時間是凌晨04時57分。

3　戚啓勳編著，航海氣象學，國立編譯館，茂昌圖書公司，1995年2月，第263-265頁。

表6-2　國際氣象組織所公佈「蒲福風級表」資料

一般風級			熱帶氣旋（10分鐘平均風速）						
蒲福氏風級	10分鐘平均風速（節）	一般名稱	北印度洋	西南印度洋	澳洲	西南太平洋	西北太平洋	西北太平洋	東北太平洋及大北西洋
0	<1	無風							
1	1-3	軟風							
2	4-6	輕風							
3	7-10	微風	低氣壓	熱帶擾動	熱帶低區	熱帶低氣壓	熱帶低氣壓	熱帶低氣壓	熱帶低氣壓
4	11-16	和風							
5	17-21	清風							
6	22-27	強風							
7	28-29	疾風	深度低氣壓	熱帶低氣壓					
7	30-33	疾風							
8	34-40	大風	氣旋風暴	中度熱帶風暴	熱帶氣旋（一級）	熱帶氣旋（一級）	熱帶風暴	熱帶風暴	熱帶風暴
9	41-47	烈風					強烈熱帶風暴		
10	48-55	狂風	強烈氣旋風暴	強烈熱帶風暴	熱帶氣旋（二級）	熱帶氣旋（二級）			
11	56-63	暴風							

一般風級				熱帶氣旋風級（10分鐘平均風速）			
12	64–72	颶風				颱風	颶風（一級）
13	73–85	特強氣旋風暴	熱帶氣旋	熱帶氣旋（二級）		颱風	颶風（二級）
14	86–89	颶風		熱帶氣旋（三級）	熱帶氣旋（三級）	颱風	強烈颶風（三級）
15	90–99		強烈熱帶氣旋	熱帶氣旋（四級）	熱帶氣旋（四級）	颱風	強烈颶風（三級）
16	100–106			熱帶氣旋（五級）	熱帶氣旋（五級）	颱風	強烈颶風（四級）
16	107–114		特強熱帶氣旋			颱風	強烈颶風（四級）
17	115–119	超級氣旋風暴				超級颱風	強烈颶風（五級）
17	>120					超級颱風	強烈颶風（五級）

表6-3　國際氣象組織所公佈「海況分級表」資料

海況分級	波高	特徵
0	0.0 meters (0.0 ft)	Calm (glassy)
1	0.0 to 0.1 meters (0.00 to 0.33 ft)	Calm (rippled)
2	0.1 to 0.5 meters (3.9 in to 1 ft 7.7 in)	Smooth (wavelets)
3	0.5 to 1.25 meters (1 ft 8 in to 4 ft 1 in)	Slight
4	1.25 to 2.5 meters (4 ft 1 in to 8 ft 2 in)	Moderate
5	2.5 to 4.0 meters (8 ft 2 in to 13 ft 1 in)	Rough
6	4.0 to 6.0 meters (13 to 20 ft)	Very rough
7	6.0 to 9.0 meters (20 to 30 ft)	High
8	9.0 to 14.0 meters (30 to 46 ft)	Very high
9	Over 14.0 meters (46 ft)	Phenomenal

(一) 事件經過

1. Philipp貨櫃船

在西元2011年4月8日，夜間11：00左右，Philipp貨櫃船從英格蘭利物浦港（Port of Liverpool, England）啓航出發，此時有「內河領航

員」（River Pilot）在船上協助航行，行經愛爾蘭海，前往蘇格蘭格林諾克港（Port of Greenock, Scotland），Philipp貨櫃船海上航行情形，請參看圖6-1所示。當「內河領航員」於隔日凌晨約01：00下船後。Philipp貨櫃船長與二副（Second Officer）及水手船員（Able Seaman；AB）們仍留在駕駛台，進行守望（Lookout）工作直到凌晨02時30分，隨後船長離開駕駛台，回到房間準備就寢。

圖6-1　Philipp貨櫃船海上航行情形

　　大約在凌晨03時50分至04時間，大副（Chief Officer）上駕駛台接替二副工作，成為當值駕駛（Officer of the Watch；OOW）。此時船舶採用自動導航（Autopilot）模式，航向角控制在298度，航行速度為16.5節。當大副正式完成接班工作程序後，登坐在配置於船舶中心線上控制台右側的面向船艏座椅上。從其座位上，大副可以直接從其前面顯示螢幕（Display Screen）上，查看「電子海圖系統」（Electronic Chart System；ECS），並且可以重疊顯示「自動辨識系統」（Automatic

圖6-2　Philipp貨櫃船駕駛艙控制台佈置情形

（資料來源：MAIB Report No. 20/2011，2011年）

Identification system：AIS）資訊，詳請參看圖6-2所示[4]。

　　設置於船中心線上駕駛操控座台的左邊顯示螢幕可以查看「自動雷達測繪輔助系統」（Automatic Radar Plotting Aid：ARPA）所顯示X-band（Short Wave Length）雷達資訊。當時船上雷達正以長波段範圍掃描模式（Long Pulse Mode）操作中，同時雷達顯示距離圈被設定在向上方為正北向，以6浬為最大距離顯示範圍（Range Scale），俱有相對運動影像顯示功能。雷達螢幕顯示Philipp貨船原點位置設定在東南角處，因此能夠得到約9浬船艏前方的最大偵察距離（Detection Range）。「自動雷達測繪輔助系統」（ARPA）的避碰警報啟動功能被設定在與可能目標的「最近接觸點」（Closest Point of Approach：

4　吳東明著，海巡應用科技，五南圖書出版公司，2010年8月，第37-38頁。

CPA）爲0.0的反應時間2分鐘內。然而自動目標擷取（Automatic Target Acquisition）功能未被適當選擇應用，自動辨識系統（AIS）亦可重疊顯示於左邊雷達螢幕中。

凌晨04時24分，當值大副將航向角調整至288度，採用自動導航駕駛模式（Autopilot Mode）航行，其目的在於增加與一艘航經Philipp貨船右艏處漁船的通過距離（Passing Distance）。一經與漁船安全交叉通過後，自動導航駕駛再次調整航向角至298度。在凌晨04時39分，當值大副再次調整船舶航向角至314度，其目的在於與從曼尼島駛出向南航行，出現在Philipp貨船右艏側的兩艘漁船，保持適當安全距離，請參看圖6-3所示，並且與這兩艘漁船的最近距離約在1.1浬範圍內。

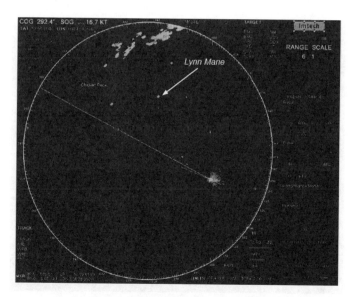

圖6-3　Philipp貨櫃船上雷達螢幕顯示情形（航向314度）
（資料來源：MAIB Report No. 20/2011，2011年）

　　在凌晨04時45分，位於Philipp偵船位南側的兩艘漁船，業已從左舷側方遠離駛去。隨即船上守望水手與當值大副看見另兩艘漁船，出現在船艏右舷側方（Starboard Bow），請參看圖6-4所示。這兩艘漁船的較近一艘者，係位於2浬距離範圍內，隨後被辨識為Boys Pride漁船，至於距離較遠一艘者被辨識為Lynn Marie漁船。當值大副亦憂心其他若干艘漁船出現在Philipp貨船右舷側方，因此其再次調整自動導航的艏航向角（Autopilot Heading）至298度，藉以改變船舶航向左轉，進而避開前述兩艘漁船。在凌晨04時49分，Boys Pride漁船開始穿越駛過Philipp貨船船艏，當值大副進一步調整自動導航的艏航向角左轉至285度，請參看圖6-5所示。

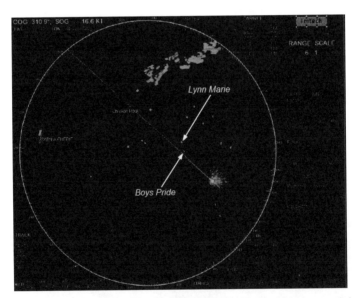

圖6-4　Philipp貨櫃船上雷達螢幕顯示情形（航向298度）
（資料來源：MAIB Report No. 20/2011，2011年）

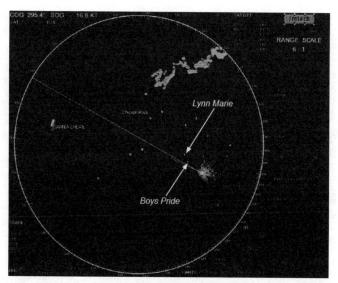

圖6-5　Philipp貨櫃船上雷達螢幕顯示情形（航向285度）

（資料來源：MAIB Report No. 20/2011，2011年）

　　不一會兒，Boys Pride漁船接近駛過Philipp貨船右舷側方，並且在凌晨04：51，守望水手（Outlook AB）通報Lynn Marie漁船現正非常接近本船艏右舷側方，請看圖6-6所示。Lynn Marie漁船左舷側紅燈（Port Side Lights）、主桅杆頂白燈（Masthead Light）及船艉甲板燈光（Aft Deck Lights）等，皆清楚可見[5]。於是當值大副從其座位起身離開，並且來到設於船中心線上操控座臺位置，進行調整自動導航功能的撤銷操縱桿（Override Joystick），藉以操縱貨櫃船向左轉至與Lynn Marie漁船相似的艏航向角[6]。然而此時Philipp貨船可操控的最大舵角爲8度。

5　陳運揚等編著，國際海上避碰規則與艙面當值，交通部船員訓練委員會審訂，幼獅文化公司，1986年6月，第14-43頁。

6　宋周奇等編著，航海儀器，交通部船員訓練委員會審訂，幼獅文化公司，1986年6月，第10-11頁。

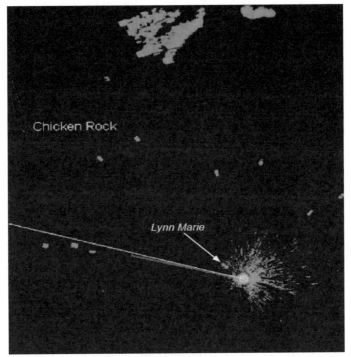

圖6-6　Philipp貨櫃船上雷達螢幕顯示情形（航向243度）
（資料來源：MAIB Report No. 20/2011，2011年）

　　當Philipp貨船與Lynn Marie漁船間距離持續縮短接近時，所以當值大副施放5短聲的「船置號笛」（Ship Whistle），並且守望水手調整船上探照燈光（Searchlight）朝向漁船位置。同時當值大副亦從位於船中心線上的操控座台處，移動至駕駛艙右舷側，藉以看得更清楚快速接近Lynn Marie漁船的即時狀況。在凌晨04時53分，Philipp貨船右舷側方直接碰撞到Lynn Marie漁船左舷懸臂支架（Port Outrigger），至於兩船於愛爾蘭海發生碰撞海事案件地點，請參看圖6-7所示。此時，Philipp貨船仍持續向左轉向，並且其艏航向角正轉向至250度，位於其右舷側方

圖6-7　兩船於愛爾蘭海碰撞海事案件發生位置處

（資料來源：吳東明製，2014年）

第28列貨櫃置放處，遭受船側外板表面的輕微擦傷損壞（Cosmetic Damage）情形[7]。

2. Lynn Marie扇貝採撈漁船

西元2011年4月9日凌晨04時00分，Lynn Marie扇貝捕撈漁船（Scallop Dredger）從曼尼島聖瑪莉港啓航作業。該船船長（Skipper）順利安全駛離漁港後，隨即船上水手施放左右舷側所設懸臂支架（Outriggers），以備進行海上捕撈作業。此時船長採用自動導航模式，設定艍航向角爲207度，將漁船駛向其目標漁場區域（Fishing Ground）。並且船長亦調整主機進氣門閥（Engine Throttle Valve），維持以8節船速航

圖6-8　Lynn Marie扇貝採撈漁船港區靠泊情形

（資料來源：MAIB 20/2011，2011年）

行[8]。至於 Lynn Marie扇貝捕撈漁船港內靠泊情形，請參看圖6-8所示。

　　隨後該船船長將駕航當值工作交接給大副（Mate），並且指示其確實瞭望該船遵循電子海圖測繪機（Chart Plotter）上所顯示的計畫航行路線。此時，Boys Pride漁船位置大約在Lynn Marie漁船船艕左舷側外0.5浬處，以相似的航向角及船速等狀態，進行安全無虞地航行作業。於是船長放心離開駕駛臺（Wheelhouse），進入住艙（Accommo-dation），與其他兩位甲板水手們（Deckhands）一同休息，以便在正常扇貝採撈作業開始前，備足工作體能。

　　漁船大副端坐在駕艙座椅上，從座位上可以有效監看電子海圖測繪機及雷達等設備工作情況，並且可以從駕艙視窗看到正船艕向（Right

8　　1節船速相當於每小時航行1.852公里的速度。

Ahead）至左右舷側後（Abaft Each Beam）30度視角範圍。同時該船駕艙雷達螢幕顯示設定為6浬偵測距離範圍（Range Scale）。

　　大約在凌晨04時30分，該船大副在雷達螢幕上偵測到一個目標，隨後被辨識為Philipp貨船，約位於漁船艏左舷側3至4浬的距離範圍間，並且其認為該雷達所出現目標（即為Philipp貨船）可能會在Lynn Marie漁船的左舷側方安全駛過。隨即轉瞬間，該船大副在雷達所出現目標的相同羅經方位上，看見白色桅燈及綠色舷燈，同時心想Philipp貨船業已改變航向右轉，應仍可從Lynn Marie漁船左舷側方順利安全穿過駛離。

　　漁船大副持續監視Philipp貨船的雷達目標，直到其在接近雷達顯示螢幕中心位置處，消失於海面雜亂回波（Sea Clutter）中。隨後大副起身離開座位，並且從駕艙視窗向左舷後方進行瞭望，其係正因大副看見Philipp貨船船位從Lynn Marie漁船左舷側後方迫近中。當時大副並未聽到Philipp貨船施放號笛聲響，同時大副試圖調整其船速，卻又誤抓絞機控制手把（Winch Control Handle），以為是主機進氣門閥。幾乎是轉瞬間光景，Philipp貨船撞上Lynn Marie漁船的左舷懸臂支架，造成漁船向左轉向滑行。最終結果是漁船艏左舷側及船艏柱嚴重碰撞到Philipp貨船右舷側面處。

(二) 碰撞後因應作為

1. Philipp貨櫃船

　　Philipp貨船大副與守望水手皆清楚知道Philipp貨船已撞上Lynn Marie漁船，但是該船大副現正關切的是，避免與出現於艏右舷側方約2浬距離範圍內的多艘漁船，發生後續嚴重碰撞情形。因此大副繼續調整

艏航向左轉，藉以獲得一個安全距離（Safe Distance），順利穿過駛離這群漁船，同時其亦未能聽見Lynn Marie漁船船長（Skipper）向海岸防衛隊（Coastguard）呼叫求救聲響訊息。直到清晨05時06分，Philipp貨船大副安全駛離周遭多艘漁船的複雜忙碌水域後，才向船長（Master）報告有關與Lynn Marie漁船發生碰撞事故的情形。此時Philipp貨櫃船仍以航速為16.5節，繼續向目的港航行。

此刻Philipp貨船船長立即前往駕駛艙（Bridge），並且集結全船船員，詳細檢查全船損壞情形。同時船長亦電告Philipp貨船營運經理人（Vessel's Manager），有關此次海上碰撞事故原委情形。該貨船經理人立即指示船長，向海岸防衛隊報告該海上碰撞事故案情，當船長遵照指示電告海岸防衛隊時，正是清晨06時10分。考量此時Philipp貨船與Lynn Marie漁船間距離情形，並且其他附近船舶早已提供相關的必要性協助，於是海岸防衛隊准許Philipp貨船繼續依其航程規劃（Route Plan）[9]，航向蘇格蘭格林諾克港（Port of Greenock）。

遵循「海上事故調查局」（Maritime Accident Investigation Bureau；MAIB）標準作業程序規範所要求，海岸防衛隊指示Philipp貨船船長，將船載「簡易型航程資料記錄器」（Simplified Voyage Data Recorder；SVDR）所記載航行資料存檔下來，以便提交作為後續調查工作依據[10]。有關「航程資料記錄器」系統架構的作動邏輯情形，請見圖6-9所示。雖然此一資料下載存檔的動作依循指令完成，但是當西元

9　周和平編著，地文航海學，周氏兄弟出版社，1995年12月，第479-524頁。
10　吳東明及陳致延，現今海事案件調查的應用科技及制度議題探析，年度學術研討會，水上警察學系，中央警察大學，2013年5月。

2011年4月10日，「海上事故調查局」所屬海事調查員（Maritime Investigator）下載該存檔資料時，卻沒有得到任何駕駛艙內可用的聲音資料（Audio Data）。

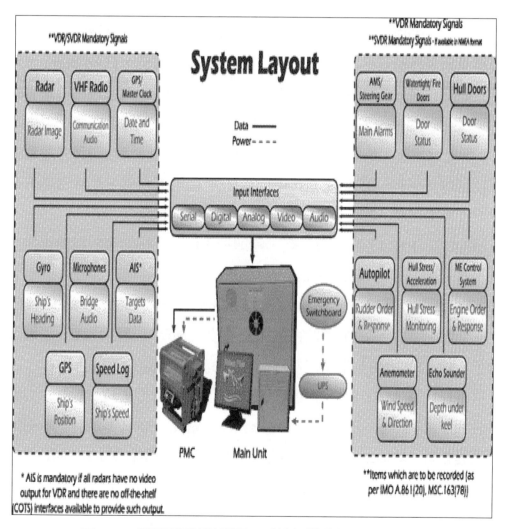

圖6-9　「航程資料記錄器」系統架構的作動邏輯情形

（資料來源：totemplus. com，2014年）

2. Lynn Marie扇貝採撈漁船

Lynn Marie漁船船長及甲板水手們因衝撞而生警覺意識，並且立即登上漁船風雨甲板（Weather Deck），因此其得以從積載艙間，將船載救生筏（Life Raft）施放出來，並且啟動2台通用泵浦（General Service Pump），及開始搜尋船上損壞和進水（Water Ingress）等情形。至於搜尋結果顯示漁艙業已開始泛水，並且在凌晨05時01分，Lynn Marie漁船船長以第16頻道的「特高頻無線電」（VHF Radio），通報利物浦海岸防衛隊（Liverpool Coastguard），其船業已被一艘沿岸貿易船（Coaster）所撞擊損壞，船艙正在發生大量進水情形。同時漁船船長亦通報海岸防衛隊，另有一艘Boys Pride漁船正在航經附近水域。此時海岸防衛隊立即專案出動一艘「英國皇家救生艇協會」（Royal National Lifeboat Institution：RNLI）所屬救生艇，隨即投入Lynn Marie漁船協助救援任務工作。另一艘海關艇（Customs Launch）及多艘漁船亦投入該水域救援工作。4具可攜式泵浦（Portable Pump）被轉送至Lynn Marie漁船上，並且被應用於抽排漁艙內的大量進水，同時「英國皇家救生艇協會」（RNLI）所屬救生艇拖帶Lynn Marie漁船，返回聖瑪莉港。

最終Lynn Marie扇貝採撈漁船遭受嚴重結構損傷，諸如船艏左右舷側外板（Planking）及肋骨（Frames）、船艏柱（Stem Post）、船艏鯨背型護舷材（Whaleback）及左舷懸臂支架等，詳參看圖6-10所示。

圖6-10　Lynn Marie扇貝採撈漁船艏部結構毀損情形
（資料來源：MAIB Report No. 20/2011，2011年）

(三) 船橋及駕艙設備配置

1. Philipp貨櫃船

Philipp貨船被設置有一套國際海事科技公司（IMTECH）所研製「整合船橋系統」（Integrated Bridge System；IBS），係由2具多機能顯示器配置於船中心線上的某一邊「操控台顯示器」（Conning Display）中，請參看圖6-2所示。該螢幕顯示器可以顯示電子海圖（Electronic Chart；EC），或是「自動雷達測繪輔助系統」（ARPA）資訊，及擁有前述兩者與「自動辨識系統」（Automatic Identification System；AIS）相容功能介面，請參看圖6-11所示。另主機引擎、舵機及自動導航等系統功能控制皆配置在操控站顯示幕附近。每一座船橋側翼操控站臺，皆設置一具單獨顯示器、舵機及主機引擎控制（Helm and

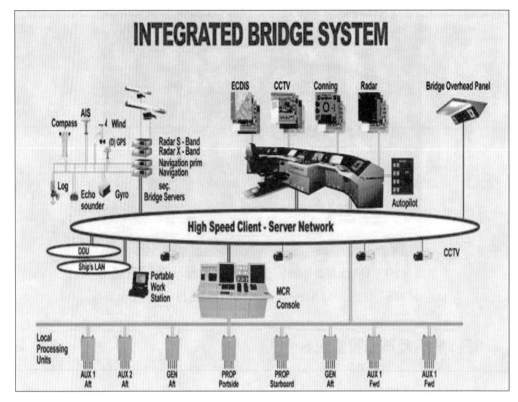

圖6-11　現今船載整合船橋系統的作動邏輯網絡

（資料來源：yaltes. com，2014年）

Engine Control）及一具羅經刻度盤（Compass Pelorus）等。至於現今船載整合機艙控制系統的作動邏輯網絡情形，請參看圖6-12所示。

　　Philipp貨船上所使用的「電子海圖系統」（Electronic Chart System：ECS），係為未經審核認證的「電子海圖顯示暨資訊系統」（Electronic Chart and Display Information System：ECDIS）。因此應用海圖圖紙方式正是海上航行的審定作業方法。同時船舶經理人未曾提示當值船副駕駛，任何有關如何應用「整合船橋系統」（IBS）作業所

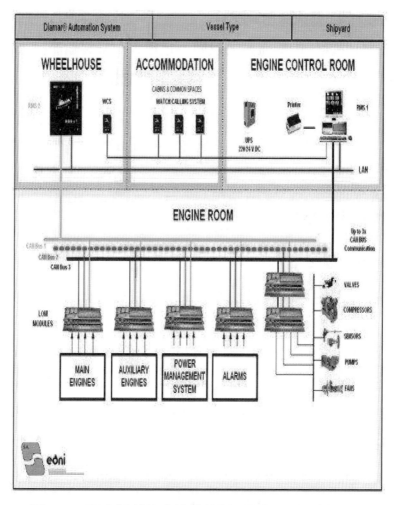

圖6-12　現今船載整合機艙控制系統的作動邏輯網絡
（資料來源：Nauticexpo. com，2014年）

需的指引守則或教導文件[11]。

11　MAIB, Accident Report on Collision between MV Philipp and FV Lynn Marie, Report No. 20/2011, United Kingdom, Octobre 2011.

2. Lynn Marie扇貝採撈漁船

Lynn Marie漁船所配置航海設備，包括有一臺駕艙艉掛式雷達顯示器（Head up Radar Display）、一具海圖測繪機（Chart Plotter）、一套「全球定位系統」（Global Positioning System；GPS）、一套自動導航系統（Autopilot）及一具「自動辨識系統」訊號接收器（AIS Receiver）等。

(四) 船員證照資格

1. Philipp貨櫃船

Philipp貨櫃船上係由16名菲律賓籍（Filipino）的甲級船員及乙級船員所組成；但是船上的共同工作語言是英語[12]。Philipp貨船船長（Master）擁有「國際海員訓練、發證及當值標準公約」（Convention on the Standards of Seafarer's Training, Certification and Watch-keeping；STCW）第II章第二項所規定無限制的船長證書，並且在西元2011年元月首次登船任職[13]。

Philipp貨船大副（Chief Officer）擁有「國際海員訓練、發證及當值標準公約」（STCW）第II章第二項所規定有至多3,000總噸[14]（Gross Tonnage；GT）級船限制的船長證書，並且業已參加過在菲律賓「國際海員教育訓練中心」（METC）所開設包括有「電子海圖顯示暨資訊

---

12 吳東明、賴宜琳及許智傑，國際船員教育訓練的最新發展趨勢探析與醒思，第八三期，專題報導，船舶與海運，中華海運研究協會，2010年11月，第18-26頁。

13 盧水田等編著，船舶管理及安全，交通部船員訓練委員會審訂，幼獅文化公司，1994年6月，第27-30頁。

14 總噸位係以船上水密艙間的容積總和噸位數。

系統」（ECDIS）、「自動雷達測繪輔助系統」（ARPA），及「船橋工作團隊管理」（Bridge Team Management；BTM）等訓練課程[15]。另Philipp貨船大副業已擁有4年任職大副資歷，並且在西元2010年11月首次登船任職。

2. Lynn Marie扇貝採撈漁船

Lynn Marie漁船上包括有船長（Skipper）、大副（Mate），及2名甲板水手（Deckhands）等4員。自西元1989年以來，Lynn Marie漁船船長即擁有二等船長的適任證書（Class 2 Skipper's Certificate of Competency），並且其中1名船員為船長兒子，現今已被海漁產業主管機關核發，船長為16.5公尺上限的漁船船長適任證書。同時Lynn Marie漁船上所有工作人員皆已完成包括有安全性認知（Safety Awareness）、消防滅火（Fire Fighting）、急救（First Aid）及海上求生（Sea Survival）等訓練課程。

Lynn Marie漁船大副經常在漁船及離岸支援船（Offshore Standby Vessel）等船上交互任職工作。在西元2010年10月至12月間，其在Lynn Marie漁船上任職工作，另自西元2011年2月以來，即在Lynn Marie漁船上全職工作。無論如何，對於漁船駕艙所配置大部份航海儀器的日常操作及使用限制，漁船大副皆未充份瞭解，並且對於「國際船舶海上避碰規則」（International Regulations for the Prevention of Collisions at Sea；COLREG）內容，亦未備有工作所必需的知識（Working Knowl-

---

15 吳東明及林智明，國際海事教育及訓練師資人員養成的挑戰探析，年度兩岸海域執法教育訓練學術研討會，水上警察學系，中央警察大學，西元2014年5月。

edge）。

　　雖然Lynn Marie漁船所屬公司位於北愛爾蘭基耳克爾鎮（Kilkeel, Northern Ireland），自西元2011年4月7日以來，即駛離聖瑪莉港開始海上作業，每天例行作業時段約凌晨04時00分啓航，約下午20時00分返航。當4月7日至8日漁船靠泊在聖瑪莉港內期間，漁船工作人員留守在船上過夜。

(五) 過去海難事故案例

　　針對在西元1991年至2010年間，統計發生於英國領海水域（UK Territorial Waters）中的英國籍漁船及商船碰撞事件次數，依據英國「海上事故調查局」（MAIB）調查結果顯示，共計有152件案例，其中總共導致23名漁船船員死亡。在英國「海上事故調查局」（MAIB）的某件意外事故調查結果報告（MAIB 11/2010）中，發生於西元2009年12月20日間，一艘Alam Pintar散裝貨船（Bulk Carrier）與一艘Etoile des Ondes漁船間的碰撞事件，特別凸顯出一艘船舶未能即時停航前進及提供必要救援協助所造成的潛在後續結果，最終造成Etoile des Ondes漁船財產損失，另外1名船員死亡及其他3名船員受傷等。

三、事件討論分析

(一) 現場重建

　　依據Philipp貨船所載「自動辨識系統」（AIS）及「簡易型航程資料記錄器」（SVDR），Lynn Marie漁船所載「全球定位系統」

（GPS）等兩船航跡基本資訊，推演Philipp貨船與Lynn Marie漁船碰撞的現場重建（Scene Reconstruction）情形，詳見圖6-13所示[16]。基於前述碰撞事故的現場重建資訊所示，大約在凌晨04：40至04：50之間，Lynn Marie漁船的羅經方位（Compass Bearing）係從Philipp貨船的右舷側穩定地向左舷側移動，極爲清楚指示其正通過Philipp貨船艏前方。

至於Boys Pride漁船的航行狀況亦是相類似的。根據當時狀況推估，Philipp貨船當值大副繼續保持航向角爲314度航行，以替代實施小航向角改變向左轉作業，此時Boys Pride漁船可能會從Philipp貨船艏向前1.0浬處通過，且兩者「最近接觸點」（Closest Position of Approach；CPA）距離，約距貨櫃船艏左舷側3.0鏈長度[17]處。至於Lynn Marie漁船可能會從Philipp貨船艏向前1.5浬處通過，並且兩者「最近接觸點」（CPA）距離，亦約距貨櫃船艏左舷側6.0鏈長度處。

Philipp貨船當值大副調整自動導航向左轉，導致改變與Boys Pride漁船間的「最近接觸點」（CPA），從Philipp貨船艏左舷側（Port Bow），轉移至其右舷正橫側（Starboard Beam）處。無論如何，更爲重要的是，調整至自動導航的動作，並且在凌晨04時51分後，當值大副立即下達左舵指令，導致Philipp貨櫃船跟隨追逐航跡曲線（Curve of Pursuit），直接撞向Lynn Marie漁船艉左舷側（Port Quarter）處，此時Philipp貨櫃船航行速度約爲Lynn Marie漁船航速的2.0倍左右。

---

16 廖中山編著，電子導航及安全管理，海洋臺灣文教基金會，1996年8月，第245-276頁。
17 一鏈長度相當於十分之一浬，即約爲185.2公尺。

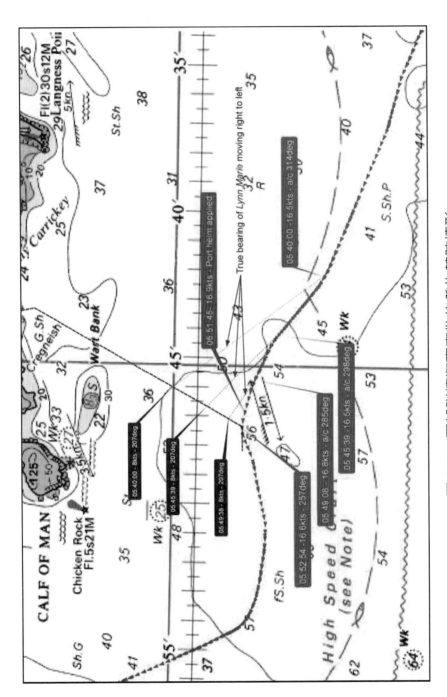

圖6-13　兩船碰撞海事案件的發生航跡情形

（資料來源：MAIB Report No. 20/2011，2011年）

(二) 環境認知

1. Philipp貨櫃船

在Philipp貨船駕駛臺當值守望工作時，當值大副頻繁調整貨船航向，即可清楚瞭解當值大副已認知到有其他船舶在附近水域活動，並且已正採取船舶避碰的作為。無論如何，從Philipp貨船雷達航跡記錄資訊亦可同樣地清楚知道，當值大副未曾使用「自動雷達測繪輔助系統」（ARPA），以偵察任何出現在雷達螢幕上的可能目標（Radar Targets）。由此可知，當值大副並未充份應用船上所有可用資訊，諸如船舶航速、羅經方位的改變，及可能的「最近接觸點」（CPA）等。很顯然地，當值大副依然偏好登坐在右舷側的航海顯示螢幕位置處，然而此處僅設有「電子海圖系統」（ECS）及「自動辨識系統」（AIS）等可用資訊，因此亦可知當值大副未曾應用設置於駕駛臺兩側翼的羅經方位盤（Compass Peloruses），監視所有視線內可見船舶（Vessels in Sight）的方位（Bearings）。

當值大副僅單純地依賴其目測評估（Visual Assessment）方式，與其他船舶間的相對運動情形。因此其情況認知（Situation Awareness）能力大幅下降，並且其僅能應付處理立即性的航行問題，卻無法維持海上交通狀況（Traffic Situation）的全面性瞭解，及其改變Philipp貨船航向的可能後果影響（Likely Consequences）。同時當值大副缺乏狀況認知能力，亦將導致Philipp貨船與Lynn Marie漁船Boys Pride漁船間，發生碰撞事件風險的不精確評估結果，進而造成不適當的後續避碰作為情形。

2. Lynn Marie扇貝採撈漁船

當Lynn Marie漁船大副透過雷達及目視等兩種方式發現Philipp貨船時，貨櫃船已在Lynn Marie漁船位置約4.0浬距離範圍內。雖然漁船大副不知道如何充份使用裝設於漁船駕艙（Wheelhouse）內的航海儀器設備（Navigation Equipment），並且亦不熟悉「國際船舶海上避碰規則」（COLREG）內容，但是其評估Philipp貨船可能順利駛過Lynn Marie漁船左舷側方，應為正確的。當Philipp貨船與Lynn Marie漁船間相對距離逐漸縮短時，漁船大副知道Philipp貨船正持續接近中，但是因為漁船大副未審慎地監視及測繪貨船移動情形，所以其未知貨船快速地縮減「最近接觸點」（CPA）距離。事實上，當Philipp貨船開始駛經Lynn Marie漁船左舷正橫側（Port Beam）處時，漁船大副認定Philipp貨船不再僅是一個有潛在可能的風險問題。同時漁船大副亦確實無法想像，Philipp貨櫃船改變航向，直接衝向Lynn Marie漁船。

(三) 船上人員當值瞭望標準

1. Philipp貨櫃船

從圖6-13所示，Philipp貨船與Lynn Marie漁船間碰撞事故係導因於一個雙船交叉駛過情形（Crossing Situation），假若Philipp貨船判斷存有碰撞風險（Risk of Collision）時，即應有必要實施避讓作為[18]。Philipp貨船當值大副未曾精確評估與Lynn Marie漁船，或Boys Pride漁船間的「最近接觸點」（CPA）距離，並且因其憂慮Philipp貨船右舷側

---

18 中華民國船長公會譯印，1972年國際海上避碰規則公約，24版5刷，2006年5月，第18頁。

方周遭附近水域的其他船舶，因此其選擇改變航向，逐步向左轉向，藉以規避船艏前方的2艘漁船。正因當值大副進行如此的操船動作，增加與2艘漁船發生碰撞的風險。事實上，Philipp貨船大副的操船行爲亦分別違反「國際船舶海上避碰規則」（COLREG）第7、8及15條文規定，詳情分述如后。

1.假若存在一個碰撞風險時，船舶應該使用所有可用方法，包括有雷達測繪功能及羅經方位察看等，藉以決定之。

2.船舶任何航向改變行動應該穩定地明顯可見，並且引導船舶能在安全距離範圍間，順利航行通過駛離。

3.並且避免從他船船艏前方穿越通過。

Philipp貨船經理人慣常認定甲板船副們的船員職能證書（STCW Certification），可以保證其擁有一定程度的航海適任職能。每位甲板船副應該備有熟悉「國際船舶海上避碰規則」（COLREG）內容的應用知識，並且可以正確引用之。然而令人遺憾的是，包括此一意外事故在內的顯著海上碰撞案件數據中，指出此一意想天開的做法根本不足理所當然的。

再者對於航海輔助設備的應用方面，諸如「自動雷達測繪輔助系統」（ARPA）、「電子海圖系統」（ECS）、「自動辨識系統」（AIS）及「電子海圖顯示暨資訊系統」（ECDIS）等[19]，在某種程度上，每位當值船副皆依據其個人的學理知識及實務經驗等背景，各自擁有其偏好習性，因此將會有相當程度地多樣性的差異特質。

---

19 廖中山編著，電子導航及安全管理，海洋臺灣文教基金會，1996年8月，第83-97頁。

為求提昇及維持船橋駕駛船副的當值作業標準程序規範（Bridge Watch-keeping Standards），船舶經理人擁有前瞻性策略作為是非常重要的，藉以確保其船橋當值駕駛船副們皆俱有適任技術職能，並且備有足夠航海學理知識，及被供應妥當使用船上所設置航海輔助設備（Navigational Aids）所需的導引守則[20]。

2. Lynn Marie扇貝採撈漁船

最終當Lynn Marie漁船認知Philipp貨船方位直衝而來時，Philipp貨櫃船可能已經太過接近，以致無法採取成功的避碰作為。因此雖然Lynn Marie漁船大副誤抓絞機控制拉桿（Winch Control Lever），以為是主機引擎氣門閥桿，其誤作行為亦不會影響最後結果。

直到凌晨04時45分，Philipp貨船可能已經順利通過駛經Lynn Marie漁船艉方。無論如何，當Philipp貨船當值駕駛船副（OOW）開始改變航向左轉時，兩船碰撞風險即刻遽增起來。從凌晨04時45分直至兩船發生碰撞事故的短短8分鐘間，Lynn Marie漁船大副未能監視Philipp貨船移動情形，並且沒有偵察到兩船碰撞風險正逐漸升高中。

Lynn Marie漁船船長決定指派一名未適格的當值守望人員，在黑夜間穿越相對繁忙航運水域，實施操船航行至漁場海域作業，正是令人百般質疑的。何況Lynn Marie漁船船長與其兒子兩人皆擁有漁船航行當值守望的適任證書（Watch-keeping Certificate），並且熟悉船上所配置的航海設備。因此惹人非議的是，當Lynn Marie漁船航經該複雜狀況水域

20 吳東明及林智明，國際海事教育及訓練師資人員養成的挑戰探析，年度兩岸海域執法教育訓練學術研討會，水上警察學系，中央警察大學，2014年5月。

時，其兩人之一可能應審慎小心地在駕艙擔任當值守望工作，才是適當的操船處置方式。無論如何，Philipp貨船當值守望大副所為操船動作，假若Lynn Marie漁船駕艙是由適格駕駛人員（Qualified Watch-keeper）負責當值守望工作，亦未必可能避免發生兩船碰撞的意外事故[21]。

(四) 碰撞後因應作為

根據西元1982年「國際海洋法公約」（UNCLOS）第98條文所載明提供救援協助責任義務項目[22]，其中說明每個國家應要求懸掛該國旗幟航行船舶的船長，在無嚴重危及其船舶、船員或乘客的情況下：

1.救助在海上遇到的任何有生命危險的人；

2.倘若得悉有遇難者需要救助的情形，在可以合理地期待其採取救助行動時，儘速前往拯救。

3.在碰撞後，對另一船舶、其船員和乘客給予救助，並且在可能情況下，將自己船舶名稱、船籍港（Port of Registry）和將停泊的最近港口等告知另一船舶。

因此令人嚴重憂心的是，既非Philipp貨船船長，亦非其大副應該嘗試與Lynn Marie漁船逕行通聯動作，以決定在發生兩船碰撞事故後，是否Lynn Marie漁船要求提供救援協助。事實上，Philipp貨船船長甚至未向海岸防衛隊通報該海上意外事故案件情形，直到碰撞發生後，延誤超過1小時，隨後經由貨船經理人提示船長，必須迅速通報後，才被動逕

---

21 蔡坤澄著，操船學，周氏兄弟出版社，1989年4月，第210-211頁。
22 黃異著，國際海洋法，國立編譯館主編，渤海堂文化公司，1997年3月，第51-52頁。

行之。

　　雖然在兩船發生碰撞事故後，Philipp貨船當值大副仍立即專注於出現在前方附近水域的多艘漁船避碰之操船作為，同時其亦未聽見Lynn Marie漁船船長以特高頻無線電（VHF Call）通報海岸防衛隊。隨著一經確認完成避碰的行動，Philipp貨船已然安全時，沒有任何理由為何未嘗試與Lynn Marie漁船進行通聯動作。再者當其他漁船仍在2浬距離範圍外時，Philipp貨船當值大副應有足夠可用海上操控空間，可供立即停車，或是在無損及船舶安全狀況下，逐行減慢其航速。倘若Philipp貨船當值大副選擇上述適當的操船作為，即能迅速與Lynn Marie漁船逐行無線電通聯作業，並且假如Lynn Marie漁船需要提供救援協助時，貨船上船員亦可立即提供之。

　　同樣地，雖然當Philipp貨船船長首先登上駕駛台時，主要關切瞭解船上任何損壞情形，至於1.與Lynn Marie漁船進行特高頻（VHF）無線電通聯動作，或是2.通報海岸防衛隊，及3.在貨船操縱到達安全妥當狀態後，倘若Lynn Marie漁船有需要時，應提供救援協助等作為，亦應該同樣地俱有優先處置的特質。

　　在此海事碰撞案例中，所幸的是Lynn Marie漁船船長能夠立即通聯海岸防衛隊，隨後一艘救生艇（lifeboat）及多艘其他船舶能夠適時便捷，提供迅速救援協助工作。在不同海事案例狀況中，正如Alam Pintar散裝貨船與Etoile des Ondes漁船間碰撞傷亡情形所顯示，Philipp貨櫃船船長及大副等未遵循「國際海洋法公約」（UNCLOS）條文內容所要求提供救援協助，可能輕易地導致一個更為悲慘的損害傷亡結果。

四、結論與建議

(一) 結論

1. Philipp貨櫃船大副未能充份應用周遭可供使用資訊，諸如船舶航向、航速、方位變更及「最近接觸點」位置距離[23]。卻僅依據其個人對與Lynn Marie漁船間相對運動的視覺評估，以作主觀判斷參考。因此導致其作出與Lynn Marie扇貝採撈漁船，可能發生碰撞危機的不正確評估。

2. Philipp貨櫃船大副所採取與Lynn Marie扇貝採撈漁船的避碰作為，未遵循「國際海上船舶避碰規則」（COLREG）所明定條文的要求，因此引致貨櫃船跟隨彎曲航線，衝撞駛向Lynn Marie扇貝採撈漁船。

3. Lynn Marie扇貝採撈漁船駕艙當值大副正確判斷，該Philipp貨櫃船起初將會順利穿過駛離，卻未注意到Philipp貨櫃船改變航向接近中，直到其太晚發覺該碰撞風險情況，以致無法作出有效的避碰操船動作。

4. 船舶經理人必須確認其所僱用船員俱備適格技術職能，並且其被有計劃地安排訓練課程，藉以從船載可用航海輔助設備上，獲得最大操船助益功能。

5. Lynn Marie扇貝採撈漁船船長決定指派1名未適格的駕艙當值人員，然而其卻無法完全瞭解船上航儀設備的操作，或未能諳熟「國際海

---

23 盧水田等編著，船舶管理及安全，交通部船員訓練委員會審訂，幼獅文化公司，1994年6月，第332-340頁。

上船舶避碰規則」（COLREG）所明定的工作知識[24]。並且其亦負責將該Lynn Marie扇貝採撈漁船駛往天色黑暗且頻繁忙碌海運的漁場水域環境中，確實是不適切恰當的處置作為。

6.Philipp貨櫃船船長或當值駕駛大副皆未嘗試與Lynn Marie扇貝採撈漁船進行無線電通聯作為，藉以決定在兩船發生碰撞事故後，是否必須提供Lynn Marie扇貝採撈漁船所需的救援協助。

依據英國海上事故調查局（MAIB）海事案件的調查報告結果，強烈建議Philipp貨櫃船所屬Vega Reederei GmbH & Co KG海運公司，必須採取適當因應改善對策，藉以確保「當值船副」人員（OOW）審慎遵守相關海上航行當值作業規定，詳分述如后：

1.使其充份熟悉「國際海上船舶避碰規則」（COLREG）所明定要求的內容。

2.提供其船上所裝置「航海操縱及避碰作業輔助設備」所必要的教育訓練及指導守則，使其充份瞭解，並且能夠適切應用，發揮正常航海輔助效能，諸如「電子海圖顯示暨資訊系統」（ECDIS）、「無線電偵察及測距系統」（RADAR）、「自動雷達測繪輔助系統」（ARPA）、「自動辨識系統」（AIS）、「全球定位系統」（GPS）、特高頻無線電（VHF）等。

3.認知其在西元1982年「國際海洋法公約」（UNCLOS）第98條文中所明令規定的責任義務[25]。

---

24 陳運揚等編著，國際海上避碰規則與艙面當值，交通部船員訓練委員會審訂，幼獅文化公司，1986年6月，第14-43頁。

25 黃異著，國際海洋法，國立編譯館主編，渤海堂文化公司，1997年3月，第51-52頁。

(二) 建議

有關英國海上事故調查局（MAIB）所發佈的海事安全調查工作程序及報告內容格式，得以深入瞭解海事案件調查及報告記錄的內容格式，以為我國海事主管及執行機關同仁參考應用借鏡。並且為前瞻應付未來我國周遭海域發生重大海上災害事件，建置適時適切的處變反應能量，提供若干航政及海巡等行政權責機關的可行對策建議，詳分述如后：

1.海事安全調查報告內容

根據英國海事調查局（MAIB）所發佈Philipp貨櫃船與Lynn Marie扇貝採撈漁船海上碰撞事件的海事安全調查報告，深入瞭解海事案件調查及報告記錄的內容格式，以為我國海事主管及執行機關同仁參考應用借鏡。一般而言，「海事安全調查」（Maritime Safety Investigation）目的旨在於防制未來海難事故的再次發生，其係在國際海事組織（International Maritime Organization：IMO）所公告的各項國際公約及決議案規定等授權下，由各締約國實施海事案件調查工作。依據西元2012年1月1日強制實施MSC.255（84）號決議案中，有用「海事調查規則」規定，海事安全調查報告（Marine Safety Investigation Report）內容要項[26]，詳實歸納說明如后：

(1) 簡要說明事件大綱、意外事故基本原因、有無人員傷亡，或環境污染結果。

---

26 張朝陽及陳彥宏等，海事調查，專題報導，72期，船舶與海運通訊，中華海運研究協會，2009年12月，第30-39頁。

(2) 安全管理證書（Safety Management Certificate）上所記載的船旗國、船東、操作人、公司及船級協會（Classification Society）等內容。

(3) 涉及船舶主機、相關船艙空間、船員日常工作及工作時間等相關重要細節。

(4) 海事意外事故的詳細環境狀況。

(5) 分析及討論，包括機械上或人員操作上，或機關政策或管理上等的因素。

(6) 討論海事調查的最終裁決，包括確認安全事項及作出海事調查結論。

(7) 對於避免未來意外事故的建議。

2. 因應對策

「海事安全」理想的終極實現必須遵循一套由上而下的作業邏輯，應由航政主管機關制定前瞻海事政策（Maritime Policy）、進行研訂相關監管法規、依據法規循序進行船舶設計、建造、監工檢驗、監督管理，進而降低海事安全意外事件發生機率。前車之鑑、後事之師，倘若發生海事安全事件時，必須審慎進行調查鑑識分析，追究缺失原因，藉以回饋至海事政策研擬階段，進而有效改善提昇政策法規制定品質，降低海難事件發生的可能風險。

隨後設置事權統一的海事安全任務執法機關，充實海域行政執法及救難工程的設備籌獲預算經費，強化海域行政執法及救難工程人員的專業訓練，並且研訂維護海事安全工作的標準作業程序及協調聯繫辦法，最終實施定期海難救護及救難工程等任務的海上實戰演習，達成確保

人命財產安全的終極海事安全目標。作者本於多年「海事鑑識調查」（Maritime Forensic Investigation）及救難工程專業（Salvage Engineering Task）的良知學能及研究實作經驗，謹提供若干因應對策構想建議方案，詳實分項敘述如后：

(1) **船舶設計、船員訓練、情境訓練**：依據英國勞氏驗船協會（Lloyd's Register；LR）所發佈年度海難事件統計報告（Annual Casualty Report）歸納得知，一般海難事件的三大構成要素係為船舶（Ship）、船員（Seaman）及海洋環境（Sea Environment），即天候海況等，尤以「船舶」要素影響為鉅。因此，欲有效控制海難事件發生頻率的最適途徑（Optimal Approach），即是遵循「國際海上人命安全公約」（SOLAS）規定，設計優越安全性能船舶，設置避免人為疏失所造危害的船舶安全性監控裝備，以降低發生海難風險[27]；依據「國際船員訓練、發證及當值標準公約」（STCW）規定審慎培訓優質適格的海上工作人員；並且謹守「國際船舶安全管理公約章程」（ISM）規定，將船上工作項目研製各種應變情境的標準作業程序及管理參考文件等，以為船上工作人員在因應各種船上突發緊急應變情形時，可以適時熟練地從容應付海上危難狀況。

(2) **環境認知、政策管理、法規制訂**：檢查、調察、評議、仲裁。

倘能完成優質安全性設備的「船舶設計」（Ship Design），即應可隨時有效瞭解天候海況，再透過嚴謹「安全性設備」的船員職能訓

---

27 吳東明著，海事安全與船舶設計，國立教育研究院主編，五南圖書公司出版，2012年7月，第7-8頁。

練，應可有效操作設備，降低海事船難案件的發生機率，提昇高度「海事安全」（Maritime Safety）政策目標成效。依據前述推論可知，良好的「船舶設計」應是達成海事安全的重要關鍵，因此嘗試從海事安全事件中，審慎探究其原因，係透過海事相關團體進行專家深度討論，進而研擬適時合宜的海事安全政策，制訂海事行政監督管理法令，據以進行安全性船舶設計，有效航港監督檢驗操作管理，諸如：

a.「船旗國管制」（Flag State Control）及「港口國管制」（Port State Control：PSC）等的船舶檢驗工作，杜絕國際間流動的次標準船（Substandard Ships）；

b. 規劃航港區內的「船舶交通管理系統」（Vessel Traffic Management System：VTMS）及沿岸海域的船舶安全航行輔助系統設施；

c. 航港區內的「交通分道航行制度」（Traffic Separation Scheme：TSS）及航港區外的沿岸航道制度；

d. 建置「海洋氣象及水文資料庫」及「即時休閒親水遊憩活動的安全資訊查詢」等系統，以確保「海事安全性政策」（Maritime Safety Policy）概念的完整實踐[28]。

　　假若不幸發生海難事故時，可依法執行海事案件的偵查及鑑識作業程序，製作完整海事安全調查報告，以利後續海事評議工作的專業參考依據，作出正確的海事案件仲裁結果。並且建議審慎組成「海事評議委員會」，延聘海事專業領域的「產、官、學、研、用」等各界有識人士

---

28 吳東明及許智傑，歐盟海事安全的前瞻規劃及策進作為探析 - 船舶安全的設計、營運及法規系統之整合計畫，第82期，專題報導，船舶與海運，中華海運研究協會，2010年10月，第25-36頁。

充份參與，參考現今海事應用科技設備所提供資訊[29]，諸如「船舶航行資料記錄器」（VDR）及「艙間閉路監視系統」（CCTV）等，進行事件發生歷程的「電腦模擬」（Computer Simulation）作業，進而重建海事案件的當時現場情形及工程鑑識還原其真相，再行提昇海事案件的專業評議品質，落實合理適切仲裁的效能，改善航港政策執行結果的回饋管理。

(3) **任務執法、設備籌獲、人員訓練、定期演習**：制定海事安全維護的周延完備法源依據，設置事權合一執法機關的組織架構及合理的人員編制，爭取編列適當充實的預算經費，籌獲建置功能合宜的「軟韌硬體」（Software, Firmware and Hardware）設備，酌以海巡執勤事務的紮實職能訓練，規劃擬定跨機關的協調聯繫辦法、內部指管通情工作要領及標準作業程序等典章制度文件，定期實施現場演練，以期熟能生巧地緊急應變處置，有效提昇海難事件的搜索救助成功機率，確保海事安全政策目標的具體實踐。

(4) **人力資源、權責機關、永續經營、經費支援、事件指揮**：近年來，全球各區陸續發生有英國石油公司（British Petroleum；BP）所屬墨西哥灣「深海視野號」（Deepwater Horizon）油井爆炸溢油事件，嚴重污染海洋環境，造成海洋生物浩劫；日本福島核能電廠（Nuclear Power Plant, Fukushima）輻射外洩及海嘯衝擊等重大海洋災害事件，造成無可彌補的生命財產及環境資源損失；時至西元2014年4月16日，

---

29 吳東明及陳致延，現今海事案件調查的應用科技及制度議題探析，年度學術研討會，水上警察學系，中央警察大學，2013年5月。

南韓「歲月號」（Sewol）駛上駛下客貨多用途渡輪（Roll on/roll off Ferry），在濟州島（JeJu Island）附近礁石海域觸礁翻覆沉沒，造成304人喪生事件，導致朴槿惠總統下令撤除「海洋警察廳」海上執法機關。綜觀近年來所發生海上重大災難事件，皆不難見到海巡機關所屬工作團隊人員（Coast Guard）奮力參與海難救援協助的冒險行動。

因此，海巡人員的教育訓練工作備受關注，更應重視積極設立「海巡學院」專業機構，落實培訓海巡專業的執法與救助勤務人力，及籌設海上災害應變專案的「研究人力智庫」（Think Tank）[30]。交通部航政主管機關應積極研訂航政管理相關法令規定，建置「自動辨識系統」（AIS）、「船舶交通管理系統」（VTMS）等船舶航行安全輔助設施，落實海事安全及海洋保護政策，設立海洋相關天候海況應用資料庫系統。有效引進現今應用科技，籌設海洋工程救難設備（Salvage Engineering Facility）資源，諸如海巡艦艇、航空器、海上起重打撈船（Sea Heavy Lifter）、空氣/液力泵浦系統容量（Air/hydraulic Pumping Capacity）、起重浮力氣囊浮具（Lifting Pockets）設備等，及救難工程團隊人力（Salvage Engineering Corps），提昇跨部會機關的「聯合作業能量」（Interoperability）。我國行政機關應透過審慎嚴謹的海事政策的「策略規劃」（Strategy Plans），及「規劃執行查核修正」（PDCA）的科學管理等作業邏輯，妥當編列足夠預算經費，取得中長程穩定有效財務支援，落實海事政策及執行成效，進而維護我國周遭海域的海上航行安全及海洋環境品質。參考引進「美國海岸防衛隊」

---

30 吳東明著，海巡應用科技，五南圖書公司出版，2010年8月，第114-125頁。

（United States Coast Guard；USCG）的「事件指揮系統」（Incident Command System；ICS）標準作業程序規範，加緊海巡救災人員教育訓練講習演練課程，積極培訓重大海洋災難事故的緊急應變總指揮官人力，及其參與海上救難工程的團隊（Sealift Engineering Team）工作人員等。

第柒章

區域性港口國管制的船舶查驗資訊系統之設計與實踐

摘要

船舶查驗資訊系統設計建置的主要目的，係利用視覺化的系統設計與資料庫，對於船舶查驗資料的管理維護，藉由簡易方便的查驗工作操作介面，提供港口國查驗人員更迅速及正確等工具，以進行外國籍船舶的查驗作業。在我國積極規劃相關港口國管制事務之際，如何結合現行日漸強大的電腦處理功能，建構一套船舶查驗資訊系統，藉以有效提昇未來入出港船舶管制作業的查驗效率與工作能量，正是本論文的主要探討目標。在本章中，業已研發一套船舶查驗資訊系統雛型，可以進行船舶檢查實務作業，並且獲致合理滿意結果，勢將有助於我國區域性港口國管制工作的具體實踐。

一、前言

本論文係以近年來國際各國所積極推展的港口國管制（Port State Control；PSC）工作為題，針對現今國際間相關國際公約，與各項重要區域性港口國管制協議的制度內容，結合相關之船級檢驗規範，據以分

析研究，輔以電腦程式語言（Visual Basic）與資料庫軟體（Microsoft Access）之架構設計，期能提出一套專注於港口國管制工作應用之船舶輔助查驗系統[1]。在有效提昇我國未來在因應港口國管制制度實施時，對於查驗船舶工作上的執行效率，以爲我國航政相關部門未來在推展港口國管制工作上的參考應用。

關鍵辭：資料庫、電腦程式、船舶查驗、資訊系統、港口國管制。

二、港口國管制的作業現況

自從西元1982年以來，由於歐洲地區港口國管制（巴黎備忘錄 PARIS MOU）措施的顯著成效，因此國際間有越來越多的地區、國家，在西元1990年代陸續簽署相關的港口國管制協議[2]。諸如西元1992年於智利簽訂的「拉丁美洲港口國管制協議」、西元1993年在東京簽訂的「東京備忘錄」，及西元1996年於巴貝多簽訂的「加勒比海備忘錄」，及西元2000年4月在簽訂的「黑海備忘錄」，乃至於「波斯灣備忘錄」等。其目的皆在於欲藉由對外國船舶擬訂嚴謹的查驗管制制度，配合區域國家間共同合作，以達到有效保護海洋環境及船舶人命安全之目的。因此在在顯示現今國際間各地區的沿海國家，對於船舶建造維修檢驗工作皆遵行國際海事公約的相關規定，及消除國際間次標準船

1　郭慶龍，Visual Basic與資料庫應用大全，博碩文化股份有限公司，2000年4月。

2　方穎芝及吳佳貴，港口國管制制度初探，第165期，海運月刊，1999年9月。

（Substandard Ships）工作的重視與努力[3]。

　　所謂「港口國管制」，簡言之即是各國航政主管機關依據現行相關國際海事公約的規定，適當授權認可的查驗官員，對於停泊其國際商港口中的外國籍船舶施行船舶管制作業，確保本國港口安全的運作環境、航行船舶的適航性（Seaworthiness），及船上人員的安全操作等所施行的船舶檢查制度[4]。尤其對於不符規定的次標準船舶實施，包括登船、查驗、缺失的強制改善及可能的扣船行動等，藉以有效減少國際間日益嚴重的次標準船問題，對於整體國際航運環境的安全發展與維護，確實發揮了相當功效。然而港口國亦應儘可能避免被不適當船舶留置或延遲決定[5]。假使船舶遭受到不適當留置或延遲，其應該有要求補償任何遭受損失或損害等權利[6]。

　　相較於國際社會在港口國管制制度上的蓬勃發展，對於未來我國海事環境安全與航運業界發展，應有努力迎頭趕上的迫切必要性。因此，本文特別針對現今國際間相關國際公約，與各項重要港口國管制協議的制度內容，輔以電腦程式語言（Visual Basic）與資料庫軟體（Microsoft Access）之架構設計，研究開發提出一套船舶查驗資訊系統（Ship Inspection Information System）的試行雛型概念，期能協助作為我國未

3　方信雄，港口國管制之正確認識，第559期，海員月刊，2000年5月。

4　港口國管制規定對我國海運發展與港埠管理之影響及因應對策，運輸研究所，交通部，1996年6月。

5　吳東明及王需楓，國際間區域性港口國管制制度的實施現況及研究發展－我國海岸巡防署的海巡執法因應作為之邏輯思維，第1卷第2期，執法新知論衡，中央警察大學，2005年12月。

6　'Port State Control - An Update on IMO's Work', IMO NEWS, IMO, U.K., 2000.

來推動港口國管制船舶查驗工作的應用參考[7]。

三、船舶查驗資訊系統架構

本文所提出的船舶查驗資訊系統，對於船舶查驗資料的管理維護，主要係利用視覺化的系統設計與資料庫，藉由簡易且便捷的查驗操作介面（Operation Interface），提供港口國查驗人員更迅速、正確進行船舶查驗的作業[8]。同時，結合資料庫軟體技術，進行船舶查驗龐大記錄資料的管理維護，有效協助使用者的記錄資料處理及查詢。此外，藉由系統網路傳輸的功能，提供各港區進行查驗工作人員與主管機關的資訊中心更為迅速，並且同步的資料交換傳輸，使查驗人員更能清楚掌握受檢船舶的查驗記錄，協助進行迅速及正確的查驗對象選定作業。

本系統架構主要區分為**查驗作業、資料庫作業及資料傳輸**等三大功能模組，分項敘述如后：

(一) **查驗作業模組**：可分為首次查驗與後續複查等兩個項目，其功能除包括有證書查驗、一般項目檢查、特殊設備操作及缺失複檢等查驗作業外，尚備有資料判別與報表輸出等不可或缺的功能。

(二) **資料庫作業模組**：主要係在於提供使用者能對於本系統中有關船舶查驗結果與遭扣船記錄船舶的資料庫，進行顯示或查詢分析的功能，進而有效協助港口國對於進出港內不符標準船舶，實施有效監控管

---

7 和碩科技編輯部譯，學好Visual Basic 6並不難，美商麥格羅‧希爾國際股份有限公司，2000年3月。

8 王需楓，電腦輔助港口國管制之船舶查驗系統建置，碩士論文，水上警察研究所，中央警察大學，2001年6月。

理，或海事安全研究人員的相關作業研究。

(三) **資料傳輸模組**：在於提供各港區內，不論是船上進行查驗的人員，或地區的負責單位，皆能與資訊中心進行即時查驗資料的雙向交換傳輸，確保各港區的船舶資料均能與中心資料庫保持緊密連結，藉以提供查驗員最新且正確的資料，進行查驗工作，以利查驗作業的順暢推展。

四、查驗系統作業流程說明

船舶查驗資訊系統的作業流程，依據前述所提的系統三大功能模組為基礎，由左至右順序共可分為首次查驗、缺失複查、資料搜尋、資料傳輸及資料庫顯示等五大功能項目，使用者可依據其個別需求，藉由本系統所提供的功能列表視窗，逐一個別予以點選執行，詳請參看圖7-1所示。在進入本系統時，首先系統將會要求使用者輸入使用者姓名（Username）與編號（Number），如圖7-2所示，其目的在於藉由系統對使用者輸入姓名與編號的核對認證，達到對使用該系統使用者之有效管理，防止無權限使用者任意使用本系統，進而造成系統的破壞。有關其他各項功能的執行運作程序，分項詳實說明如后：

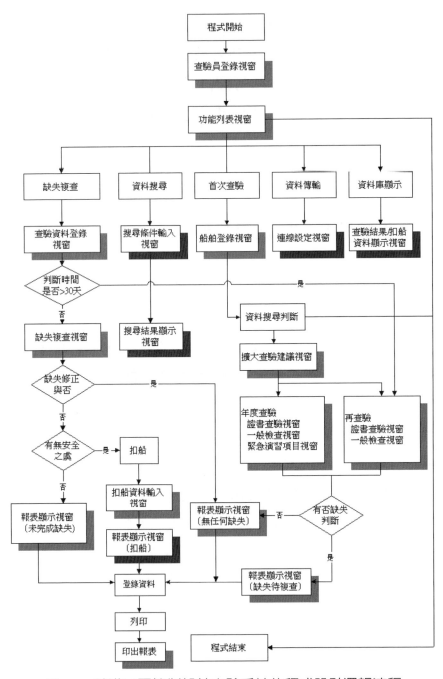

圖7-1　該港口國管制船舶查驗系統的程式設計邏輯流程

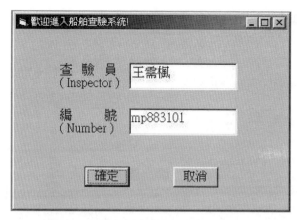

圖7-2　使用者登錄船舶查驗系統的輸入視窗格式

(一) 首次查驗流程

「首次查驗」，顧名思義係指對於入港船舶的初期一般性檢驗作業，其內容包括有所有港口國管制對於船舶所要求項目，諸如：年度查驗（Annual Survey）或再查驗的證書文件查驗、一般或詳盡設備項目檢查，及特定設備操作查驗等[9]，加上對於受檢船舶資料的搜尋建議功能，幾乎已涵蓋整個船舶查驗作業的程序，實為本系統最重要的核心程式。有關其運作程序說明如后：

使用者藉由功能表列視窗點選，進行查驗的選項後，系統將會要求使用者輸入檢驗對象的船名、呼號及船型等識別資料，詳見圖7-3所示。經過與查驗資料庫作資料的搜尋比對後，分析判斷且建議查驗員，對於該船應施行的查驗種類。

9　'USCG Marine Safety Manual, Vol. II： Material Inspection - Section D：Port State Control', USCG, U.S.A., May 2000.

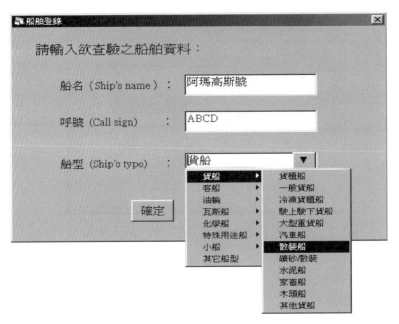

圖7-3　系統船舶登錄介面視窗格式

　　在使用者選擇進行年度查驗或在查驗選項後，接著要求輸入受檢船舶的基本資料。輸入完船舶基本資料後，按照先前所選定的查驗種類，系統將會分別依序以證書文件、一般檢查，或特定操作項目的查驗視窗，提供查驗員依照船舶狀況加以判斷。至於輸入資料內容陳現格式等，詳如圖7-4、圖7-5及圖7-6所示。

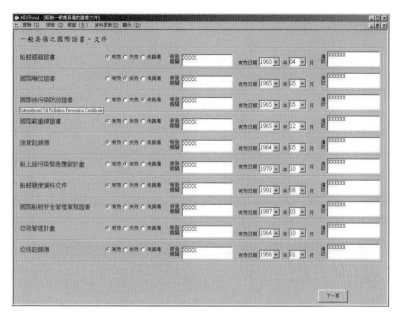

圖7-4　登錄船舶的證書資料查驗視窗格式

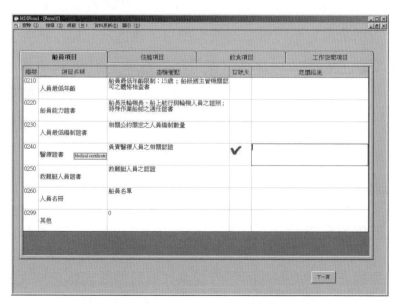

圖7-5　登錄船舶的一般項目查驗視窗

圖7-6　登錄船舶的特定設備操作視窗

　　待查驗且記錄所有項目情況後，系統將會針對前述記錄之各項資料，逐一判別是否有不符規定的缺失項目，進而決定顯示的報表格式，諸如記載無缺失船舶資料及其證書情況的報表，如表7-2所示，或記載船舶缺失情況及建議措施的報表，如表7-5所示。最終將相關資料登錄資料庫後，顯示報表內容，並且提供使用者列印服務，以便送交受檢船舶船長、驗船機構（Classification Societies）或船旗國（Flag States）代表等備查。

(二) 缺失複查流程

　　「缺失複查」的主要功能在於提供先前經前置查驗有缺失的船舶，經過適當修復後，再次確定其缺失是否已順利改正，假使仍有未完成

缺失修正，系統將會建議查驗員在衡量缺失對於船舶本身航行安全
（Navigation Safety）的影響後，決定是否對於該缺失船舶進行扣船或
准予放行。至於限期自行改正的作業程序，詳細說明如后：

　　1.進入缺失複查功能後，首先系統將會要求使用者輸入欲複查船名
及其先前查驗的日期時間，假使資料比對無誤，系統會經由資料庫將其
先前的缺失記錄逐一列出，藉以提供查驗員按照先前的缺失記錄，進行
評估複查工作。

　　2.隨後，系統會按照查驗員對於各項缺失的複查記錄，諸如缺失已
修正、未採取措施、限期改正或扣船等情況，逐項將資料存入該船記錄
中。

　　3.對於因缺失重大，經查驗員判斷應扣船的船舶，系統亦提供查驗
員輸入扣船的相關資訊，諸如：扣船的地點及時間等項目，以便於扣船
資料的建檔。

　　4.最終，系統將顯示未完成缺失，或應扣留船舶的相關資料報表，
詳如表7-5所示，以供使用者列印，送交受檢船舶船長備查用途。

　　另外，對於缺失已完全改正，或未改正但不影響其航行安全的船
舶，系統將分別提供記錄已改正，或未修正缺失狀況等報表，詳分別如
表7-2及表7-3所示，或未確實改正或僅作臨時性修補的缺失報表，以供
使用者列印備查用途。

(三) 資料搜尋流程

　　港口國管制的施行，不外乎係港口國對於不符標準船舶的有效控
管，以彌補船旗國本身對於船舶管理的疏失，藉以減少因管理不當，進

而所造成的航行意外災難事件[10]。因此，除協助未來我國港口國查驗人員在查驗工作上的順利進行外，本系統的建構目的提供對於有缺失或扣船紀錄等高風險性船舶的查詢瞭解，亦為本系統不可或缺的重要功能。

另外，因為本系統所載查驗資料係分別以記錄所有經查驗船舶資料的「船舶查驗結果資料庫」與記錄遭扣留船舶資料的「扣船紀錄資料庫」等進行管理，因此在資料搜尋的功能中，本系統亦提供使用者進行所有受檢船舶，或僅對遭扣留船舶做查詢的功能。至於其運作流程，說明如后：

經由功能表單「查詢」的功能，使用者可以選擇對所有的船舶查驗資料，或僅對遭留置船舶的紀錄資料進行查詢，請見圖7-7及圖7-8等所示。隨後，系統會依照所選取資料庫的儲存項目，要求使用者逕行輸入欲搜尋的資料條件，並且勾選欲查看的項目名稱，諸如：船名、船型、船旗國、查驗日期或扣船日期等相關項目，完成後，經由系統的搜尋排序列表顯示，以供使用者後續分析研究應用。

(四) 資料傳輸程序

隨著數位科技時代的來臨，人與人之間越來越講究所謂「行動資訊」（Mobile Information）的重要性。隨處可見的網路咖啡店，人手一機的街頭景象，在在顯示現今社會的生活，即時資訊的取得幾乎成為每個人生存的必備要件。沒有手機、沒上過網的人就像個文明瞎子一

---

10 'Self-Assessment of Flag State Performance', IMO Resolution A. 881（21）, IMO, U.K., November 1999.

船舶查驗資料庫查詢

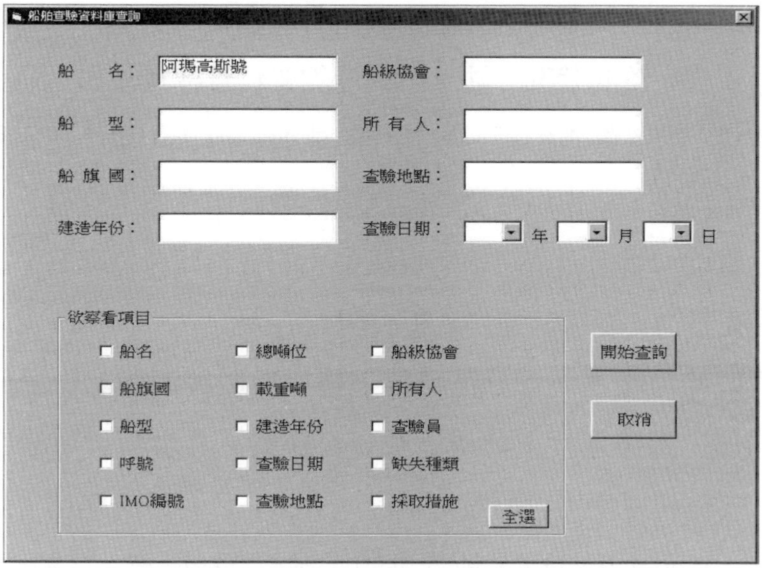

船　名：阿瑪高斯號　　　船級協會：

船　型：　　　　　　　　所有人：

船旗國：　　　　　　　　查驗地點：

建造年份：　　　　　　　查驗日期：　▼ 年 ▼ 月 ▼ 日

欲察看項目

☐ 船名　　　☐ 總噸位　　　☐ 船級協會　　　開始查詢

☐ 船旗國　　☐ 載重噸　　　☐ 所有人

☐ 船型　　　☐ 建造年份　　☐ 查驗員　　　　取消

☐ 呼號　　　☐ 查驗日期　　☐ 缺失種類

☐ IMO編號　☐ 查驗地點　　☐ 採取措施　　全選

圖7-8　登錄船舶查驗結果的資料庫查詢輸出表單格式

遭扣留船舶資料庫查詢

船　名：阿瑪高斯號　　　船級協會：

船　型：　　　　　　　　所有人：

船旗國：　　　　　　　　扣船地點：

建造年份：　　　　　　　扣船時間：　▼ 年 ▼ 月 ▼ 日

欲察看項目

☐ 船名　　　☐ 船級協會　　☐ 釋船時間　　　開始查詢

☐ 船旗國　　☐ 所有人　　　☐ 缺失種類

☐ 建造年份　☐ 扣船地點　　☐ 主管機關　　　取消

☐ 船型　　　☐ 扣船時間　　　　　　　　　　全選

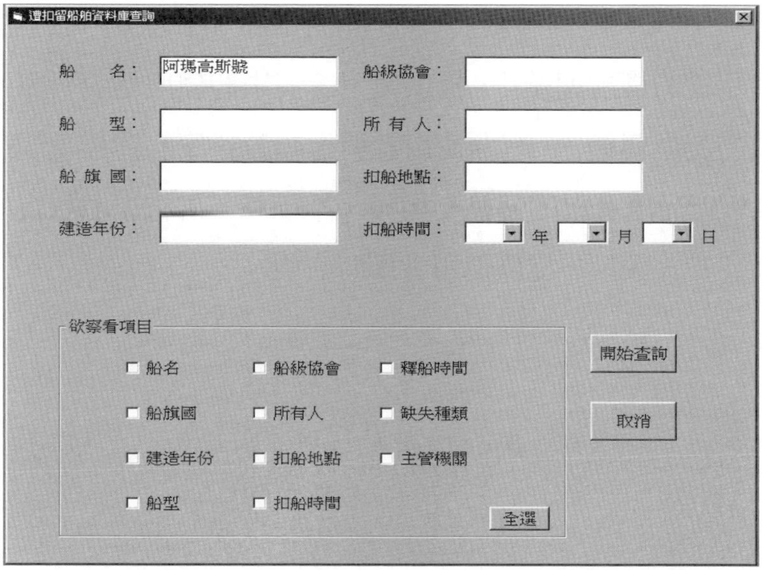

圖7-9　登錄船舶扣船紀錄的資料庫查詢輸出表單格式

般，可能到處碰壁。因此，考慮到假使查驗資料庫的資料無法隨時隨地保持在最新且完整的狀況，缺乏可信度的資料實在無法作為使用者查詢分析的依據，勢必嚴重影響系統運作的成效。所以，本系統亦提供資料的網路傳輸功能，藉由現今發達的網路傳輸協助在船上查驗人員，或港區的負責單位，能夠隨時隨地與資訊中心的資料庫保持聯繫，以確保系統資料的完整性。至於其運作流程說明如后：

檔案傳輸功能主要可分為資料上傳與下載等兩個部份，使用者可視需求情形，選擇進行上傳或下載資料作業。其實兩者傳輸原理並無不同，主要係利用使用者所設定網際（Web）資料庫的網址，藉由電腦程式語言（Visual Basic 6）所提供的「遠距資料服務」（Remote Data Service：RDS）物件及「網際資訊伺服器」（Internet Information Server：IIS）/「個人網際伺服器」（Personal Web Server：PWS）等微軟伺服器管理程式的搭配連結[11]，提供使用者與中心伺服器資料庫的連結，進行資料的交換傳輸[12]。有關使用者與遠端資料庫的運作說明，詳見圖7-10所示。在完成資料的傳輸交換後，系統將一併把下載取得的更新資料，以表列方式顯示，提供使用者即時查看。

---

11 王國榮，Visual Basic 6.0資料庫程式設計，旗標出版股份有限公司，2000年6月。
12 陳榮及陳華，資料庫系統建置寶典 - Visual Basic 6與SQL Server7.0及 Access 2000整合運用，碁峰資訊股份有限公司，1999年10月。

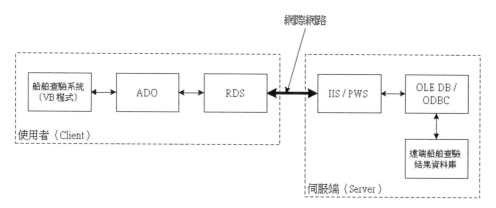

圖7-10　該船舶查驗系統的遠端資料庫作動邏輯說明

(五) 資料庫顯示

資料庫顯示（Database Display）功能並非本系統的重要功能項目。然而對於使用者而言，假使操作系統對於本身資料庫所有資料無法提供適時必要的瞭解，僅能一味閉門造車地著重查驗工作的進行，卻忽略資料庫的定時更新維護，對於查驗系統乃至於整個港口國管制作業的正常運作之影響，勢將難以臆測。因此，考慮到系統完整與實用性，資料庫的顯示功能實有其必要。有關資料庫的顯示功能，基於系統本身「船舶查驗結果資料」與「扣船紀錄」兩個資料庫所需，使用者可擇一選取顯示，以利方便對於兩個資料庫資料的管理維護。

五、應用與發展

本系統初步雛型構想僅侷限於提供港口國管制之船舶查驗作業，及後續對於取得資料的管理服務功能，因此其他屬於查驗作業以外之項

目,諸如:船舶發現缺失時的即時處理,驗船機構、船籍國的通報聯繫,國際海事組織、區域性協議(諸如:東京備忘錄、巴黎備忘錄等)與系統間的資料交換等項目,並未納入本系統的研發服務功能中。然而,為因應未來我國港口國管制制度的順利進行,該資訊系統如何加強前述相關通訊服務及查驗工作等專業功能、提昇系統協助查驗員在查驗工作上的執行效率及減少使用者的工作負擔,將是本系統未來發展的首要工作[13]。

港口國管制船舶查驗系統,最主要目的在於簡化使用者查驗工作的繁瑣程序與後續龐大資料的處理,藉以協助提昇查驗作業的進行效率,因此本系統功能目前僅著重於船舶查驗作業的運作服務。未來透過本系統功能,執行管制查驗的人員可直接在船上由可攜式個人電腦,進行查驗結果處理(諸如:記錄、列印及查詢等),甚至可透過網路的連接傳輸,即時與岸上資料庫中心作資料交換。因此可以隨時掌控受檢船舶的狀況,不但能提昇船舶管制作業效率,對於該受檢船舶因查驗工作所受之航期延遲,亦能得到有效改善[14]。其次,由於本系統已將現行港口國管制對於船舶基本要求的證書、設備及操作等資料項目大致列入考量範圍,因此未來查驗人員透過本資訊系統,即可進行船上各相關項目的查驗,無需侷限於本身所攜帶資料。甚至本系統可配合查驗人員的訓練養成,減輕培訓機關的資源負擔。

對於港口國管制制度而言,船舶查驗工作無疑是最主要的工作項

---

13 邱劍中,船舶之適航規範與港口國管制之研究,海洋法律研究所,台灣海洋大學,2000年6月。

14 吳東明,海事安全與船舶設計,國立教育研究院出版,五南圖書出版公司發行,2012年7月。

目。然而為求規劃制度的順利運作，其他與查驗作業無直接關係的工作項目，諸如：船舶缺失的修復、船舶檢驗的發證服務，乃至於查驗人員的培養訓練等相關事務，對於未來管制制度的實施運作，亦不可不謂為重要工作項目[15]。因此未來在系統的應用發展上，逐步將前述相關的作業內容，斟酌納入系統功能，架構一套完備的港口管管制系統，勢必能協助港口國對於進出商漬的高風險群船舶，進行最有效的監管處理，提昇國際間海事環境的安全維護[16]。

六、結論與建議

在國際間，港口國管制制度已施行多年，現今世界各國，除較落後或內陸國家外，幾乎皆已開始著手實施港口國管制工作與區域性合作協議內容。綜觀我國現行的進出船舶管制作業，對於船舶相關證書的送驗，針對危險船舶制訂相關管制措施，及國際公約及法規所規定之內容落實成效等，仍有相當努力的空間[17]。

因此，為順應現今世界各國對於海上人命安全與海洋環境保護的高度重視，我國政府實應更加積極規劃港口國管制的相關推展事務，積極參與國際性港口國工作事務活動，致力提昇我國海事安全、海洋環境保護及港埠營運管理等成效[18]。如此不但有助於我國周遭航行水域的船舶

---

15 港口國管制訓練課程教材，中國驗船中心，1998年12月。

16 章詩如，港口國管制和船舶管理，第157期，海運月刊，1999年1月。

17 田文國，我國船舶為因應港口國管制檢查之探討（上），第523期，海員月刊，1997年5月。

18 王國勇，國際法上港口國管制制度之研究，海洋法律研究所，碩士論文，國立台灣海洋大學，1997年6月。

航行安全，減少船難事故及海洋污染威脅，對於我國政府國際形象亦有相當改善助益[19]。

本文所研發的船舶查驗系統，主要是針對港口國管制程序作業中所進行的查驗工作需求，而進行系統建置。至於其他有關港口國管制制度的工作事項，諸如：扣船處理、締約國間的資料交換、查驗人員訓練、港口相關管制設備、船舶及海事資料庫的建置連結等，亦為相當重要且不可或缺的工作[20]。因此，未來我國欲順利推動港口國管制的施行，除本文所提出之電腦輔助船舶查驗系統外，如何結合前述各項相關工作，建構出一套整合之港口國管制系統，將是亟需努力的發展方向[21]。

此外，未來在資訊系統建置上，亦應儘速平行整合相當人力、物力，擴充相關的電腦資訊網路設備，建構我國境內各國際商港間、國際商港與其他港口國間的資料傳輸網路。並且配合本研究所建構的船舶查驗資料庫，將管制查驗的外國船舶資料，與其他相關國際組織及協定，諸如：國際海事組織（IMO）、勞氏驗船協會（LR）、巴黎備忘錄（PARIS MOU）、東京備忘錄（TOKYO MOU）及美國海岸防衛隊（USCG）等，進行資料交換的合作。有效發揮我國港口國管制對於「次標準船舶」的監管成效，遏止周遭水域高風險船舶的營運活動，進而確保我國周遭海域及港埠的安全維護，提昇國際海事形象，勢必對於我國航運發展多有正向助益。

19 陳彥宏，從巴黎備忘錄論區域性港口國管制政策之施行，第1期，第14卷，技術學刊，1999年3月。
20 吳東明，海巡應用科技，五南圖書出版公司，2010年8月。
21 田文國，我國船舶為因應港口國管制檢查之探討（下），第525期，海員月刊，1997年7月。

表7-1　亞太地區港口國管制備忘錄的船舶檢查結果
（未完全矯正或僅作臨時修理之缺失報告書格式）

未完全矯正或僅作臨時修理之缺失報告

（依規定是情況將副本送至下一抵達港口當局、船旗國主管機關或其他發證當局、並送港口國管制秘書處）

1. 發自（From Country / Region）：　　　　　　2. 港口（Port）：

3. 航至（To Country / Region）：　　　　　　4. 港口（Port）：

5. 船名（Name of Ship）：　　　　　　　　6. 開航日期（Date Departed）：

7. 預計抵達地點，時間（Estimated Place and Time of Arrival）：

8. IMO編號（IMO Number）：　　　　　　9. 船旗國與船籍港（Flag of Ship and POR）：

10. 船舶型式（Type of Ship）：　　　　　　11. 呼號（Call Sign）：

12. 總噸位（Gross Tonnage）：　　　　　　13. 建造年份（Year of Build）：

14. 相關證書之簽發機關（Issuing Authority of Relevant Certificate）：

15. 應矯正缺失（Nature of Deficiencies to be Rectified）：　　16. 建議措施（Suggested Action）

....　..

....　..

....　..

....　..

....　..

....　..

17. 採取措施（Action Taken）：

....

....

....

....

....

....

報告機關（Reporting Authority）：　　　　　部門（Office）：

姓名（簽發當局正式授權之查驗人員）（Name）：　　傳真（Facsimile）：

簽章（Signature）：　　　　　　　　　　日期（Date）：

表7-2　亞太地區港口國管制備忘錄的船舶檢查報告書（A格式）

亞太地區港口國管制備忘錄之檢查報告（A格式）

報告當局（Reporting Authority）　　　　　副本送至：船長（Master）
地址（Address）　　　　　　　　　　　　　　　　總部（Head Office）
電話（Telephone）　　　　　　　　　　　　　　查驗官員（PSCO）
電傳（Telefax）　　　　　　　　　　　　　　　　船旗國（假使船舶遭留置）（FlagState）
　　　　　　　　　　　　　　　　　　　　　　　　　國際海事組織（IMO）
　　　　　　　　　　　　　　　　　　　　　　　　　認證機關（Recognized Organization）

1. 通報國家（Report Country）：

2. 船名（Name of Ship）：　　　　　　　3. 船旗國（Flag of Ship）：

4. 船舶型式（Type of Ship）：

5. 呼號（Call Sign）：　　　　　　　　　6. IMO編號（IMO Number）：

7. 總噸位（Gross Tonnage）：　　　　　　8. 載重噸（Deadweight）：

9. 建造年份（Year of Build）：　　　　　10. 查驗日期（）：

11. 查驗地點（Place of Inspection）：　　12. 船級協會（Classification Society）：

13. 遭扣留時間（Date of Release from Detention）：　14. 船公司（Particulars of Company）：

15. 相關證書（Relevant Certificate）：

證書名稱	簽發當局	有效日期	證書名稱	簽發當局	有效日期
……………	…………	…………	……………	…………	…………
……………	…………	…………	……………	…………	…………
……………	…………	…………	……………	…………	…………
……………	…………	…………	……………	…………	…………
……………	…………	…………	……………	…………	…………
……………	…………	…………	……………	…………	…………
……………	…………	…………	……………	…………	…………

16. 缺失（Deficiencies）　　　　　　　　☐ No　☐ Yes（承接B格式報告）

17. 扣船（Ship Detained）　　　　　　　　☐ No　☐ Yes

18. 隨附文件（Supporting Documentation）　☐ No　☐ Yes（詳見附件）

通報單位（Issuing Office）：　　　　　　姓名（報告機關授權之檢查人員）（Name）：

電話（Telephone）：

電傳（Telefax）：　　　　　　　　　　　簽章（Signature）：

表7-3　亞太地區港口國管制備忘錄的船舶檢查報告書（B格式）

亞太地區港口國管制備忘錄之檢查報告（B格式）

報告當局（Reporting Authority）　　　　　　副本送至：　船長（Master）
地址（Address）　　　　　　　　　　　　　　　　　總部（Head Office）
電話（Telephone）　　　　　　　　　　　　　　　查驗官員（PSCO）
電傳（Telefax）　　　　　　　　　　　　　　　　　船旗國（假使船舶遭留置）（FlagState）
　　　　　　　　　　　　　　　　　　　　　　　　　國際海事組織（IMO）
　　　　　　　　　　　　　　　　　　　　　　　　　認證機關（Recognized Organization）

2. 船名（Name of Ship）：　　　　　　　　　6. IMO編號（IMO Number）：

10. 查驗日期（）：　　　　　　　　　　　　11. 查驗地點（Place of Inspection）：

缺失種類（Nature of Deficiencies）	涉及公約（Convention）	採取措施（ActionTaken）
....	....	....
....	....	....
....	....	....
....	....	....
....	....	....
....	....	....
....	....	....
....	....	....
....	....	....

姓名（簽發當局正式授權之查驗人員）（Name）：

簽章（Signature）：

表7-4　亞太地區港口國管制備忘錄對船舶檢查結果所採取處置措施代碼表

代號	項目名稱
00	無採取處置
10	缺失已改正
15	缺失在下一港口矯正
16	缺失在十四天內矯正
17	已指示船長在發航前矯正缺點
30	扣留船舶
35	解除扣船
40	已通知下一港口
50	已通知船旗國主管機關／領事／船籍國之海事當局
55	已與船旗國主管機關／海事當局諮商
60	已通知區域當局
70	已通知船級機構
80	設備之臨時代用
85	違反國際防止船舶污染公約
99	其他（以文字簡要說明）

表7-5 亞太地區港口國管制備忘錄之首次船舶檢查報告書格式

亞太地區港口國管制備忘錄之首次檢查報告

報告當局（Reporting Authority）　　　　　　　副本送至： 船長（Master）
地址（Address）　　　　　　　　　　　　　　　　　　　總部（Head Office）
電話（Telephone）　　　　　　　　　　　　　　　　　查驗官員（PSCO）
電傳（Telefax）　　　　　　　　　　　　　　　　　　船旗國（假使船舶遭留置）（FlagState）
　　　　　　　　　　　　　　　　　　　　　　　　　　國際海事組織（IMO）
　　　　　　　　　　　　　　　　　　　　　　　　　　認證機關（Recognized Organization）

1. 船名（Name of Ship）：　　　　　　　　　2. 船型（Type of Ship）：

3. 呼號（）：　　　　　　　　　　　　　　　4. IMO 編號（IMO Number）：

5. 查驗日期（Date of Inspecti on）：　　　　6. 查驗地點（Place of Inspection）：

7. 扣船日期（Date of Detain）：　　　　　　8. 扣船地點（Place of Detain）：

9. 缺失種類（Nature of Deficiencies）	10. 涉及公約（Convention）	11. 採取措施（Action Taken）
…………………………………	…………………………	…………………………
…………………………………	…………………………	…………………………
…………………………………	…………………………	…………………………
…………………………………	…………………………	…………………………
…………………………………	…………………………	…………………………
…………………………………	…………………………	…………………………
…………………………………	…………………………	…………………………
…………………………………	…………………………	…………………………
…………………………………	…………………………	…………………………
…………………………………	…………………………	…………………………

姓名（簽發當局正式授權之查驗人員）（Name）：

簽章（Signature）：

第捌章

國際船員教育訓練的現今發展趨勢分析與省思

摘要

　　現今複雜及先進科技的船舶及系統設備可謂日新月異，並且伴有多種不同國籍及文化背景所組成的全球海事從業人力，可能出現許多有關教育、訓練及職涯開發等挑戰。在船員進用及訓練等方面，船東或船舶經理人等皆應義不容辭地採用最佳產業標準，並且確認船員接受適合職務工作所必需的訓練，即包括有技術性複雜及多法則系統的操作及維保工作等。透過在職訓練及持續訓練等計畫實施，一干從業船員亦必須被定期地更新提昇、測試及操練等。在現今財務窘困年代中，實務作業上係極其容易忽視教育、訓練及職涯開發等工作，假若其被移出優先工作計畫時，海事產業將確定遭逢擁有適當訓練、優質技能、專業職能及豐富經驗等從業人員，無論是在海上或在岸上等工作崗位均呈現嚴重的人力資源短缺問題。無庸置疑地，終將導致海上從業人員不可接受的專業職能標準下降現象萌生，並且造成海上意外事件數量遞增惡果。

　　在學習過程中，職能評量的重要性必要被充份理解，並且在相應於模擬機及講習課程等評量標準的過程被視為重要時，透過學習後的職能評量工作將是更具關鍵性的。該船上訓練業已明顯降低意外事件的發生

數量，及船籍國與港口國被檢觀察及缺失記錄。經由船員所接獲回饋意外亦相當正面肯定，並且擁有相當歸屬成就感，業已證實高於產業的平均保留率。該海事進修課程擁有學理講授與學習、專業發展及教學實務等三個模組，並且海事教育訓練的進修研究課程證書被設置，以提昇教學品質標準。

該「持續專業發展」系統係爲英國皇家航海研究院新近推出的嶄新網路學習系統，其應可與「職能管理系統」相輔相成：其前者可使個人針對其任務目標所需，有效管理必備職能知識，然而後者可有效管控公司員工的整合能量，確認其能順利達成指派任務工作。英國海上意外事件調查局業已發佈一套「安全飛航家」的課程，藉以向船東宣導，強化意外事件經驗的學習功效。國際海事組織將「人爲要素」納入其會議議程中，設置「人爲要素」工作小組，專責討論「人爲要素」所造成的影響效應，及避免「人爲要素」相關聯的意外事件，以彰顯其在高階海事教育及訓練領域的重要性。

關鍵辭：船上訓練、晉升預備訓練、持續專業發展、職能管理系統、船橋資源管理、機艙資源管理、對抗海盜技能訓練。

一、前言

大多數從事海上工作人員皆期待有朝一日，晉升爲一艘船舶的船長（Master）或輪機長（Chief Engineer），當然亦有部份人員僅求生活溫飽而已。仍有少數人員渴望在岸上工作，然而其至少必須擁有數年海

上工作資歷，才有可能，並且其可能必須再行訓練，以接受新任職涯工作，同時回到職務進階地圖的最底層位置（Bottom Rung of Progression Ladder）。該從業船員皆擔任一個明顯主導航海的學徒（Sea-going Apprenticeship）工作，依循一套以從業工作為基礎的學習計畫，藉以引導獲取職能證書（Certificate of Competency）。其強調目標在於實際工作能力，及航海與工程等知識與技能。對於多數從業人員的職涯開發而言，其皆試圖逐步進展攀上職務晉升進階（Promotion Ladder），直到其晉升至與能力相稱的職務等級。有關海上工作從業人員的專業職涯開發進程，詳請參看圖8-1所示。至於其他人員則規劃達成船長、輪機長，或調至岸上管理（Shore Management）工作職務等最終目標。

現今複雜及先進科技的船舶（Technologically Advanced Ships）及系統設備可謂日新月異，與日遞增，並且伴有多種不同國籍及文化背景所組成的全球海事從業人力（Global Maritime Workforce），可能出現許多有關教育、訓練及職涯開發等挑戰。國際船員訓練、發證暨當值標準公約（International Convention on Standards of Training, Certification and Watch for Seafarers；STCW）章程文件內容要求所有船員應該適格勝任於其船上工作職務崗位，並且國際船舶安全管理公約章程（International Safety Management Code；ISM Code）要求船公司必須定義其責任、職權及每位船員所需職能等級。同時各講師、監督者及評核者等，皆必須被要求俱備適當勝任條件。然而這些公約章程要求皆是最低通過條件組合，並且未必足以應付現今多數船載系統。

圖8-1　海上工作從業人員的專業職涯開發進程

（資料來源：Alert 6, NI，2005年）

　　因此，在船員進用及訓練等方面，船東或船舶經理人等皆義不容辭地採用最佳產業標準（Best Industry Standards），並且確認其接受適合職務工作所必需的訓練，即包括有技術性複雜及多法則系統的操作及維保工作等。透過在職訓練（On Job Training）及持續訓練（Continuation Training）等計畫實施，一干從業船員亦必須被定期地更新提昇、測試及操練等。另有關那些參與第一線岸上海運作業（Front Line of Shipping Operations）的從業人員，亦必須被適當地訓練、擁有足夠的經驗、技藝及職能等，以相稱於其執行業務所要求的責任及解說能力等級（Level of Responsibility and Accountability）。同樣重要的是，海事學

院（Maritime College）講師亦必須被適當通過認證，以確保其足夠的教學能力，勝任講授課程內容，並且擁有對於最新的現代化船舶操作及船上新科技設備等的正確評鑑能力[1]。

另應有必要協助及激勵現職船員們，以實現其職業生涯的志向，無論是正準備船上晉升（Promotion Aboard），或是轉至岸上管理（Shore Management），甚至引導其參加進修研究教育（Post-graduate Education）或先進專業技能訓練（Advanced Skills Training）等學程，以提供其多元拓展至更寬廣的海事周邊產業職場機會。在現今財務窘困年代中，實務作業上係極易將教育、訓練及職涯開發（Career Development）等工作，移出優先辦理的工作計畫（List of Priorities）。然而假若該情況不巧發生時，海事產業將確定遭逢擁有適當訓練、優質技能、專業職能及豐富經驗等從業人員，無論是在海上或在岸上等工作崗位均呈現嚴重的人力資源短缺問題。無庸置疑地，其終將導致海上從業人員不可接受的專業職能標準下降現象萌生（Acceptable Decline in Standards），並且造成海上意外事件數量遞增惡果。

二、船員應備職能

在滿足整合商務目標（Corporate Business Goals）方面，從業職能擁有其策略佈局的重要性，亦是更緊密回應現今及未來勞工就業市場的一個關鍵驅動者。針對該從業職能需求規劃，「挪威驗船協會」（Det

---

1　'Education, Training and Career Development Crucial for Safe Operations', The Nautical Institute, United Kingdom, May 2009.

Norske Veritas；DNV）專家提出若干基本原則，以供參考如后：

1.從業職能管理被視爲一個系統，可以被有效估量及審核。

2.從業職能需求必須與整合商務目標相鏈結。

3.評級標準係爲估量的一個必要的評量基準，無論是針對管理系統、模擬機設施、講習課程、訓練績效表現，或是在特定操作活動中，船員的職能標準（Competence Standards）等。

4.透過可靠的評估作業程序（Assessment Procedures）及方法之職能評量，即是確保職能標準可被獲得及保留的一種有效途徑。

5.訓練活動成果應依據商務目標，以進行評量作業。

依據前述說明，採行一種以標準爲基礎的系統化方法之眞正價值是相當明朗的。其是一個從業市場的差別區分機會，並且可以在從業職能議題上，協助船東針對審核機關（Vetting Agencies）及承租僱用公司（Charters）等，作出正確明白的反應。採行職能標準化方法，可與訓練活動品質相調合，從而促使船員職能的均一化及效率化。

無論如何，滿足商務目標所需職能及關鍵效能表現指標（Key Performance Indicators；KPIs）等，被確認係有其必要性的。無法有效達到關鍵效能表現指標，經常係與職能欠缺不足息息相關，並且多數意外案例及事件報告指出或許職能欠缺處，亦是清楚可見的。一套從業職能的標準，即是績效表現評估基準的根本，藉以評量船員及幕僚職員的職能。正因海上工作時間總是無法充足，儘可能接近眞實情境的職能目標測試（Objective Testing of Competence），即顯得更具實施的必要性，且必須特別注意的是，相應於標準的測試職能可在海上及模擬環境（Simulated Environment）中，皆可被有效達到。

透過適格評審人員所進行船上評估作業的完整計畫，可以確認出當依循標準評量時，何處可能出現職能缺陷差距。為有效執行該職能評估工作，所有評審人員必須被實施訓練講習，以確保其能順利執行測試工作，並且此處利用源自評量標準的個人職能記錄簿（Personal Competence Record Books）擁有許多助益。因此，訓練需求項目被高度強調於源自職能標準的鑑別職能差距，同時其係與商務目標及關鍵效能表現指標（KPIs）等，具有相當密切關係[2]。

訓練策略（Training Strategy）設定一套計畫，訓練工作將依序被實施。在實務作業上，該訓練策略必須俱備足夠彈性，以因應更為可靠市場的職能需要，藉以創造出持續均勻品質的學習成果。在現今經濟氣候（Recent Economic Climate）中，強調科技衡平槓桿（Leverage of Technology）與替代性訓練模組（Alternative Training Modules）是否可以降低費用成本及保有品質呢？

在學習過程中，職能評量的重要性必要被充份理解，並且在相應於模擬機及講習課程等標準的過程量度被視為重要時，透過學習後的職能評量工作將是更俱關鍵性的。無論如何，確認訓練獲致績效表現提昇的唯一方法即是評量其商務效應。該關鍵效能表現指標（KPIs）的改變，可歸因於船員經由訓練及輔導所獲得改善績效表現，隨後展現一種職能管理（Competence Management）的系統化方法（Systematic Approach）之真正價值，最終達成船舶的安全及有效操作（Safe and Efficient Operation）之工作目標。

2　John Douglas, 'Are Your Seafarers Competent', DNV SeaSkill, May 2009.

三、船上訓練價值

當一位船員面臨一項嚴格的篩選過程（Rigorous Selection Process）時，持續的訓練（Continuous Training）及技能的提昇（Skill Upgrading）等職責，應是公司責無旁貸的責任義務。對於公司船員而言，存在於「現今可用技能」（Recent Skill Available）與「公司期待要求」（Company Requirement）間的差距，將是公司必須積極投入的訓練策略作為。由於強烈重視訓練要求緣故，因此所有船舶皆須安排進塢增修作業規劃（Dry docking Plan），勢必面臨增加船上鋪位需求數量，及額外受訓學員住宿所需救生艇容量等問題。然而岸上基地訓練（Shore-based Training）講習係以室內機構，及透過年度研討會（Annual Seminars）等方式實施，至於船上訓練作業（Onboard Training）經常採用若干方式進行，詳細分項敘述如后：

1.在職訓練工作（On Job Training；OJT）係由審核及訓練督察主管負責執行，其確保任何被察覺缺點，皆能透過教育及訓練等方式，得以修正之。同時每一位學員被實施工作內容抽查測驗，並且任何缺點皆可從在職訓練的基礎工作中，被辨識確認出來。

2.有關航行通道計畫（Passage Planning）、全球海事遇難及安全系統操作（Global Maritime Distress and Safety System；GMDSS Operations）、海圖修正、電子海圖顯示及資訊系統（Electronic Chart Display and Information System；ECDIS）、救生艇的安全施放及回收作業（Launching and Recovery of Lifeboats），及重要船用機械的啟動及維保工作等訓練模組項目，皆被系統化陳列出來。若干船隊內所發生的意

外事件及近乎出錯案例等，皆被提出檢討之，並且每天撥出數小時，以進行該訓練講習工作。一般附加價值訓練（General Value-added Training）被實施，以補強岸上基地訓練，多種實習訓練亦被執行，並且在聽取任務執行報告中，分享最佳工作實務經驗。

3. 擁有訓練船設備（Training Ship Facility），備有超過10個額外鋪位，船上訓練講師與所有受訓學員共同船上生活作息，並且為期長達3個月時間，受訓學員將受到訓練講師們的全方位照顧。甲板見習生及受訓輪機員等被指派職能基礎的每週作業（Competence based Weekly Assignment）；通常是每週指定7個問題，每一問題針對每一課程領域，並且自登船第一週起，即開始實施。至於相關參考書冊及裝備手冊等文件，船上皆齊備可供隨時查閱，並且受訓學員必須每週以電子郵件方式，回答所有指定問題，岸上基地人員負責改正問題答案。至於指定問題的擇用程序係極為謹慎的，並非全然學理的，還是以實際應用及理解（Actual Usage and Comprehension）為基礎。其目的在於使受訓學員備齊能力，以順利晉升至更上一級工作職能[3]。此種「顧問指導過程」（Mentoring Process）確保船公司擁有職能兼備的未來船員，並且該計畫業已展現成功績效，即是受訓水手及機工（Trainee Seamen and Wipers）等，皆自願參與此一船上訓練計畫。

4. 在船員職務晉升之前，每一船員皆必須接受「晉升預備訓練」（Pre-promotion Training）。此即是擔任一系列的職能基礎工作，在資深船員的引導（Guidance of Senior Officer）下，協助平順轉換至更上

3　Captain Ajay Varma, 'The Value of Onboard Training', Kline Ship Management Pte Ltd, May 2009.

一職級任務。該整齊均一的職能等級被順利達成,並且新任晉升船員皆深具自信心,亦能同步滿足公司需求。

該船上訓練業已明顯降低意外事件的發生數量,及船籍國與港口國(Flag and Port State Vetting Observations)被觀察與缺失等記錄中得知。另經由船員所接獲回饋意件亦相當正面肯定,並且擁有相當歸屬成就感(Sense of Belonging),業已證實高於產業的平均保留率數值。

四、海事進修教育證照

亞太海事學院設立於菲律賓,獲得來自國際海事訓練信託機構贊助,開設海事教育及訓練領域的進修研究課程,並且於結業及格後授與證書。該課程係由華沙斯海筆學院規劃開辦,為修業期限一年的部份時間進修學習制度,並且通過英國南安普敦索倫大學的審核認證[4]。該學院擁有14位專業講師,分別擔任航海、工程及一般共通等課程教授,並且於西元2008年11月間完成第一梯次課程實施。現今更有16名學員正接受訓練課程中。

該進修課程擁有學理講授與學習、專業發展及教學實務等三個不同模組。該海事教育訓練的進修研究課程證書被設置,以提昇在高等教育、正規學士學位,或短期學制等教學品質的標準。這些課程講師學習更為不同的教學方法,其中不乏強化其學理基礎的策略措施。所有參與學員亦可從教學課程中,獲得專業進展的助益。

4　Jane Japitana, 'Post-Graduate Certificates in Maritime Education and Training', Maritime Academy of Asia and the Pacific, March 2009.

藉由同儕間互相分享教學經驗等機會，提供一種更為深切的理解，及一個從個別不同參與學員，於優良教學實務、評鑑及課程規劃等意見的討論與交換機會。其中個人回應被高度應用於幫助參與學員積極回應及重點評判的活動與指派作業。同時該課程幫忙每次參與學者講師，擴展其個人教學能力視野，並且達到較高教育訓練品質目標，終至引領出較為優質、及更俱專業職能的海上從業人員。

五、持續專業發展

在海事職能領域中，所謂「持續專業發展」（Continuing Professional Development；CPD）的真義，即為無論是在海上或岸上的個人工作生涯期間，系統化維持、改善及擴充其知識與技能，並且開發其執行專業的及技術的當值工作所需之質能。有關海上工作從業人員的教育、訓練及職涯開發之路徑邏輯，詳請參看圖8-2所示。極其清楚地，個別項目發展係為關鍵產出成果，惟其定義亦包含有持續學習的概念。在產業中的學習機會是不勝可數的，惟多數海事工作者均未能察覺出來，並且缺乏學習指標模型，或者缺乏資訊擷取管理，以深入探索其需求及確認其志向。

多數航運公司內設有「職能管理系統」（Competence Management System；CMS），其專注於受聘員工所需學習科目組合矩陣，及決定其整合能量。該「職能管理系統」（CMS）管控著個人職能，以確認其可有效執行其現職份內的工作項目；惟其經常無法協助員工，確認及管控其自身工作所必需的生涯發展。該「持續專業發展」（CPD）系統係

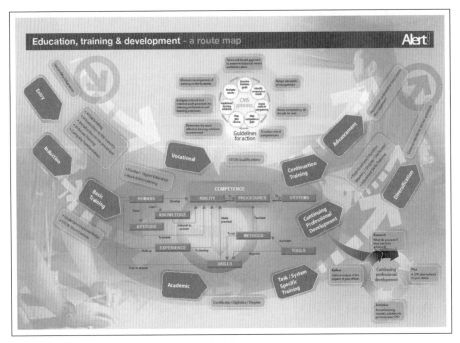

圖8-2　海上工作從業人員的教育、訓練及職涯開發之路徑邏輯
（資料來源：Alert 20, NI，2009年）

為英國皇家航海研究院新近推出的嶄新網路學習系統，其應可與「職能管理系統」（CMS）相輔相成：其前者可使個人針對其任務目標所需，有效管理必備職能知識，然而後者可有效管控公司員工的整合能量，確認其能順利達成指派任務工作[5]。

　　對於大多數海事工作者而言，「持續專業發展」（CPD）是其工作生涯極其重要部份，即係其參與各項學習機會及計畫等，惟大半是流動性機會或非計畫性偶發方式，同時其均非與生涯工作目標相切合的結構

5　Captain Martin Burley MNI, 'Continuing Professional Development – A Notion of Lifelong Learning', V Ships, April 2009.

化規劃構想之一部份。惟如何有效管理「持續專業發展」（CPD）呢？個人能採行結構化重點強化式方法，以洞悉及確認其志向嗎？其學習內容是否切實適中於目的與目標？其是否應用時間投注於學習活動，以支援與斟酌未來研究於「持續專業發展」（CPD）需求上？

當然從業人員或許依據其生涯發展志向，審慎做出適宜選擇。並且其可能決定追求某一特定職能資格，以有效支持其擇定的生涯發展方向，諸多碩士學位、驗船師，或駐港船長證書等。其中若干人員成功達到目標，若干人員終致失敗收場，最後從事其他海洋產業工作。

在該「持續專業發展」（CPD）轉輪中，激勵一種更為結構化及獨具遠見方法的重要部份即是回應步驟。極其清楚地，從業個人將回應其所學習事項，然而工作繁忙人員通常沒有時間依循規劃來實施。並且在整體發展計畫上，該「持續專業發展」（CPD）鼓勵更為規律的回應做法，因此從業個人得以評估，現今工作策略是否對其正確妥當，或者其應該調整工作計畫，以遵循另一不同的學習課程。

無論如何，如此策略做法不但節省時間與金錢，並且亦是一項正向肯定的工作方法，可以引導遠離因目標遙遠，而萌生退縮喪志，失去動力困境，並且協助提振個別員工，設立嶄新且可以達成的工作目標。

六、海事案例討論

此處討論30,635總噸駛上駛下渡輪擱淺的海難事件，該船遵循電子海圖行駛時，途經惡劣天候海象區域，一般實務操作均係以港內停航等待方式處置。此一事件凸顯一系列的船員專業訓練、駕駛臺資源管理及

通訊等人為要素議題。

該船船長下令在地理受限的北面附近水域，進行轉彎接近操船作業。正當其時，駕駛臺操船團隊忙於處理火災警報及大量通訊電話等干擾，以致錯亂分心，在船舶轉彎行駛前，船艏超越角度（Overshoot Angle）業已形成。並且在轉彎行進中，船長從航程管理系統（Voyage Management System；VMS）得知行經附近淺水區域，卻仍放任其繼續轉彎行進，隨後即發生船舶碰撞水下沉沒障礙物。

全船航行均參照航程管理系統指導及目視方式實施，同時該系統俱有一國際認可的全方位電子海圖顯示（ECDIS）功能。雖然該水域海圖可供應用，惟若干位置點僅係零星地繪出，尤其重要時刻卻無從參考。當值船副認知該船正航近海圖標示的淺灘區，卻未察覺失事船體障礙，因為在使用者設定電子海圖顯示模式當時並未顯現。

一般船東使用該航程管理系統的策略僅係航行輔助用途，即是船上海圖為航海應用的主要依據。除此之外，駕駛臺船副亦使用該航程管理系統進行航海操作，縱使大多數人員均未曾接受完整的應用訓練講習。海事報告評論該電子海圖系統被設置，以輔助航海作業，因此一般性適當的或特定的系統應用訓練，應提供所有航海船副人員，以確保其對該系統顯示及功能等，俱備深度認識。

駕駛臺團隊管理被認為沒有效能，至少因其缺乏船舶暫停於該水域的緊急應變計畫；缺乏船舶停留於該水域的正式航行通過計畫；船副當值交接班的資訊交換作業沒有系統化管控，並且船舶行經位置未被系統化繪標示於海圖上。同時雖然當值船副擁有正常操船權責，船長偶爾會撤銷更改其指令，即不會正式取回船舶操控權。此舉將造成駕駛臺團隊

的潛在混淆可能性，因其需擔負船舶安全航行的職責。

航運公司內部的駕駛台團隊管理之訓練計畫早已在4年前中斷停辦，因為其訓練標準對於船隊要求等級被視為高度嚴苛，並且任何新進人員皆能在其受訓階段，即可迅速理解公司的要求。因此船東重新檢視其訓練計畫，及實施一系列措施，以避免意外事件再次發生。英國海上意外事件調查局業已發佈一套「安全飛航家」課程，藉以向船東宣導，強化意外事件經驗的學習功效。

七、結論與建議

自從公元1990年代初開始，國際海事組織（International Maritime Organization；IMO）即將「人為要素」（Human Element）納入其會議的議程中，並且設置「人為要素」工作小組，專責討論「人為要素」所造成的影響效應及避免「人為要素」相關聯的意外事件。總括而言，該工作小組整合其工作成果，同時修正融入於相關國際公約及權責規定中。最近國際海事組織（IMO）正積極推動國際船員訓練、發證暨當值標準公約（STCW）及其章程規定（STCW Code）等文件的全面性檢核工作[6]。此處吾人將特別強調若干「人為要素」概念，以彰顯其在高階海事教育及訓練領域的重要性，詳細分項說明如后：

1.**強化船員海洋環境保護的認知**：大多數海洋污染意外事件或多或少地與若干船員缺乏海洋環境保護認知（Marine Environment Protec-

---

6　Professor Liu ZhengJiang, 'Focus on Seafarer Education and Training', Dalian Maritime University, China, January 2010.

tion Awareness）等，俱有其相關聯性的。無論如何，現今有時船員仍被發現非法排放污染物於海洋中。作為一個船員訓練機構，中國大連海事大學（Dalian Maritime University；DMU）正致力於強化其學生的海洋環境保護認知，即為未來投入海上工作者，勢將順應世界潮流，悠游其中。

2.**強調船員海上通聯工作的職能**：經常發生諸如碰撞、擱淺及觸礁等意外事件，大多是由於船長與引水人（Master and Pilot）、船上人員，不同船舶或船舶交通服務管制中心（VTS Centres）等相互間，缺乏或無效通聯所致。在最新國際船員訓練、發證暨當值標準公約（STCW78/2010）的修正文件中，將要求船員擁有：(1)瞭解在船上個人與團隊間有效通聯的原則及障礙；(2)建立及維持其有效通聯（Effective Communications）等職能。因此吾人必須規劃出一套可行方案，藉以落實此一有效海上通聯職能要求。

3.**專注培養船上資源管理的職能**：在多數意外事件中顯示，若干船上作業人員在船舶操縱過程（Ship Manoeuvring Process）中。既未團隊協同合作，亦未充份應用船上資源的優點。因此，培養船員船上資源管理職能（Ship Resources Management Competence）及其團隊合作精神等，係為當務之急的重點工作項目。在國際船員訓練、發證暨當值標準公約（STCW78/2010）的最新修正文件中，有關「船橋資源管理」（Bridge Resource Management；BRM）及「機艙資源管理」（Engine Resource Management；ERM）等訓練課程要求，被指定為強制性項目。無論如何，國際船員被要求必須俱備若干知識及職能等，諸如：(1)船上人員管理（Shipboard Personnel Management）及訓練等知識；

(2)有效應用船上資源管理的知識及能力；(3)應用決策技術（Decision Making Techniques）的知識及能力；(4)應用特別專案及工作負荷管理（Workload Management）能力等。總而言之，在現今課程計畫中，專注投入船員船上資源管理能力的訓練工作是極其重要的。

4.**訓練船員優質船橋資訊處理能力**：在整合船橋系統（Integrated Bridge System）或其他複雜船上設備等使用上，假若船員未被施以足夠訓練，那麼突飛猛進的船用科技設備可能導致較以往爲多的意外事件發生機率。爲確保航海安全（Safety of Navigation），及避免不適當使用新科技設備所帶來的人爲疏失等，應提供爲維持一個安全航行當值所需航海設備的資訊使用之訓練課程，被列入國際船員訓練、發證暨當值標準公約（STCW）的最新修正文件中，確有其必要性的。

5.**加強船員對抗海盜能力的訓練**：在多數海盜事件的案例研究結果指出，船員缺乏對抗海盜的認知能力（Anti-piracy Awareness）。國際海事組織業已認知該議題的重要性，並且整合有關船員的基本保安認知（Basic Security Awareness）、知識及技能訓練等，納入國際船員訓練、發證暨當值標準公約（STCW）的最新修正規定（Regulation VI/1 and VI/6）文件中。在實務操作上，對抗海盜技能訓練（Anti-piracy Skill Training）是一項刻不容緩要務，並且必須長期積極投入心力，中國大連海事大學與其他海事訓練機構等，皆將其優先列入教學課程綱目中。

第玖章

國際間船舶檢驗工程師所需的職涯特質要求及未來訓練議題

摘要

　　每位驗船師和檢查員所必需擁有的學理知識、技術職能及人格特質等要求是繁瑣且多元化態樣的。為達成此一目的，其必須擁有「海上工作」的良好知識，應該擁有海上工作的資深職務經歷，如此才能應用技術職能，執行其專業判斷做法。同時其不僅必須擁有現行的相關法規知識，亦要瞭解最新的科技及該科技如何應用在船上工作等。針對人因要素能力的基本底限要求方面，遵循驗船師所需的知識、技能及特質等研究分析結果，一套合適的訓練養成課程方案業已被建議提出。首先，一套搭配有線上評估功能的人因要素「E化電腦學習課程」將被開發出來，藉以提高產業人士的認知意識。在英商石油公司案例中，當其登船執行船舶及其操作的量化風險評估工作，藉以決定潛在貨物海上運輸商務的風險等級是否可以接受，不同的看法正是「人因要素」的典型表徵。船舶檢查員執行一貫平等處置方式所得益處，正是一套獨立自主且饒富經驗的審視方法，藉以協助管理產業界所面對的風險狀況。

　　當然船舶檢查需求的範圍並非所有驗船師皆需要俱備所有技能，正如評估船艙櫃內塗裝狀況所需的性格氣質及技術能力，既不與分析相關

燃油貨物污染的文件，亦不與評估航海實務及機器事件等能力相互重疊。然而獨立自主、誠信正直及追根究柢精神等，皆是必要且不可或缺的特質。美國海岸防衛隊業已表明委任安全管理系統稽核工作的意向，並且期待執行稽核工作人員，無論是針對「國際船舶安全管理公約章程」或其他安全管理系統形式等所規定項目者，皆需要擁有正式的專業訓練認證及海事產業的工作經驗等。在西元2009年間，挪威船級協會研發出一套稱爲「速悉」船舶檢驗模擬機。現已被安裝至筆記型電腦上，數以千計的檢驗發現及壞損案件等成果，均已彙錄於其所屬知識庫中，藉以檢測驗船師對於法條規定要求、專業術語及報告製作等知識程度。無論如何，該「人爲因素」及工作經驗係無法被科技所取代；惟吾人應該虛心接受其爲解決問題方案的一部份，藉以增強驗船師能力，持續向上進步。

在現今工作所需範圍中，諸多技術職能項目將是相似的。然而，未來將有持續增加的技能需求顯現，即是每位工作人員將在有計畫及特別專注氛圍下，接受訓練及獲得某些技能，因此「終身持續專業發展」業已成爲所有驗船師工作生涯中，不斷力求精進的專業特徵。在其訓練課程內容中，備有無價寶貴的技巧，藉以培養驗船師俱有針對訪談潛在見證人的較佳訪談技巧及工作指導原則，並且改善提昇資訊蒐集的技巧方法。前述所及訓練技法均需要增加訓練工作項目，「終身持續專業發展」是必要的，並且應該注意相關法規的修改變動情形。稽核員進行海事勞工檢查工作時，應該不僅要注意符合海員社會及從業權利的明顯可見證據，亦應該察覺諸如海員的文化、看法及信仰等有關海員福利的隱藏因素。「國際海事組織」福亞查汀先生提及：「船上安全性的標準不

僅是依靠船舶的健康狀況，並且更爲重要的是，負責操作船舶的海員健康情形。」賴比瑞亞早已是籌劃其海事勞工檢查員的特定訓練工作之先驅者，並且在執行海事勞工檢查作業時，特別注重「人因要素」議題，以確保海員工作所應獲得法定合理的從業權益與福利。

在此論文中，對於船級協會驗船師的基本知識、職業技能及人格特質等，均作一概括性敘述。同時對於公司船舶檢查員、行政機關港口國管制官員、互保公司所屬驗船師、海事調查員、海事調停員、諮詢顧問、專家證人及權責稽核員等所應接受執法及技術等職能提昇的「線上訓練課程」，亦有相當說明可供參考，足可爲未來海巡機關擴展海事案件處理的法定業務，預作人力資源的教育訓練規劃。

關鍵辭：驗船師、人因要素、船級協會、港口國管制、國際海事組織。

一、前言

從諸多專業面向來看，驗船師（Surveyor）和檢查員（Inspector）即是所有攸關人因要素（Human Element）事務的縮影，係因其是少數必須與其他人直接互動的工作角色，當然主要對象係爲海上作業船員等。再者，驗船師必須俱備若干人因要素特質（Attributes），並且搭配執行工作的專業知識（Knowledge）及技能（Skills）等，方能順利擔任此一高度專業性工作。這並非意謂每位驗船師和檢查員必須是人因要素的專家，然而至少其必須瞭解一艘船舶的設計、建造及操作，與其所屬相關機具系統等的相互關聯特性，當然在某種程度上，其係取決於

個別驗船師和檢查員所扮演的特定角色。

每位驗船師和檢查員所必需擁有的學理知識、技術職能及人格特質等要求是繁瑣且多元化態樣的。不僅是其應俱備有必要的專業資格，並且在其工作過程中，尚必須能夠有效與岸上／海上所接觸的相關工作人員，進行多面向的溝通交流工作。為達成此一目的，其必須擁有一個「海上工作」的良好知識，在理想狀況下，其應擁有海上工作的資深職務經歷，如此其才能應用技術職能，進而執行其專業判斷做法。同時其不僅必須擁有當前現行的相關法規知識，亦要瞭解最新的科技及該科技如何應用在船上工作等。

對於接觸那些母語或許可能不同的人員時，每位驗船師和檢查員亦必須能夠展現良好的領導氣質及有效的溝通能力。並且其必須能夠撰寫出能清楚表達想法的簡潔扼要書面報告，同時，縱使對於母語或許不同，但報告所載述語言的人員亦可以理解。在國際海事組織的優秀港口國管制官員（Port State Control Officers；PSCOs）工作實務規範章程中，針對港口國管制官員的所有工作活動判定評價，均圍繞著三大基本原則，即為：1.正直誠信（Integrity）；2.專業素質（Professionalism）；3.公正透明（Transparency）等[1]。這些原則應該被任何從事調查或檢查船舶及其系統工作的從業人員所採行適用，當然亦包括船上操作人員等。這些原則係為每位優秀驗船師的特質保證，並且為驗船師瞭解工作人員如何與其他人員、機器及船上系統間的互動活動所必備素

1　Editor, 'Integrity, Professionalism and Transparency – The Hallmarks of a Good Surveyor'', No. 27, International Maritime Human Element Bulletin, United Kingdom, January 2012.

質。

二、船級協會檢驗工程師的人因要素職能需求

有關「人因要素」議題會造成大範圍衝擊影響，然而其優先處理方法即是透過在船級建造規範及相關規定中，將「人類工程學」（Ergonomics）的設計要求涵括納入適用。船級協會提供一種方法，依循相對應的驗證作業程序，藉以達到在人類工程學上的廣泛深遠改善目標，進而加惠爲數衆多的海上工作人員。在船舶設計作業中，加入「人類工程學」因素的考量，將有助於：1.增進操作安全；2.減少錯誤風險；3.改善工作效率；4.狀況察覺能力（Situation Awareness）等。

有關人因要素議題方面，英國勞氏船級協會（Lloyd's Register；LR）因應對策的一個關鍵部份，即是改善其在船級建造規範的核心規定內表述的方式。無論如何，這是一項極富挑戰性的作業行動，並且無法獲致快速成功的結果（Quick Win Solutions）。在船級建造規範的研擬發展過程中，概有廣泛多樣的重重障礙必須被一一克服。然而，規範研發工作正在積極進展中，並且新近可見在規範中所載入的第一個主要「人類工程學」議題項目，即是將其設置於船上控制站及警報系統顯示功能中。

然而，擁有良好表述及可供驗證的人類工程學之規範需求條文，僅是勞氏船級協會因應對策的一部份工作而已。在其建造規範中的任何有關人類工程學需求的驗證工作，均將由驗船師加以擔當簽發。因此，任何試圖載入其建造規範中的人因要素規定均迫切需要，在其規範條

文修訂時，驗船師的能力必須被同步提昇。不幸的是，對於人因要素的知識及認知方面，驗船師通常是相當貧乏或甚至確實是欠缺的。一般而言，驗船師被訓練來從事有關於工程的（Engineering），而非人類（Human）的行為之判斷決定，並且其普遍接受的僅是工作所需之基本訓練，諸如職業安全與健康（Occupational Safety and Health；OSH）或作業系統設計等。因此，假若改善設計的優點可以被理解，提高該議題的認知意識，即是不可或缺的第一步驟。對於驗船師而言，擁有人因要素能力架構的需求，正是現今所共同確認的，如同此一議題方面的規範研擬開發策略是一樣地重要。

　　針對人因要素能力的基本底限要求方面，遵循驗船師所需的知識、技能及特質等研究分析結果，一套合適的訓練養成課程（Training Delivery Programme）方案業已被建議提出。首先，一套搭配線上評估（Online Assessment）功能的人因要素「E化電腦學習課程」（E-learning Course）將被開發出來，藉以提高產業人士的認知意識[2]。無論如何，該課程所涵蓋的範圍將是相當初步的，正如在此一主題所必需的基礎教育內容般。該課程期望能在西元2012年初順利推動，並且所有海事驗船師（Marine Surveyor）均可如期完成訓練養成作業。最終圓滿完成此一訓練及其評估程序，並且將成為驗船師在「人因要素」項目的能力評估方法。

　　該訓練課程的成功與否，將透過其訓練回饋流程，及驗船師所提詢

2　Walker, O., 'The Need for Human Element Competence among Classification Society Surveyors', Lloyd's Register, International Maritime Human Element Bulletin, United Kingdom, January 2012.

問次數多寡等方式，以進行實施成效評量。在工作實務上，我們並不期望各驗船師作出專家水準的人因要素之判斷決定，但是我們衷心希望其能夠識別出人因要素議題，並且當在有所需要時，將會尋求來自人因要素專家的技術援助。當船級規範內容在各種不同工程領域中的研擬發展，特定訓練課程將必須被逐一開發推動。隨後這些訓練課程將成為在特定專業領域內的職涯能力計劃方案（Competency Schemes）中之一部份。有關船舶檢驗工程師所需學理知識、技術職能及人格特質彙總資料，詳請參看表9-1所述及圖9-1所示。

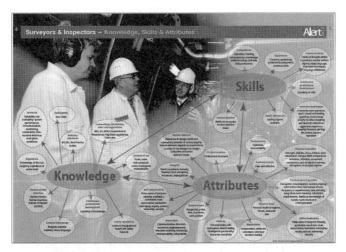

圖9-1　驗船師所需學理知識、技術職能及人格特質的相互連結關係
（資料來源：Alert 28, NI，2012年）

表9-1　船舶檢驗工程師所需學理知識、技術職能及人格特質彙總

項目／細目／說明	涵蓋細目	說明	備註
1. 學 理 知 識	1.專業經驗	海洋知識；高員級航海經驗。	
	2.公約、決議、規則及條例	國際海事組織、國際勞工組織及世界衛生組織公約及其決議案；船旗國法規；船級協會規範。	
	3.產業標準	國際標準組織；國際工程公約；最佳工作實務指導守則。	
	4.永續專業發展	知識更新。	
	5.技術考量	可信度及可用性；系統效能；設備；監視；自動化；人機介面；工作場所條件。	
	6.人與系統介面	人與人間；人與機器間；人與電腦間；可用性。	
	7.文化差異	宗教信仰；民族傳統；服裝；語言。	
	8.安全性認知	船上職業工作健康及安全性災害。	
	9.可居住性	國際海事勞工公約2006。	
	10.使用背景	目標、使用者及工作專案；物理、社交及管理環境。	
2. 技 術	1.人因要素	理解人因要素議題的能力。	
	2.專業經驗	貨幣；領導；專業判斷；技術職能。	
	3.安全性認知	樹立良好的案例。	
	4.溝通交流	思想清楚；撰寫簡明書面報告的能力；身體語言；訪談技巧；語言差異。	
	5.永續專業發展	技能更新。	

項目／細目／說明	涵蓋細目	說明	備註
職 能	6.訪談技巧	諮詢恰當問題；開放性、封閉性及誘導性問題；如何將人員保持在適宜位置；如何理解及因應處理防禦性／侵略性的反應行為情形；如何保持自身專注狀態；獲得正確資料及合作。	
	7.專業能力	教育；訓練；能力；知識；領悟；天資；技能；精熟。	
3. 人 格	1.特質	自我認知；自我激勵；心理行為能力；智慧；人品；性格；敏感性。	
	2.專業氣質	專業標準。	
	3.正直誠信	道德健全；誠信為本；清廉拒貪；公平不帶偏見。	
	4.透明度	開放性；可說明性。	
	5.性情氣質	尊重人的；有禮貌的；堅定穩實的；謙恭有禮的；沉著鎮靜的；有耐心的。	
	6.公平	獨立自主的；沒有成見的；始終如一的；根據情報決策的。	
	7.溝通交流	清楚及有效。	
	8.行動方式	溝通交流；方向；團隊合作；活力化授權；特色建立；領導統御；聯合作業能力；適應能力。	
	9.身體狀態	個人健康及衛生保健；健身運動；營養均衡的飲食。	
	10.人因要素	得力於人因要素在設計、建造及操作等優點的關聯性；管理的期待；對於人因要素議題的設計評估之使用分析背景。	

項目／細目／説明	涵蓋細目	説明	備註
特 質	11.生理能力	力氣；精耐力；壓力；疲累；疼痛／不舒服；飢餓；口渴；極端溫度；振動；運動緊壓；缺乏身體鍛鍊；晝夜生活規律瓦解。	
	12.心理能力	感知洞悉能力；翻譯解讀能力；決策能力；資訊負荷能力；工作狹小氣度；頻率及重複程度；工作重要性；長／短程記憶力；計算需求；結果、團隊組織及交流等知識的回饋情形。	
	13.自我實現	自豪得意；決心的意識；一致個性；唯美哲學；信念；信任；期望；實現；合適安全關係；忠誠；尊重；友誼關係；安全保障感。	

三、航運公司人因要素的船舶檢驗工作效能評量

　　此處以英商石油航運公司（BP Shipping）內部作業為例，論及執行船舶評估暨檢查部門的工作角色與「人因要素」關係為何？該部門每年負責辦理大約3,500件預定案件的評估工作，其中大部份是「船舶檢查報導機構」（Ship Inspection Report；SIRE）所委辦船舶檢驗案件，並且包括有技術管理者、海運碼頭與結構評估（Structural Assessment）的工作等。

　　經常被提及的看法，尤其是當涉及船舶檢查時，即會產生輸贏勝

負的結果，檢查員出席以尋找出缺失，並且被規劃儘可能發現更多的
爭議問題。個人對此議題則有截然不同的看法，檢查員登上船舶即是
代表一個當事人主體，在英商石油公司（BP）的案例中，當然更是如
此，當其登船執行船舶及其操作的量化風險評估（Quantified Risk As-
sessment）工作，藉以決定潛在貨物海上運輸商務的風險等級是否可以
接受。不同的看法正是「人因要素」的典型表徵。在此一實例中，我相
信我們所需要的結果應是類似的，並且在態度上附有些微的變更，即爲
吾人可能更加一致且能夠交付出共同尋求期待的目標——更爲安全的船
舶。

　　船舶檢查員執行一貫平等處置方式所得益處，正是一套獨立自主且
饒富經驗的審視方法，藉以協助管理產業界所面對的風險狀況。正如您
可能因熟悉而僅當成一件尋常事務看待，然而我們卻可能以不同的事務
看待，並且是採用一種另外新鮮及熟練經驗的工作方法。根據英國海
事及海岸巡防局（Maritime and Coastguard Agency；MCA）發佈研究
文獻所引述：「人因要素即是在海上航運產業中的人類行爲指導準則；
人類不像天氣般，僅是單純的一個影響因素而已，而是位居於航運產業
的核心中核心位置，並且其正是成功者與失敗者的差異奧秘竅門。吾人
得以分享此一情況、目標及意義等能力，是在取決於另兩項關鍵人類特
質：移情作用（Empathy）與溝通交流（Communication）[3]。」

　　在進行檢查工作過程中，許多談話內容可能變得潛藏困難。確保所

3　Captain Glass, A., 'Winners and Losers – An Oft Mentioned Perception', British Petrol Shipping
　Ltd., International Maritime Human Element Bulletin, United Kingdom, January 2012.

有參與各方能夠清楚理解這些談話內容的結果,並無關乎事情的成敗,卻是關乎創造一個改善的機會。灌輸尊重他人立場的行為,及授權賦予各方擁有發言權且願意加以使用等,是極為重要的。檢查員應當尊重船上幹部及船員,事實上,因為其僅暫時性地任職在此一船舶生活及工作環境中。另一方面,船上工作人員亦應該尊重檢查員,因其係為一位饒富經驗及專業適格的客戶代表人員。

在前述所及事件中,足見尊重與基本溝通交流等是明顯重要不過的,並且相信檢查工作流程擁有促成共同助益的適切能力。有關「人因要素」議題的發表文獻,均與吾人所從事產業的工作內容層面上俱有相當關聯性。當現今工作角色有所變更時,吾人應該審慎研讀,其會協助指引其一些所作所為的洞悉看法。

四、互保驗船師及檢驗員所需的人因要素職能及知識

西元2012年正是新加坡傑士比海事公司(JCP Marine Pte Ltd.)開業20週年的重要里程碑,在此一期間中,其業已開發制定一套自身招聘驗船師的專業標準。通常是接受保險擔保商、船舶租賃商及律師事務公司等所委託。在吾人檢查各式各樣船舶類型時,吾人當然擁有眾多熟知的油輪專業技能人士,並且支付相當豐厚酬金給予公司所屬擁有優越油輪資歷及經驗的驗船師們。當然其他公司亦會有其自身特定及個別的需要狀況。在此,吾人將簡述公司所屬驗船師的招聘條件如后:

(一) 在基本上,公司需要在技術上適格的人員。參考「船舶檢查報導機構」(SIRE)及國際化學品配銷協會(Chemical Distribution

Institute；CDI）等課程規劃內容，將其編譯轉化為申請人必須備有資相條件：即1.持有壹級（如甲級艙面船副或管輪工程師般）的能力證書（Certificate of Competency）及擁有至少一項油料危險貨物的專業簽證（Endorsement）；2.擁有總計在油輪海上服務60個月的時間記錄，並且其間至少擁有擔任高員級幹部（如船長、輪機長、大副、大管輪）24個月的工作資歷。

　　(二) 公司所鍾愛的期望，即是應試者已經俱備主稽核員資格（Lead Auditor Qualifications），惟亦會考量那些在業經認可的訓練機構，已經完成國際船舶安全管理章程（International Code on Ship Management；ISM），或國際標準組織（International Organization for Standardization；ISO）等內部審查員訓練（Internal Auditor Training）課程的人選。倘若有必要的話，公司將會為應試者補強其國際船舶安全管理章程（ISM），及國際標準組織（ISO）的基本認證，輔以額外提供的ISO14000及ISO18000等標準的課程訓練[4]。

　　(三) 除這些基本的技術資格條件外，公司需要驗船師能夠適切熟悉那些其所檢查船舶工作的產業標準、國際公約規則及規定等。公司內部所建置電腦為基礎訓練（Computer Based Training；CBT）的，軟體容許吾人獨立自主地驗證技術職能的水準。

　　(四) 或許愈不容易定義，但是更為軟性的技能可能與技術能力亦是同樣重要的。能夠清楚及有效地與船上工作人員溝通交流的能力是極為

4　Captain Brown, J., 'Human Element Skills and Knowledge Required of P&I Surveyors and Inspectors', JCP Marine Pte Ltd., International Maritime Human Element Bulletin, United Kingdom, January 2012.

必要的。通常這意味著擁有良好的口說英語標準,雖然對於若干主要負責當地貿易區域的檢查辦公室而言,其可能是一個次要考慮的因素。然而清晰的思維、一個合乎邏輯的方法及撰寫簡明書面報告的能力等,皆是其所有必要的客戶需求(Client Requirements),詳請參看表9-1所述。

(五)「安全性認知意識」(Safety Awareness)是最為重要的,並且驗船師必須隨時注意其身邊所可能面臨的風險及危害等。正如吾人所經常提醒的,船舶可能是容易發生危險的場所,在吾人所從事產業中,密閉空間的進出通道事件仍是一個令人沮喪的普遍性典型案例。在吾人內心記憶中,當在船上工作時,驗船師的重要特質(Attribute)即是穿著適當的防護服裝(Safety Apparel),攜帶一具適當的氣量計(Gas Meter)及樹立一個有關個人防護設備(Personal Protective Equipment;PPE)與安全性的良好模範習慣。

當然船舶檢查需求的範圍並非意謂所有驗船師皆需要俱備所有技能,正如評估船艙櫃內塗裝狀況所需的性格氣質(Temperament)及技術能力,既不會恰巧與分析相關燃油貨物污染的文件,亦不會與評估航海實務及機器事件等能力相互重疊。然而獨立自主、誠信正直及追根究柢精神等,皆是必要且不可或缺的特質,同時在吾人工作經驗中,大多數上岸的船員皆已俱備這些特質。在後續章節中,將有更多內容可以繼續列舉討論及說明。

五、美國海岸防衛隊的安全管理制度及稽核員職能要求

現今遵循「國際海上人命安全公約」（SOLAS）規定的各國籍從事國外遠洋航海船舶，必須遵守國際海事組織（International Maritime Organization；IMO）所頒定「船舶安全管理公約」章程（ISM Code）的內容。其所屬稽核工作亦已被指派至各經認可的船級協會機構，並且各船級協會所屬「船舶安全管理公約」（ISM）稽核員亦必須被認證達到「國際公認稽核員協會」（International Register of Certified Auditor；IRCA）所規定的能力標準。

美國海岸防衛隊（United States Coast Guard；USCG）提供一套「流線化檢查程序」（Streamlined Inspection Program；SIP）作爲其傳統檢查工作的效能提昇替代方案。類似於安全管理系統（Safety Management Systems；SMSs）般，該公司人員進行各種船舶系統的經常性週期檢查，記錄其所發現的結果，及採取必要的改正行動。原則上，一位代表第三方的稽核員是不需要的。在此計畫下，美國海岸防衛隊（USCG）仍會執行出席船舶的必要檢查工作；無論如何，執行船舶檢查的工作性質，正是查驗該公司人員已經完成自我檢核工作，並且遵循業經認可的「流線化檢查程序」（SIP），以進行改正差異作業。

美國海岸防衛隊（USCG）業已公佈有關檢查程序、標準規範及拖帶船舶（Towing Vessels）的安全管理系統等行政管理的規則草案，藉以改善更爲安全的工作實務，並且透過要求拖帶船舶嚴守擬訂的安全標準規範及安全管理系統等，以有效減少發生船難傷亡事件的頻率。透過此規則制定後，美國海岸防衛隊（USCG）試圖擴充一些可用的稽核員

數量，即增加現有那些被授權，以執行「船舶安全管理公約」（ISM）所規定稽核作業（現在僅有經認可的船級協會機構）的人員數量，藉以概括一些其他符合擬定標準的組織等。至於拖帶船舶的安全稽核員之擬議規則，據以要求各州政府級稽核員必須符合資格條件如后：

1. 高中畢業或同等學歷。

2. 在拖帶船舶上的4年工作經驗或其他相關的海事工作經驗，諸如海岸防衛隊海事檢查員、俱有海事相關經驗的軍事人員，或海事船舶檢驗工程師等。

3. 成功完成國際標準組織所規定ISO9001-2000系列的主要稽核員／輔佐員（Assessor）課程，或海岸防衛隊所認可的同等相關課程等。

4. 成功完成拖帶船舶安全管理系統的稽核工作所規定之必要課程。

5. 稽核工作經驗，諸如有可供證明曾經擔任「國際船舶安全管理公約章程」的稽核工作之載明文件；或美國水道的責任承載計畫之操作員，且在過去5年內必須擁有至少2個管理稽核員（Management Auditor）及6個船舶稽核員（Vessel Auditor）等所組成的工作經驗；或成功完成稽核員學徒資格（Auditor Apprenticeship）所必要課程，並且擁有在主要稽核員指導下至少1個管理稽核及3個船舶稽核等所組成的工作經驗[5]。

綜合言之，美國海岸防衛隊（USCG）業已表明委任安全管理系統稽核工作的意向，並且期待那些執行稽核工作人員，無論是針對「國際

5　Rear Admiral Watson, J.A., 'The US Coast Guard Application of Safety Management Systems and Auditor Skills', United States Coast Guard, International Maritime Human Element Bulletin, United Kingdom, January 2012.

船舶安全管理公約章程」（ISM）或其他安全管理系統（SMSs）形式等所規定項目者，皆需要擁有正式的專業訓練認證及海事產業的工作經驗等。再者，美國海岸防衛隊業已認知到在落實執行政策決定方案下，檢查員與稽核員的專業技能間之差異性本質，並且普遍地期待歡迎來自私人企業的稽核員參與共襄盛舉。

六、未來驗船工程師訓練的人因要素挑戰

在工程實務作業中，船級協會所屬驗船師必須參與新船建造中工程，或受損船舶工程作業，或船舶正在修理工程中，或船舶在海上航行中的年度例行檢查（Annual Inspection）作業等。該驗船師的法定檢驗工作內容即是確保受檢船舶遵循所屬船級協會（Classification Societies）的相關國際規範，及船旗國（Flag States）所授權代表檢查工作的國內法令規定等要求。有鑒於現今數量眾多的新式船舶類型及海上浮動的移動式作業載臺設施（Mobile Operation Unit；MOU），和遍佈全球的船舶「進塢檢驗」（Dry Dock Survey）工作集中於越來越少的設施場所位置之趨勢等發展情形，驗船師要能夠確實支援產業需要，並達到實際可行且符合所有必要法規要求品質結果所需的訓練挑戰，正在逐步增加中。

正如一般工作常規情形，諸多驗船師均先擁有造船工程（Naval Architecture）學位後，得以任職於各船級協會機構。在正規嚴謹的訓練計畫流程中，新進人員被安排參與海上航行的實習機會，並且在加入「挪威船級協會」（Det Norske Veritas；DNV）的前幾個月時間內，

即被簽送至一艘擁有船齡23年的設有兩座同型起重吊車的開放式艙口散裝貨船（Bulk Carrier）上。在實習期間中，有一半時間均在輪機機艙（Engine Room）內觀摩，另一半時間即在航海甲板（Deck）部門見習。其間重要工作經歷概有出席輔機的拆卸大修工程（Overhaul）、海上航行中的氣缸襯套（Cylinder Liners）更換作業，及參與駕駛臺值班瞭望（Bridge Watch Keeping）和貨物裝卸作業（Cargo Operation）等事務。

尋求搭乘商船的航海實習機會，藉以更加瞭解船舶海上航行如何作業情形，因此將可提昇船上作業的專業知識，及與船上工作人員間的溝通能力。此逐項工作經驗將可使其成為一位更為有效的驗船師、設計工程師或稽核員（Auditor），其亦是發現船上工作團隊的優缺點及瞭解船上真實工作情形等的最佳方式，因此可以俱備查詢適切的船上作業問題之能力。另參與「進塢檢驗」（Dry Docking Survey）及「海上航行中檢驗」（Voyage Survey）等機會，在世界某些地區業已減少。雖然沒有任何可以直接獲取實務經驗的替代方法，但是可以藉由「虛擬實境訓練」（Virtual Reality Training）方式，進而可能補強及增加驗船師的能力開發，現今其亦逐漸增加應用於軍事勤務訓練工作上。

在西元2009年間，挪威船級協會（DNV）研究開發出一套稱為「速悉」的船舶檢驗模擬機（Ship Survey Simulator；SuSi）。在初始草創時期，該設備僅在位於波蘭格丁尼亞鎮（Gdynia, Poland）的公司所屬訓練學校上設置使用，後來業已被全面應用於世界各地的教室裡，最終已被安裝至每位驗船師的筆記型電腦上。數以千計的檢驗發現及壞損案件等成果，均業已匯集收錄於挪威船級協會（DNV）所屬知識庫

中，藉以檢測驗船師對於法條規定要求、專業術語及報告製作等知識程度[6]。諸如「國際船舶載重線公約」（International Loadline Convention；LL6）中的特定項目可能在船舶上被特別強調的，藉以協助清楚瞭解其工作內涵。

正如在現實工作生活中，驗船師備有照相機、手電筒及噴霧器等設施，可應用於模擬訓練作業中。當其在船上活動工作時，各部件名稱、設備證書及驗船師檢查表單（Surveyor Checklists）等可以顯示在虛擬實境的個人隨身資料查詢機（Personal Data Analyzer；PDA）上。當在進行艙櫃檢查（Tank Inspection）工作時，手電筒炬光可被有效模擬出來，藉以顯示出良好照明對於目視觀察的差異情形。利用活動升降機（Cherry-pickers）進行特定區域的細部檢驗（Close-up Survey）工作，亦可被模擬出來。當受訓學員發展出其所必需正確報告檢查發現結果的技能後，尚必須因應處理真實船上可能會經歷的安全災害事件情境（Safety Hazard Scenario）。

諸如材料腐蝕及表面塗裝失效可能加速或延遲，並且包括最終導致損壞等情形，均多方取決於其所涉及的船上結構及船舶使用歷史記錄。所有模擬實境內容均以一個三度空間（Three Dimension；3D）的真實環境來陳現，其可容許從任何角度來進行觀察作業，包括有進塢船底部檢驗工作，藉以加速準確報告結構缺陷的工作經驗累積。即使是擁有豐富實務經驗的驗船師，亦會對其從訓練模擬機中所學到內容深感驚訝、折服及稱奇。無論如何，該「人為因素」（Human Factor）及工作經驗

6　Crawford-Brunt, M., 'Human Factors in Surveyor Training – Meeting the Challenge', Det Norske Veritas, International Maritime Human Element Bulletin, United Kingdom, January 2012.

係無法被科技所取代；惟吾人應該虛心接受其為解決問題方案的一部份，藉以增強驗船師能力，持續向上進步。

七、未來船舶檢驗及檢查的人因要素需求

在現今工作所需範圍中，諸多技術職能項目將是相同或類似的。然而，未來將會有持續增加的技能需求顯現，即是每位工作人員將在有計畫及特別專注的氛圍下，接受訓練及獲得某些技能，並且「終身持續專業發展」（Continuous Professional Development；CPD）業已成為及正是所有驗船師工作生涯中不斷力求精進的專業特徵。

在工作訪談過程中得知，對於「人因要素」所要求項目，商務驗船師從未曾在其任何工作階段中審慎考慮過，甚至在非常基本的工作層面中亦然。有鑑於驗船師的主要任務工作係為判定船舶設備的壞損、意外事故及事件等發生原因，然而其將需要考慮加強若干技能，其或許亦可能是必要的，尤其是在其他行業中，「人因要素」職能正被認知為迫切必要的。

當訓練一位調停員（Mediator）時，在各項技術課程中最為基本易見的，即是「身體語言訓練」（Body Language Training）。其中包括有重要的訪談訓練技巧（Interview Training Techniques），藉以瞭解開放性、封閉性及誘導性等各種面向的問題。至於在調停員等及仲裁訓練（Arbitration Training）等其他工作方面，尚包括有報告寫作（Report Writing）、必要工作程序及案例研究（Case Studies）等。另驗船師、諮詢顧問及專家證人（Expert Witness）等亦可能從此一訓練課程中獲

得許多助益，諸如可能使人認知到如何將人員保持在適宜位置，如何認識及因應處理防禦性／侵略性的反應行為情形，及如何保持自身專注狀態等[7]。

另在此專業工作領域中，亦可能將會面對若干特定案例情境，諸如在一艘受損船舶上、在貨物受損的船艙內，或正好在船上辦公室內等，吾人可能自擬假設性問題如后：

1. 你正獲得所需的資料及協力合作嗎？

2. 您正與你職務等階相當人員共同合作或相左對抗嗎？

3. 你有正確的工作態度（或看法）嗎？

4. 你的協商談判策略是什麼？

在其訓練課程內容中，亦備有諸多非常無價寶貴的技巧，藉以培養驗船師俱有針對訪談潛在見證人（Potential Witness）的較佳訪談技巧及工作指導原則，並且改善提昇一般性資訊蒐集的技巧方法。前述所及訓練技法均將需要增加訓練工作項目，「終身持續專業發展」（CPD）是必要的，並且應該注意相關法規的修改變動情形。該「國際海事檢驗研究協會」（International Institute of Marine Surveying；IIMS）正是世界唯一致力於海事驗船師及海事諮詢顧問等的教育與訓練機構，並且其新設及特定的短期教育訓練課程內容，亦將推動全天候24小時的公開線上服務功能。

7　Captain Spencer, C., 'Surveying and Inspection of Ships – The Human Element Requirements for the Future', International Institute of Marine Surveying, No. 27, International Maritime Human Element Bulletin, United Kingdom, January 2012.

八、國際海事勞工公約檢查員的人因要素議題

西元2006年所頒定「國際海事勞工公約」（Maritime Labor Convention；MLC）第四條規定海員的就業及社會權利。在前述公約第一至四章中所載明「海員權利」（Seafarers' Rights），乃是每國政府行政機關必須確保的重要責任，並且遵循公約要求全面落實執行。很多公約的要求都是透過國家規章和條例，及集體談判協議等，得以具體實踐的，並且可以透過檢視船上記錄的方式，而被加以檢查出來，諸如工作或休息時數、及支付薪資（Payment of Wages）等記錄。無論如何，若干諸如海員的疲勞、壓力、健康及全面福利（Overall Well-being）等要求，皆與人因要素有關，可能不容易透過記錄與文書作業（Paperwork）等方式被檢查出來。

這正是為何稽核員進行海事勞工檢查工作時，不僅要注意符合海員社會及從業權利的明顯可見證據（Visible Evidence），亦應該察覺諸如海員的文化、看法及信仰等有關海員福利的隱藏因素（Hidden Factors）。在海事勞工檢查工作期間，稽核員應該能看到更為寬廣的面向、景象，並且能夠有效地與海員溝通交流，其中包括有聆聽其抱怨，同時儘可能地在船上就地解決該抱怨問題。

稽核員並非是心理學家（Psychologist）、醫生、社會工作者（Social Worker）或律師般，可以解決所有關海員福利（Well-being）的問題，然而作為行政機關的授權代表，其可在當有需要時，應確實聆聽海員的切身意見，並且將訊息傳達給有關行政權責當局。稽核員必須是具有職務授權、誠信正直（Integrity）、敏銳洞察（Discernment）及獨立

自主等特性的專業人士。一位稽核員必須能夠識別出缺陷不足問題，並且尋求船東提出補救措施，以有效解決缺失問題。

「國際海事組織」（IMO）福亞查汀（Fuazadeen）先生提及：「船上安全性的標準不僅是依靠船舶的健康狀況，並且更為重要的是，負責操作船舶的海員健康情形。」麥可葛瑞（Michael Grey）先生則說：「現今海員水手所見船上工作負荷變得更為艱苦、工作環境變得更為簡陋，而僅是單純重視報酬收入所得，或許可能對於其所追逐『軟性價值』的熱情，產生若干困惑懷疑情事。」另其亦談到：「對船員投資所得到回報，將遠遠超過所投注花費成本，但倘若欲達成此一目標，您必須設計出舒適切合工作人員操作的船舶，而不僅是在設計工作流程的最後階段時，將海員放入不會干擾到船上貨物或推進機具作業的位置。」

海員的工作能力及專業態度會遭受個人憂慮不安及情緒低落（Emotional Debilitation）等因素影響，進而造成嚴重損害情形。無論如何，缺乏福利將會衝擊到效能表現，並且將會引進無法承擔的風險，導致減損船舶的安全操作狀態。

即使在最佳操作環境的船上工作，現今海上航運工作型態仍是造成海員長期處以孤單隔絕及承受壓力等狀態的主要因素。國際勞工組織（ILO）委員會業已獲悉，由於海員長時間不在家，而且在延長工時狀況下，缺乏與家人取得適當的聯繫管道方法，導致其產生若干社交及心理等問題；船上同時混用不同國籍的船員，各自擁有廣泛不同的文化、語言及其他需求，亦是導致社交孤立（Social Isolation）的問題所在。另由於諸多現代港口及碼頭均位處偏僻，並且遠離社交互動的源頭，以

致前述所及問題更爲複雜。停留在港時程變得更爲短暫，導致僅有極短時間，可供休息及消遣活動，徒增船員身心疲憊狀況。「國際海事勞動公約」（MLC 2006）明定要求：「船上工作的海員可以使用岸上設施（Shore-based Facilities）及其招待服務，藉以確保其獲得健康及福利[8]。」

除遵循「國際海事勞工公約」（MLC 2006）所要求，實施船舶檢查及簽證等工作項目外，該行政管理當局亦應該確保其檢查員能夠應付滿足海員所關切的福利議題的相關要求，諸如就業機會、拖欠薪資、遺棄失業、拒絕醫療照顧（Denial of Medical Care）、限制和（或）拒絕上岸休假、疲勞與壓力、列入黑名單（Blacklisting）、拒絕派遣返國（Denial of Repatriation）等。倘若前述所及有關海員福利項目遭受明顯的衝擊影響，勢必造成海員的身心健康與工作安全，甚至船舶的航海安全等潛在性影響。順應海員工作任務所需，賴比瑞亞早已是籌劃其海事勞工檢查員（Maritime Labor Inspector）的特定訓練工作之先驅者，並且在執行海事勞工檢查作業時，特別注重「人因要素」議題，迄今業已訓練出超過 100名稽核員，以確保海員工作所應獲得法定合理的從業權益與福利。

8　Cedric D'Souza and Canon Ken Peters, 'Maritime Labor Conventions Addressing the Human Element', Liberian International Ship and Corporate Registry, No. 27, International Maritime Human Element Bulletin, United Kingdom, January 2012.

九、結語與心得

　　每位驗船師和檢查員所必需擁有的學理知識、技術職能及人格特質等是繁瑣且多元化樣態的。不僅是其應俱備有必要的專業資格，並且在其工作過程中，尚必須能夠有效與岸上／海上所接觸的相關工作人員，進行多面向的溝通交流工作，瞭解工作人員如何與其他人員、機器及船上系統間的互動活動所必備素質。在國際海事組織的優秀港口國管制官員工作實務規範章程中，針對港口國管制官員的所有工作活動判定評價，均圍繞著三大基本原則，即為：1.正直誠信；2.專業精神；3.公正透明等。

　　在船舶設計作業中，納入「人類工程學」因素的考量，將有助於：1.增進操作安全；2.減少錯誤風險；3.改善工作效率；4.狀況察覺能力等。一般而言，驗船師被訓練來從事有關於工程的，而非人類的行為之判斷決定，並且其普遍接受的僅是工作所需之基本訓練，因此提昇改善對於該議題的認知意識，正是不可或缺的第一步驟。針對人因要素能力的基本底限要求方面，英國勞氏船級協會遵循驗船師所需的知識、技能及特質等研究分析結果，一套合適的訓練養成課程方案業已被建議提出。從而一套搭配有「線上評估」功能的人因要素「E化電腦學習課程」將被開發出來，藉以提高產業人士的認知意識。這些訓練課程將成為在特定專業領域內的職涯能力計劃方案之一部份。至於有關船舶檢驗工程師所需學理知識、技術職能及人格特質彙總資料，亦被詳實分析逐項說明。

　　船舶檢查員執行一貫平等處置方式，正是一套獨立自主且饒富經驗

的審視方法，藉以協助管理產業界所面對的風險狀況，並且是採用一種格外新鮮及熟練經驗的工作方法。根據英國「海事及海岸巡防局」發佈研究文獻所引述：「人因要素即是在海上航運產業中的人類行為指導準則；人類不像天氣般，僅是單純的一個影響因素而已，而是位居於航運產業的核心中核心位置。吾人得以分享此一情況、目標及意義等能力是在取決於兩項關鍵人類特質：移情作用與溝通交流。」

新加坡傑士比海事公司業已開發制定一套自身招聘驗船師的專業標準。通常是接受保險擔保商、船舶租賃商及律師事務公司等所委託。在檢查各式各樣船舶類型時，當然擁有眾多熟知的油輪專業技能人士，並且支付相當豐厚酬金給與公司所屬擁有優越油輪資歷及經驗的驗船師們。1.在基本上，公司需要在技術上適格的人員。該互保公司所屬驗船師的招聘條件如后：參考「船舶檢查報導機構」及國際化學品配銷協會等課程規劃內容，將其編譯轉化為申請人必須備有資相條件：即持有壹級（如甲級艙面船副或管輪工程師般）的能力證書及擁有至少一項油料危險貨物的專業簽證；2.已經俱備主稽核員資格，惟亦會考量那些在業經認可的訓練機構，已經完成國際船舶安全管理章程（ISM），或國際標準組織（ISO）等內部審查員訓練課程的人選；3.公司內部所建置電腦為基訓練（CBT）軟體，建置獨立自主地驗證技術職能的水準；4.軟性的技能可能與技術能力亦是同樣重要的。能夠清楚及有效地與船上工作人員溝通交流的能力是極為必要的。清晰的思維、一個合乎邏輯的方法及撰寫簡明書面報告的能力等，皆是其所有必要的客戶需求；5.「安全性認知意識」是最為重要的，並且驗船師必須隨時注意其身邊所可能面臨的風險及危害等。

美國海岸防衛隊（USCG）提供一套「流線化檢查程序」作為其傳統檢查工作的效能提昇替代方案。類似於安全管理系統般，該公司人員進行各種船舶系統的經常性週期檢查，記錄其所發現的結果，及採取必要的改正行動。美國海岸防衛隊業已公佈有關檢查程序、標準規範及拖帶船舶的安全管理系統等行政管理的規則草案，藉以改善更為安全的工作實務，並且透過要求拖帶船舶嚴守擬訂的安全標準規範及安全管理系統等，以有效減少發生船難傷亡事件的頻率。

　　該驗船師的法定檢驗工作內容，即是確保受檢船舶遵循所屬船級協會的相關國際規範，及船旗國所授權代表檢查工作的國內法令規定等要求。諸多驗船師均先擁有造船工程學位後，得以任職於各船級協會機構。在正規嚴謹的訓練計畫流程中，新進人員被安排參與海上航行的實習機會。在實習期間中，分別在輪機機艙及航海甲板等部門見習觀摩。尋求搭乘商船的航海實習機會，藉以更加瞭解船舶海上航行如何作業情形，因此將可提昇船上作業的專業知識，及與船上工作人員間的溝通能力。並且可藉由「虛擬實境訓練」方式，進而可能補強及增加驗船師的能力開發，現今其亦逐漸增加應用於軍事勤務訓練工作上。

　　在西元2009年間，挪威船級協會（DNV）研究開發出一套稱為「速悉」的船舶檢驗模擬機。在初始草創時期，該設備僅在位於波蘭格丁尼亞鎮的公司所屬訓練學校設置使用，後來業已被全面應用於世界各地教室，最終已被安裝至每位驗船師的筆記型電腦上。數以千計的檢驗發現及壞損案件等成果，均業已匯集收錄於挪威船級協會（DNV）所屬知識庫中，藉以檢測驗船師對於法條規定要求、專業術語及報告製作等知識程度。無論如何，該「人為因素」及工作經驗係無法被科技所取

代，惟有吾人虛心接受其爲解決問題方案的一種方法，藉以增強驗船師的專業能力，持續向上進步才是。

　　未來將會有持續增加的技能需求顯現，即是每位工作人員將在有計畫及特別專注的氛圍下，接受訓練及獲得某些技能，並且「終身持續專業發展」業已成爲及正是所有驗船師工作生涯中不斷力求精進的專業特徵。當訓練一位調停員時，在各項技術課程中最爲基本易見的，即是「身體語言訓練」。其中包括有重要的訪談訓練技巧，藉以瞭解開放性、封閉性及誘導性等各種面向的問題。至於在調停員及仲裁訓練的其他方面上，尚涵括有報告寫作、必要工作程序及案例研究等。另驗船師、海事調查員、諮詢顧問及專家證人等，亦可能從此一訓練課程中獲得許多助益，在其訓練課程內容中，亦備有諸多非常無價寶貴的技巧，藉以培養驗船師俱有針對訪談潛在見證人的較佳訪談技巧及工作指導原則，並且改善提昇一般性資訊蒐集的技巧方法。

　　西元2006年所頒定「國際海事勞工公約」（MLC）第四條規定海員的就業及社會權利。在前述公約第一至四章中所載明「海員權利」是各國政府行政機關必須確保的重要責任，並且遵循公約要求全面落實執行。很多公約的要求都是透過國家規章和條例，及集體談判協議等得以具體實踐的，並且可透過檢視船上記錄的方式，而被加以檢查出來。然而若干諸如海員的疲勞、壓力、健康及全面福利等要求，皆與「人因要素」有關，可能不容易透過記錄與文書作業等方式被檢查出來。

　　稽核員進行海事勞工檢查工作時，應該不僅要注意符合海員社會及從業權利的明顯可見證據，亦應該察覺諸如海員的文化、看法及信仰等有關海員福利的隱藏因素。在海事勞工檢查工作期間，稽核員應該能看

到更爲寬廣的面向、景象，並且能夠有效地與海員溝通交流，聆聽其抱怨，同時儘可能地在船上就地解決該抱怨問題。稽核員必須是具有職務授權、誠信正直、敏銳洞察及獨立自主等特性的專業人士，並且必須能夠識別出缺陷不足問題，並且尋求船東提出補救措施，以有效解決缺失問題。

「國際海事組織」（IMO）福亞查汀（Fuazadeen）先生提及：「船上安全性的標準不僅是依靠船舶的健康狀況，並且更爲重要的是負責操作船舶的海員健康情形。」麥可葛瑞（Michael Grey）先生則說：「現今海員水手所見船上工作負荷變得更爲艱苦、工作環境變得更爲簡陋，而僅是單純重視報酬收入所得，或許可能對於其所追逐『軟性價值』的熱情，產生若干困惑懷疑情事。」海員的工作能力及專業態度會遭受個人憂慮不安及情緒低落等因素影響，進而造成嚴重損害情形。無論如何，缺乏福利將會衝擊到效能表現，並且將會引進無法承擔的風險，導致減損船舶的安全操作狀態。

在本章中，對於船級協會驗船師的基本知識、職業技能及人格特質等，均作一概括性敘述。同時對於公司船舶檢查員、行政機關港口國管制官員、互保公司所屬驗船師、海事調查員、海事調停員、諮詢顧問、專家證人及權責稽核員等所應接受的執法及技術等職能提昇的「線上訓練課程」，亦有相當說明可供參考，足可爲未來海巡機關擴展海事案件處理的法定業務，預作人力資源的教育訓練規劃。

第拾章

國際海事教育及訓練師資人員的養成議題

摘要

「國際海員訓練發證當值標準公約」（STCW）章程內容條文載明：「所有海員必須擁有適格海事專長認證，以便妥當適任船上職務工作。並且海事專長教官、監督管理人及職能評鑑人等，亦必須擁有適格認證。」當然海事大學相關科系的講師亦應如海員般，備有適格海事專長認證，據以受聘教授海事專長職能課程，並且擁有對於現今船上作業內容及船上最新應用科技等的最新評鑑能力。對於「人因要素」議題，海事教育訓練師資人員必須俱備認知警覺，因爲其將會影響到船舶的設計、管理及操作營運等，並且其必須熟知人員與人員、人員與機具裝備，及人員與船機系統等工作介面間，是如何互動運作的。正如現今海事業界的許多教授一般，海事教育及訓練工作都是倚重先前海上工作者，以傳授下一代海員所需的職業技能及學理知識。惟僅是一個擁有豐富經驗的海上船員，尚不足以成爲一個優秀的教學師資及訓練教官。因此，一套全新的教學技能必須被開發出來，藉以彌補在海上所學航海技能的不足者。一個準備妥當的訓練師資人員之課程計畫，將協助任何主要科目的教學專家，藉由開發其兩個領域的專業技能，使其成爲一位令

人敬重的訓練師資人員，即為：在規劃階段時及教室課堂內，將重點聚焦於受訓人員所必需的能力。

海事教學講師必須調整其教學重點至受訓學生實際操作些什麼及其如何進行學習活動。與其是單向的課堂上填鴨式教學方式，最好給予受訓學生們一個模擬練習機會，藉以激發學生必須自主研究思考。在更為現今的時代中，該課程規劃必須更進一步擴展延伸至涵括一些非技術性的能力，諸如領導統御、管理及文化認知意識等課目，更加強調於「以學生為中心」的教學方式。這些能力無法經由課堂講授學習而獲取，其必須透過實務工作經驗而得到，因此海事教學師資人員的工作職責，即是必須創造合適環境機會，藉以引導學生們獲取這些工作經驗。在「國際航海人員訓練、發證及航行當值標準公約」中第一部份內容要求：「每一業界團體都必須確定每位指導教官人員、督導人員及審查評量人員必須俱備適當的專業資格，無論其是在船上或岸上工作，皆需俱備符合各特定船型及海員能力的訓練與評量等級資格。」其中有關俱備適當的專業資格部份，係指能夠知道現今船上科技設備的最新狀況，因此「重新上船航海溫習」期間正是確保與時並進的最佳方式。

當首次學習該教育訓練技巧時，吾人所學得的重要訊息即是：「充份準備」正是成功講授一門主題課程的關鍵元素。因此，一位訓練師資人員應該擁有該主題課程的真實論據及專業技術知識等，才能得心應手地完成教學訓練工作。另外一個學習的關鍵概念即是：「從知道的到不知道的」。其意謂訓練講師應該進行課程內容教授，並且引領受訓學生們從其已知的事物經驗，到達新增陌生的知識職能之目標旅程上。倘若有足夠容許時間，訓練講師應該策劃一些以實務操作為基礎的學習活

動，以使受訓學生們更能得到經驗啓示。授課教師們需要發展一些訓練科目新領域的專門技術，諸如在極端的作業環境中工作，及與不同國籍、宗教、心理狀態的人員一同工作等。同時，「領導統御」技能的密集訓練亦與工程或航海技能等訓練開發般同等重要，因此激勵人員士氣及卓越領導統御等現代方法，亦是未來講授課程的重要內容。

對於一位海事教學講師而言，持續不斷地更新其專業技術知識及瞭解最新的技術發展情形等，更是必要不可或缺的，不僅是輪機工程、船舶建造、海上航行及海事鑑識工作發展，及日常海運商務等技術要素，且對於社交聯誼及職業技能等面向，亦是不可被輕忽低估的。在海運安全性議題上，「人因要素」的重要性業已廣泛地獲得產業界所接受，即使不在實際行動方面配合，亦多在書面文件方面同意。在船上人員實施緊急疏散行動時，「語言與溝通」等議題亦顯其重要性。假若船員必須能夠快速且安全地遵從來自船橋駕駛台所傳達的指令，同時，亦必須能夠與船上旅客們，有效地進行溝通工作，尤其是在傳達清晰及簡明指示給予旅客們時，該「人因要素」的重要性更是清楚顯見的。最終提供若干建議，以爲海巡機關推動海巡人員海事職能自行發證之際，更應審慎研議設置海巡航技職能的教育訓練機構、師資課程、實習艦艇、品質管制及績效考評等項目參考。

關鍵辭：學習、人因要素、海事教育、教育訓練、教學策略。

一、前言

「國際海員訓練發證當值標準公約」（International Code on the Standard of Seafarer's Training, Certification and Watch-keeping；STCW）章程內容條文載明：「所有海員必須擁有適格海事專長認證，以便妥當適任船上職務工作，並且海事專長教官、監督管理人及職能評鑑人等，亦必須擁有適格認證。」當然同等重要的是，這些海事大學（Maritime Colleges）相關科系的講師亦應如同海員一般，備有適格海事專長認證，據以受聘教授這些海事專長職能課程，且擁有對於現今船上作業內容及船上最新應用科技等最新評鑑能力[1]。

在海事教育訓練領域中，課程教官一職定是某一特定性格人選，並非人人皆可勝任。根據「國際海員訓練發證當值標準公約」（STCW）所規定，該海事教官必須擁有適格認證，具有適當的知識及理解程度，並且業已修習過教學技巧（Instructional Techniques）、訓練及評估方法（Assessment Methods）等相關適切的訓練課程。然而，這些教育及訓練師資人員所應俱備的學理知識、技術職能及人格特質等，更是非常多元繁複且包羅萬象的，詳請參閱表10-1所述。

1　Squire, David, Education, Training and Career Development – Crucial for Safe Operations, No. 20, Alert Magazine, Maritime Human Element Bulletin, U.K., May 2009.

表10-1 海事教育及訓練師資人員所需學理知識、技術職能及人格特質彙總

項目／細目／說明	涵蓋細目	說　　明	備註
1. 學 理 知 識	1.專業經驗	海洋知識；航海經驗。	
	2.公約、決議、規則及條例	國際海事組織、國際勞工組織及世界衛生組織公約及其決議案等知識；船旗國法規；船級協會規範。	
	3.產業標準	最佳工作實務指導守則及其他產業標準等相關知識；國際標準組織；國際工程公約。	
	4.永續專業發展	知識更新。	
	5.管理理論	管理科學的基本知識；不同文化差異的理解；社會交際系統的基本瞭解。	
	6.人因要素	人因要素的瞭解；在設計、建造及操作中的相關性；訴諸人因要素的優點；權責管理的期望；基本的人機工程學及其使用範圍對於人類表現的影響。	
	7.主題知識	擁有豐富的知識基礎。	
	8.訓練設計	學習心理學；課規劃程序的知識；確認及撰寫課程目標；擇用教學方法及教材內容；規劃評估。	
	1.人因要素	認識人因要素的議題及預測後果的能力；在表現、動機及安全性中的使用內容，認識到形成因素的衝擊影響之能力。	
	2.專業經驗	貨幣；領導；專業判斷；技術職能。	
	3.安全性認知	樹立良好的榜樣；事故調查的基本認知。	

項目／細目／説明	涵蓋細目	説　　明	備註
2. 技 術 職 能	4.溝通交流	以學習者能夠理解的方式表達資訊；能以清晰及簡明的方式傳達複雜的想法；使用學習者能夠瞭解的詞彙，來翻譯資訊；人際溝通技能。	
	5.永續專業發展	技能及知識的更新。	
	6.學習	尋求來自學生的回饋；學習的設計或規劃；回饋與評估；有效的、可靠的、公平的、明確及毫不含糊的評估。	
	7.課程規劃	在規劃階段，側重於受訓學員的需要；在教室裡，側重於受訓學員的需要；考慮訓練的可用時間及對其他職責工作的衝擊影響；以人因為中心的方法，應用至訓練的設計上。	
	8.技術熟練程度	主題的深刻瞭解；瞭解一個缺乏專家的主題之困難。	
	9.領導、管理及文化認知	領導技能的訓練；人類的動機；與不同的國籍、宗教及心態等人員共同工作；人類工程學因素對於表現及動機的影響效應。	
	10.教育學	瞭解教育學的基礎知識；教學策略的認識。	
	11.教學能力	轉移技能及知識給多樣不同聽眾的能力；建立指導教官在受訓學習者的信心及提昇可信度；促進學習及詢答問題；紮實穩固的表達技能；課堂管理技能；教學方法；通過面部表情、身體語言及答詢評論等方法，衡量受訓學習者理解程度的能力；閱讀、書寫、綜合、	

項目／細目／說明	涵蓋細目	說　　明	備註
		評價、作出決定及傳達想法等的能力；回饋意見的使用，以改進教學及教材等。	
3. 人 格 特 質	1.特質	自我認知；自我激勵；心理行為能力；智慧；人品；性格。專業標準。	
	2.專業氣質	道德健全；誠信為本。	
	3.正直誠信	清廉拒貪；公平不帶偏見。	
	4.透明度	開放性；可說明性。	
	5.性情氣質	有自信心的；尊重同儕及學生的；有禮貌的；堅定穩實的；謙恭有禮的；沉著鎮靜的；有耐心的。	
	6.公平	獨立自主的；沒有成見的；始終如一的；根據情報決策的。	
	7.溝通交流	清楚；有效。	
	8.行動方式	俱有熱情；適應能力。	
	9.移情同理心	與學生融合的能力。	
	10.激勵人心的	開拓學生的天賦、技能及能力。	
	11.學習意願	從其他教師及學生間學習的意願；以人性為中心方法的訓練設計。	
	12.理解認知	靈活的教學風格；可調適應的；瞭解人性本質；提供訓練的可用性之認知；人類工程學訓練的認識。	
	13.追求卓越	從學生身上獲得最佳效果；鼓勵思想分享交流；協助學生完成工作的意願；以學生成就為光榮。	

對於「人因要素」（Human Element）議題，海事教育訓練師資人員必須俱備應有的認知警覺，因為其將會影響到船舶的設計、管理及操作營運等，並且其必須熟知人員與人員、人員與機具裝備，及人員與船機系統等工作介面間，是如何互動運作的。同時其亦必須注意船上社交聯誼環境，將會如何影響到船上工作海員的相關休閒娛樂福利。

一位海事教育訓練師資人員必須熟悉瞭解海上生活作息方式（The Ways of the Sea），最好是擁有多年資深的船上工作實務經驗，從而可以累積相當豐富的基礎知識，以便能夠傳授給學生相關資訊。並且其必須能夠瞭解現今船上運作的實際狀況，及最新船舶的相關應用科技等。當然，其亦必須能夠以所有學生都能夠理解的方式，進行知識交流的教授工作。

無論如何，這不僅是單純的「教授」學理知識之動作而已。在合乎教學標準的意義上，海事教育訓練師資人員必須是位稱職的好老師，並且尚必須擁有：1.與學生充分融合的能力；2.領導統御（Leadership）及激勵士氣（Motivation）的技能；3.流利紮實的口頭報告能力及純熟幹練的課堂管理技能；4.可以從學生互動中尋求回饋訊息，藉以建立自信心及提昇改善可信服性（Credibility）等能力。因此，在海事教育訓練工作領域中，必須真正尋找一種特定人選，成為一位稱職教官，即是現今所迫切需要的。

二、優秀的海事教育及訓練師資人員要件

正如現今海事業界的許多教授一般，海事教育及訓練工作都是強烈倚重先前海上工作船員們，以傳授下一世代海上船員所需的職業技能及

學理知識。在全球性的海事教育工作族群中，亟需一些俱備特定能力的人才來積極參與。然而這需要找到擁有一個「願意將所學東西回饋至其職業生涯」志向意願的人士，並且在其年輕歲月中，提供一個海外遊歷及擔當責任等機會。但是，僅是一個擁有豐富經驗的海上船員，尚不足以成為一個優秀的教學師資及訓練教官。因此，一套全新的教學技能必須被開發出來，藉以彌補在海上所學航海技能的不足者。

這船上工作與岸勤工作內容是截然不同的。在船上工作的傳統管理階層制度中，其分工責任及授與權限等結構通常不會是由岸勤工作慣例複製而來的。因此，在此一海上環境中工作的首要調整事務，即是學習更多的合作（Coalition）、談判（Negotiation）、協議（Agreement）及實踐（Implementation），而不僅是決策及行動罷了[2]。對於擁有抱負的教學師資而言，幫助他人學習的信念正是一個極為重要的先決條件。無論如何，幫助他人學習是需要俱備若干關鍵的人格特質，詳細分項說明如后：

1. **學科知識**：對其所專長的學科而言，指導教官所瞭解的知識應較受教學生們為佳，是為實質必要的。學習成功操作全套雷達設備（Radar Set）是為所有航海人員所必要的一項專業技能。然而指導教官必須準備所有學生可能想到的問題，諸如這設備是如何操作的？我們要依據什麼程序指令，以進行調整控制？至於最為令人生畏的是，學生出口提問：「為什麼？」這真是一個老生常談的自知之明說法：「當你學習過

2　Captain John Lloyd, Just Being an Experienced Mariner Does Not Make for a Good Educator and Trainer, No. 29, Alert Magazine, Maritime Human Element Bulletin, U.K., May 2012.

如何教授其內容予他人時，你僅適當地瞭解你的教授學科而已！」

2.**溝通交流**：航海業界社會係爲一個國際性的職業，並且「英語」或許可能是海上的共通語言，受教學生都是來自許多不同的地區國家，並且各自擁有迥然不同的入行教育標準。教學師資必須清楚地傳授資訊，必須能給予明確的書面及口頭教學（Written and Oral Instructions），並且能以受教學生所能瞭解的方式，來表達資料信息，諸如或許可能是一些書面手冊，或學習指南，或可能涉及多媒體呈現（Multi-media Presentations）與文件資料等。對於受教學生的考評方式必須是有效的、可靠的、公平的、清楚且不會模稜兩可的，因此讓學生有一個明確的追求目標，需要做到什麼標準，才是成功的學習結果。

3.**正直誠信**：所有指導教官都期望學生們可以做得很好，尤其是在自己所教授的專業領域方面。透過評量（Assessment）、測驗及考試等方式，以確保受教學生們已經得到學習的成效。在評量過程中，亦不會存在個人喜好（Personal Favouritism）及成見的空間。倘若必須提供一套健全且有效的評量制度時，所有教師職員們必定展現出高水準的安全保證及正直誠信（Integrity）。即便如此，許多組織仍然提供書面文字的匿名標記申訴方式（Anonymous Marking of Scripts），藉以確保可以沒有不恰當的關說聯想。

4.**文化認知**：在相同的環境中學習時，不同的學生族群可以提供給許多受教學生們豐富的學習經驗。但是，對於如何進行學習及學習些什麼內容等方面，不同的文化及國家自有其不同的期望及目標。這些經驗豐富的教學師資人員，即成爲學生們學習的促進者（Facilitator），並且對於那些因應此一教學傳授方式（Educational Delivery System），

不盡熟悉的受教學生們，無論其背景如何，都會給予協助，使得每位受教學生都能充份展現其潛在能力。

5.**耐心毅力**：無論如何艱辛的努力，教學工作可能是充滿挫折的，同時要幫助受教學生們有效瞭解掌握若干艱深概念亦是不容易的。因此通常授課老師會期望學生們進行較多的個人學習功課（Private Study），或者當與同儕們一起工作，進行探討若干議題時，進行提問應答的互動學習活動。當然在大部份的時候是不會發生這種情況的，及當學習進展變得遲滯不前時，充份掌握受教學生們的學習困境問題，適時提供若干支援協助，使得學生們可以利用時間自我學習，正是最為重要的因應做法。

6.**教育學**：一般而言，此一專有名詞係談論教導策略（Strategy）及如何正確使用那些策略等。瞭解「教育學」的基本原理是教育工作者所必備的首要專業技能，藉以彙整其技能及特質，進而強化受教學生們的學習經驗，及促使其擁有最大的成功機會。倘若可以清楚瞭解「教學策略」（Instructional Strategy），亦可提供現今海事教育工作者（Maritime Educator）極大的協助，藉由尋得適切可用的教學傳授方法，進而穿越複雜的科技迷宮（Maze of Technology），並且做出可以協助受教學生們進行學習的有效選擇。

綜合而言，該授課講師的工作是會得到巨大的回饋助益，諸如協助保持我們所操作船舶是安全的，並且藉由培訓出來的這些俱備高度幹練能力的海員們，保護工作周遭環境，凡此種種往往是充份且足夠的回饋。至於更難能可貴的是，當這些現今早已成為專家海員的受教學生們，回頭重新認同曾經引導其走過大學階段的那些教學訓練師資的傳承

信念及敬業精神。

三、培訓教育訓練師資人員的重要性

在若干年前，曾有一位業界公司主管談及其對於提供訓練的簡易工作方法，正如：「任何知道一項主題科目內容的人士，都可以進行此項主題科目的訓練工作；其所必要做的正是將其所有知道的內容全部載入於簡報檔案裡，並且透過該簡報檔案內容，進而傳授給所有受訓人員。」在經過若干時間思量後，吾人臆測此一工作方法，可能獲得若干潛在結果，分項說明如后：

1.受訓人員將可能被無止盡的簡報檔案畫面切換變動（Endless Stream），弄得不明事理且枯燥厭煩至極。

2.當訓練教官人員朗讀投影片內容時，其是面向簡報而站，而非面向學生授課。受訓人員將備感深受屈辱，正如其可以自行閱讀這些簡報檔案內容，無需訓練教官人員來講授。

3.因為簡報檔案的影像畫面內容被訓練教官人員重複講授，受訓學生們根本無法做些學習思考的工作。

4.對於訓練教官人員所試圖傳授的知識內容，若干受訓學生們或許可能早已有所瞭解。

5.訓練教官人員將所有時間應用於進行講授工作上。

6.訓練教官人員完全依賴投影機的簡報檔案運作，然而這些內容是所有受訓學生們完全可以看得見的。

7.訓練課程內容完全聚焦於訓練教官人員所知道的，而非受訓學生

們所需要的。

最終所得到若干令人擔心的結果，諸如與受訓學生們有關的兩項記憶，即是：「他們非但不會記得太多課堂上所經歷的課程內容；亦不會記得訓練教官人員可能是全世界上最無聊的人士。」這其實是令人強烈懷疑的，是否這兩項結果會是吾人執行該訓練工作所期待得到的嗎？

一個準備妥當的訓練師資人員之課程計畫，將協助任何主要科目的教學專家，藉由開發其兩個領域的專業技能，使其成為一位令人敬重的訓練師資人員，即為：1.在規劃階段（Planning Stages）時，將重點聚焦於受訓人員所需要（Trainee's Needs）的能力；2.在教室課堂內，將重點聚焦於受訓人員所需要的能力[3]。然而想要成為一個優秀出色的訓練師資人員，並非是一匙一匙地填鴨餵食（Spoon-feeding）受訓學生們的所有需要，而是必須容許他們、協助他們，或是迫使其自力去進行若干練習工作。

四、海事教育師資人員的自我體認

近年來，從「廣度進修教育」（Further Education）逐漸發展趨向至「進階深造教育」（Higher Education），海事教育及訓練工作已可見到積極性的進步情形。尤其是在如何教育海事專業人員，及訓練海事教育講師等所需的技能與能力，皆帶來極為深遠的影響改變。

在過去時日中，吾人強調的是在預擬及限制的職能範圍內，及在培

3　Rus Slater, The Importance of Training the Trainer, Coach and Courses, U.K., May 2012.

養海事專業人員的教學課程（Curriculum）中，著重在其技術的熟練程度（Technical Proficiency）。在詳盡的課程大綱中，強調在指引教學人員所講授課程應如何實施教學工作，並且將該課程內各部份章節明確分配講授時數。這些課程的設計全是科目「內容導向的」（Content Driven）；儲訓學員修習愈多訓練科目的課程，即會被認定爲「更是俱備有專業資格及能力」。因此該海事課程教學講師（Maritime Lecturers）的首要授課任務需求，即是專注於訓練課程所強調的學員技術熟練程度。同時，擁有資深船上實務經驗的傑出海事業界先進前輩，亦將會被召募返回課堂上，得以將其自身所累積寶貴知識傳授給這些受訓學生們。

因此吾人亦發現，倘若吾人規劃太多的專業科目課程，將會損及對於各課程科目的深入瞭解程度，進而影響到吾人所期待的技術熟練效果。學生們或許可能會以「強記硬背」學習方式，藉以通過考試測驗。雖然最終可能通過測驗及格，看似表現出相當專業的形態，然而其認知瞭解程度卻是非常粗糙膚淺的（Superficial），並且其專業職能將是虛假脆弱的（Counterfeit）。

吾人尚可察覺到，各教學師資人員必須深度瞭解自己所負責教授的科目內容。因爲即使是一位擁有高度專業能力的海事航技人員，亦未必可以成爲一位優秀的海事專業教學講師。學生們必須主動參與學習活動，藉以深植專業知能及海事業界所需職能等。其亦必須透過海事教學人員及受訓學生們間的雙向互動，藉由尋求教學回饋的方式，實踐教學相長的終極目標。

同時海事教學講師亦必須調整改變其教學重點至受訓學生正在實際操作些什麼及其如何進行學習活動。與其是單向的課堂上填鴨式教學方

式，最好可以給予受訓學生們一個模擬練習的機會，藉以激發學生必須自主研究思考，並且透過建立船舶模型，及當其得出錯誤的計算結果時，到底是發生那些問題等方式，進而充份測試檢驗（Test Out）其意見觀念。

在更為現今時代中，受迫於潮流趨勢壓力，該課程規劃必須更進一步擴展延伸至包括一些非技術性的能力，諸如領導統御（Leadership）、管理（Management）及文化認知意識（Cultural Awareness）等課目，由是可知，更加強調於「以學生為中心」的教學方式。然而這些能力無法經由課堂講授學習而獲取，其必須透過實務工作經驗而得到，因此海事教學師資人員的工作職責，即是必須創造合適環境機會，藉以引導學生們獲取這些工作經驗。

為求協助海事教學師資人員得以適應此類轉變，即從「以教師為中心」移轉至「以學生為中心」的學習方式，吾人不僅必須開發出一套教學的專業工作實務方法，並且必須協助教學師資人員維持其所教授的技術專業品質[4]。在英國瓦薩旭海事學院中，吾人業已開發出一套專為海事教學講師所設計的「研究生修習學程」（Postgraduate Programme for Lecturers in Maritime Education and Training），可為教學訓練師資人員的深造進修所需用途，進而達成前述教學目標。

該為期一年的研究生修習學程，藉由提供研習學員瞭解人們如何學習，搭配可反映教學工作實務的工具，及使用諸如模擬機（Simulators）的科技器材之能力等，激勵修習學程學員們在其教學方式上能夠

4　Claire Pekcan, On Being a Maritime Lecturer, Warsash Maritime Academy, Philippines, May 2012.

獨立創新，以期達到最佳成效。同時該學程亦可備爲研究生的講授教學（Postgraduate Teaching），甚至特別注重於培養各學生們的獨立自主學習（Independent Learning）能力。

倘若海事教學講師人員擁有足夠信心，鬆手其曾不愼造成學生們不由自主養成依賴學習的責任，方能達成這般理想的教育訓練目標。當然無庸置疑的，透過這種創新學習機會，應用所學及結合實作經驗等，藉以替代在傳統課堂講授中的「塡鴨式教學」方式，從而得到傳授海事應用知識及作業觀念等實務經驗的珍貴機會。

總而言之，吾人堅信一位能夠在其同儕中出類拔萃的優秀海事教育師資人員，並非是與生俱來的。無論如何，那是透過不斷自我努力及運用不同教學方式，並且這正是對於專業教學實務工作（Professional Teaching Practice）的一項崇高執著奉獻。然而或許極其諷刺的是，吾人發現：「老師少做，學生多做，反而將會達到吾人所期待的目標結果，即讓學生們成爲一位擁有深度瞭解其海事行業能力的專業人員。」

五、持續高品質教育的精進目標

在菲律賓宿霧大學（University of Cebu, Philippines）的教職人員中，擁有機會前往英國瓦薩旭海事學院（Warsash Maritime Academy, U.K.），接受有關海事教育暨訓練領域的研究生修習認證學程（Post-graduate Certificate in Maritime Education and Training；PGCert MET），確實是一個事不宜遲、千載難逢的機會。對於一位已在學校教書將近20年的資深教師而言，這是一個極爲難得的際遇機會，尤其

是本身亦未俱備正規教育科班出身的背景，當下正好可以伺機自我評量一番，在這些年間，到底都是如何教導學生的。

整體而言，這套研究生學程可以使得吾人受益良多，亦因此使吾人深刻瞭解到「教學」與「學習」兩者，應該是何樣的本質。在過去時日中，吾人總是把重點放在教學方面上，正如試圖去熟悉教學方法等。吾人亦僅是關心依據預擬課程大綱（Syllabus），如何將每一議題及科目的內容，完整傳授給學生們知悉。在基本上，吾人是過度「以教師為中心」本位的（Teacher-centered），卻未曾「以學生為中心」（Student-centered）角度去思考的。

該研究生學程特別強調「人因要素」（Human Element）的重要性。在此課程中一直被討論的「人因要素」關聯性，在若干理論及概念中，皆被特別強調凸顯出來。此即是在學習過程中：1.最重要的考量其實是學生自身，而非是訓練教官；2.不是教學型態或是方法，而是學生們的學習型態[5]。從學生們的學習型態、學習的設計或計劃、回饋與評量，及有效的學習環境（Learning Environment）等皆被精心設計或計劃出來，藉以確保達成知識能夠有效傳授，及學生們能夠自行發展出技能等目標。

該研究生學程引領吾人認識「教學」（Teaching）與「學習」（Learning）的不同面向。在吾人教學資料夾中所需加以反映的四個面向，正是：1.教學與學習的支援；2.學習的設計／計劃；3.回饋與評

5   Alberto Felisilda, A Journey Towards Quality Education and Continual Improvement, Maritime Education and Training Centre, University of Cebu, Philippines, May 2012.

量；4.有效的學習環境等，這些都是吾人必須不斷去反覆思考精進的。

所有這些學程的內容要項皆有助於精進吾人的教學方式。並且吾人相信，無論任何未俱教育科班出身背景的教師，僅要參與這套「海事教育訓練的研究生修習認證學程」（PGCert MET Programme），將可適切地引導其邁向高品質教學及持續精進的坦途上。然而，在學術環境中，教師僅是諸多與「人因要素」相關的因素之一，因為教學行政人員本身亦是同等重要的，其必須接觸此一海事教育訓練的最佳實務學程，以便其能在所屬個別單位機構中，將前述教學目標更有效地具體實踐。倘若此一研究生學程被具體化實施，那正是在海事教育訓練領域中，另一項「人因要素」議題的重要性即可被特別強調展現出來。

六、適格能力的海事教育師資人員特質

姑且不論經濟不景氣的衰退影響因素，全球海事人員數量持續呈現匱乏不足窘境。因此，如何保留現役海事人員及招募新人參與 （New Intakes）等所有努力，無論是過去或現今，都是同樣不可或缺的必要議題。無論如何，在海事人員數量減少的情況下，亦將導致俱有適格能力的海事訓練教官（Competent Seafarer Teaching Staff）人員數量亦將隨之減少。

通常在最佳情況下，海事人員訓練教師將是從備有適格能力的海事人員中被挑選出來參與的，不過現今這件事情正變得愈來愈困難。因此諸多短視捷徑及特殊方法（Ad hoc Solutions）等解決招募新人方案開始層出不窮出現，藉以試圖克服適格海事教師人員數量短缺的問題。

現今吾人必須登高一呼地主動倡議，藉以積極招募有潛力的教學師資人員，並且強化那些有意願從事海事教育訓練（MET）職涯工作人員的專業技術知能。至於有關海事教育人員所必需的若干特徵條件等[6]，分述如后：

1.**主題知識**：一位教學人員應該擁有至少與受訓學生相同的專業資格，尤其是在其所講授的專業主題科目上。但是當在愈是高階或更特定專業的工作訓練領域下，欲尋得擁有與受訓學生們相同專業資格的教學師資人員，亦是更顯困窘艱難。

2.**實務經驗**：正如任何教學課程一般，必須實現組織一個課程、移轉知識與觀念，及與人共同相處等專業技能。採用適當的教學方法，以進行談論及批評（Criticism）等意見溝通交流，正是必要不可或缺的。受訓學生們的身家背景、文化傳統、人格特質、年齡及同儕族群等因素，都將會對於何者為適當的做法，及應該如何處理敏感性的議題等有所影響。

3.**積極行動**：對於訓練學程、練習及設備等而言，教師人員的熱情（Enthusiasm）是重要且必須俱備的要素，亦可謂為該課程的成功所在。教師們必須瞭解該訓練學程的重要性，並且將其內容傳達給學員們知道。無論如何，授課教師們可能經驗豐富，並且對於講授課程內容早已過度熟悉，以致教師們會認為內容簡單且習以為常而忽略之，但是對於第一次接觸該課程的受訓學生們卻是極其重要。更為糟糕的是，因為

6　Professor Captain Stephen Cross, Competent Maritime Teaching Staff, Maritime Institute Willem Barentsz, NHL University, May 2012.

授課例行公事沒有新鮮的挑戰機會，導致減低教師的授課熱忱及行動力量。

在「國際航海人員訓練、發證及航行當值標準公約」（STCW）中，即有提及對於指導教官人員及審查評量人員（Assessor）等適任資格，卻未對於如何達到規定要求資格，提供足夠的參考資料。在國際航海人員訓練、發證及航行當值標準公約（STCW）中，第一部份內容要求：「每一業界團體都必須確定每位指導教官人員（Instructor）、督導人員（Supervisor）及審查評量人員必須俱備適當的專業資格，無論其是在船上或岸上工作，皆需俱備符合各特定船型及海員能力的訓練與評量等級資格。」其中有關俱備適當的專業資格部份，係指能夠知道現今船上科技設備的最新狀況，因此「重新上船航海溫習」（Refresher Sailing）期間，正是確保與時並進的最佳方式。

於是，自然形成一個「以能力為主」，遠勝於「以知識為主」的教育訓練議題。假若畢業學生僅知如何撰寫船上作業內容，卻無法實際進行船上操作（Shipboard Operation）的話，那將是毫無意義的。再者教學的品質強烈倚重於訓練機構內的教學人員經驗及專業技術程度，其意謂姑且不論全球共同遵循的「國際航海人員訓練、發證及航行當值標準公約」（STCW）條文規定，在不同的機構單位中，將仍存有相當的海事教學品質的差異，並且其教學努力展現的成果亦然。

總而言之，如何吸引這些教學師資人員，及其可以適用的條件為何等，正是重要的考慮項目，藉以保證高品質的海事教育訓練（MET）成效，未來仍將持續審慎推展下去。

七、訓練師資人員應備的教學才能品質

通常在任何專業人士花費相當額度的財務預算，以參加一個特定訓練課程時，皆會期待在該特定課程中，可接受吸收該研習領域的專家學者之教導資訊，這是一個相當順理成章的結果。因此，無論授課教師是否清楚知道其所傳授的主題課程內容，可否被課堂內聽眾學員們所吸收，那將是一個全新且陌生的議題。

通常許多公司都會花費相當數額的金錢預算，派遣公司同仁參加昂貴收費的研討會及訓練課程活動等，但是其是否知道所花費金錢，得到其應有的價值？在專業研討會中，假若僅是邀請一位未俱有如何教授傳達相關課程內容資訊理念的專家學者，或許可能是浪費金錢，並且在涉及「安全性議題」（Safety Issues）方面時，可能會牽涉更為寬廣層面的事務意涵。

在英國教學制度中，在進修教育大學院校服務的教學講師們皆必須擁有相關適格教師證照（Qualified Teachers），但是此　情況並未具體落實實踐，並且更不用說其他國家的實踐情形。因此吾人應該期待所花金錢費用的成效為何？當吾人第一次學習該教育訓練的技巧時，吾人所學得的首要訊息即是：「充份準備」（Preparation）正是得以成功講授一門主題課程的重要關鍵元素。因此一位訓練師資人員應該擁有該主題課程的真實論據（Facts）及專業技術知識（Technicalities）等，得心應手地完成此一教學訓練工作[7]。

7　Paul Russell, The Qualities of a Trainer, Marine Education Specialist, No. 29, Alert Magazine, Maritime Human Element Bulletin, U.K., May 2012.

　　無論是簡短的專題演講，或是長期的課程講授等，應該牢記在心的是，其個別的學習型態可能是透過聆聽文書資料，或是審視文件資訊，或是涉及實務操作層面的學習等方式以進行之。在教學本質上，這是一件困難的事情：「當在簡短的專題演講中，訓練講師或是演講教官可使受訓學生們能夠充份融入實務工作狀態中，但是起碼其應該備妥一個清楚有趣的視覺上表述呈現，並且在口述講授時，應該要能口齒清晰且採用多種抑揚頓挫的變化語調，藉以提振學生的上課專注能力。」

　　另外一個學習的關鍵概念即是：「從知道的到不知道的」。其意謂訓練講師應該進行課程內容教授，並且引領受訓學生們從其已知的事物經驗，到達新增陌生的知識職能之目標旅程上。倘若時間足夠允許的話，訓練講師應該策劃一些實務操作為基礎的學習活動，以使受訓學生們更能得到經驗啓示。諸如一個「危機管理」（Crisis Management）課程可能採用「船橋駕駛臺模擬機」（Bridge Simulator）方式，進行海事碰撞案件情境演練，並且「駕駛臺應變團隊」（Bridge Team Concerned）隨即能夠聽取，從海事碰撞案件發生至參與後續「新聞記者會訪談」（Press Interview）工作的全程執行狀況報告（Debrief）。

　　任何一位教育人員或是訓練教官所必須俱備最為重要特質之一，即是要擁有的是確認「受訓學生們能夠將其課程所學知能，從其自身工作經驗上充份反映出來。」此一自身工作經驗的反映，將使其所習得知能加以瞭解內化（Internalise）成為可能，並且進而將這些知能資訊儲存在其長期記憶（Long Term Memory）中。同時此一受訓成果亦將透過對於主題課程的熱愛（Enthusiasm）及激情等型態，得以實現達成之。

八、未來海事人員的教育訓練品質挑戰

現今諸多研究報告結果業已顯示，從事管理職務工作的海事人員平均年齡正以一個引人注目的速度下降中，並且在未來數年間，俱備適格能力的資深船員（Senior Officers）需求亦將會有急遽增加的趨勢。於是海上工作人數亦將呈現短缺不足情形，並且有關海事訓練師資人員數量明顯缺乏情形，然而至今尚未曾被明確地凸顯出來。

位居管理階層的海事工作人員之實際年齡正在逐年持續下降中，並且擁有愈來愈少的海上工作及實務經驗（Seagoing and Practical Experience），這正是導因於海運公司的強烈市場需求所造成結果。然而這些人員將來都會成為海事大學院校（Maritime Universities）的任教講師嗎？衷心期望這個答案是肯定的，否則將來站在海事教學講台上的教學講師們將會是來自其他產業，並且其絕對缺乏海事實務的經驗背景，同時亦僅是試圖藉由研讀文獻資料（Literature）內容，以吸收海上工作經驗。現今所幸的是，在海事大學院校內的諸多任職教學講師們，仍是擁有海上工作或是工程的實務經驗，這些海事工作經驗正是訓練下一代年輕海事工作人員所不可或缺的。

無論如何，俱備海上工作實務經驗僅是成為一名合格教師工作的要件之一。該教學講師們必須能夠發展出將頗為困難複雜的課程內容，以簡明扼要方式來表述說明的能力，藉以教授傳達給受訓學生們，並且得以激勵之。至於教授法（Didactics）及學習法（Learning Methodology）的基本要素是極為重要的，並且其正是學習得以成功的一個根

本關鍵[8]。再者，對於受訓學生們的人際互動聯誼技能（Interpersonal Skills）之開發訓練，在海事大學院校中任教講師們亦須擔負著相當重要的責任。從過去海事工作經驗中業已顯示，「人為輕忽」（Human Negligence）及缺乏責任已引發諸多重大的海運事件案例。

因此，授課教師們需要發展一些訓練科目新領域的專門技術，諸如在極端的作業環境中工作，及與不同的國籍（Nationalities）、宗教（Religions）、心理狀態（Mentalities）的人員一起共同工作等。同時「領導統御」（Leadership）技能的密集訓練（Intensive Training）亦與工程或航海技能（Nautical Skills）等訓練開發般的同等重要。激勵人員士氣（Motivation）及卓越領導統御等現代方法，亦是未來講授課程的重要內容之一。

就以個人自身工作經驗而言，教學工作可以得到來自受訓學生們的諸多直接回應及反饋意見，並且可以經常與年輕族群一起共同工作，正是在不同事務面向上的腦力激盪（Brainstorming）型態集體研討之工作情境。一般而言，在海事大學院校的受教學生們，都擁有在最短可能的時間內，通過其所需測驗的強烈企圖，並且觀察其日益進步及提昇成長，正是一件令人滿意欣慰的事情。無論如何，對於一位海事教學講師而言，持續不斷地更新其專業技術知識（Know-how）及瞭解最新的技術發展情形等，是不可或缺的，不僅是輪機工程、船舶建造、海上航行（Nautical）及海事鑑識工作發展，及日常海運商務（Shipping Busi-

---

8 Dipl. Ing. Stefan Rother, Quality Teaching for Maritime Students：An Ongoing Challenge, Flensburg Maritime College, Germany, May 2012.

ness）等技術要素，並且對於社交聯誼及職業技能等面向亦是不可被輕忽低估的。

身為一位海事教學講師必須每日進行自我學習工作（Daily Self-study）。一方面，這正是一個為年輕族群們的未來職涯發展（Career Development）上，建構基礎工作的絕佳參與機會；另一方面，亦可善用先前所得珍貴無價的專業技能，從事海運產業領域內的重要議題工作。假若實務工作訓練是一個永不休止的挑戰，其亦是一個極富價值的職業生涯機會（Career Opportunity）。

九、減少人為因素所致意外事故的省思

在海運安全性（Shipping Safety）議題上，「人因要素」（Human Element）的重要性業已廣泛地獲得產業界所認同接受，即使不是在實際行動方面配合，亦多是在書面文件方面同意。然而這些知識應要如何被傳播開來，使得將來海上工作人員能夠有所助益，進而促使海事案件數量得以有效減少呢？

在西元1990年代初期，「英國國家海事航空運輸官員聯盟」（National Union of Marine, Aviation and Shipping Transport Officers；NUMAST），實為現今鸚鵡螺國際公司（Nautilus International）的前身組織，公開發表一份研究報告論及：「高規格標準的訓練要求，得以確保所有船員達到一般通用等級（Universal Level）的基本能力。」無論如何，在這份研究報告中，仍是欠缺探討有關高規格等級的訓練與減少「人為因素所致意外事故」（Human Factors-related Accidents）數量等

兩者之間的關聯性議題。

在過去意外事故經驗中，其實這些問題早已是再明顯不過的。在西元1988年間，一艘「斯堪地那維亞之星」（Scandinavian Star）客輪上發生機艙火災事件，船上搭載27個不同國籍的旅客人員，並且沒有「共通語言」（Common Language），無法有效溝通，船上警報發送僅能採取手勢信號，及消防滅火作業嚴重失效。無論如何，這些事故中存在問題尚未獲得有效解決，卻在事件發生兩年以後，另一件類似船舶火災事故又再次發生，導致158名旅客及船員人命死亡。

在西元1989年間，美國埃索石油公司旗下「愛克森瓦爾迪茲」（Exxon Valdez）號超級油輪（Very Large Crude Oil Carrier；VLCC）在阿拉斯加州王子港灣處，發生一起觸礁擱淺且溢漏大量原油污染海域災難事件（Oil Spill Disaster），在其應變作爲檢討中，主要部份是監視「人因要素」（Human Element）所造成的傷害。然而美國「國家運輸安全委員會」（National Transportation Safety Board；NTSB）調查檢討報告結論指出：「造成此一船舶擱淺事件發生的最爲立即性因素，正是船上當值三副人員（Third Mate）未能適當操縱船舶航行，導因於身心疲累及過度工作負荷。」但是其意見卻被嚴重輕忽漠視。

在近年間所發生的「協和海岸」（Costa Concordia）號豪華郵輪（Delux Cruiser）觸礁災難事故（Rocking Disaster）中，「人爲因素」（Human Factor）已然扮演重要角色。大多數公衆皆曾迅速憤怒地當面指責該船船長（Captain），但是卻未對「駕駛臺團隊」（Bridge Team）給予太多的責難。在該意外事件發生的當天，是否有任何船橋駕駛人員懷疑過船舶航行路徑嗎？當值瞭望人員（Officer of the

Watch）是否有意識到危險訊息，並且質疑詢問過船長嗎？對於任何船上的安全性議題，皆必須是全船上所有人員的共同妥善管理事項，並且每位船上人員都必須有意識且願意，及可以質疑詢問長官所作的決定。

所有船上工作人員必須在一個免於來自上級長官的恃強欺弱（Bullying）及威嚇侵犯（Aggression）等氛圍下安心工作，假若當其覺得船長所作決策不甚妥當疑惑時，亦應該能夠再次試探詢問船長才是。同樣地，在「船員資源管理」（Crew Resource Management；CRM）訓練課程中，亦應該營造一個工作環境，藉以培養「交叉檢核」（Cross-checking）及「雙重檢核」（Double-checking）的制度氣質，而非將其窄化視為對於船長權威（Authority）的挑戰[9]。

在船上人員實施緊急疏散行動（Emergency Evacuation）時，「語言與溝通」等議題亦顯其重要性。假若船員必須能夠快速且安全地遵從來自船橋駕駛臺所傳達的指令，因此所有船上工作人員必須能夠說出一口有效溝通程度的英文，或者船上共通的工作語言（Working Language）。同時，船員們亦必須能夠與船上旅客們，有效地進行溝通工作，尤其是在傳達清晰及簡明指示（Concise Instructions）給予旅客們時，該「人因要素」的重要性更是清楚不過的。

更多更好的研究能量必須投注於海上意外事故（Marine Accident）發生原因中，「人為因素」所扮演複雜角色。倘若相關資料文件的蒐集及分析等工作可以被妥當地實施，那麼新進及未來海事專業人員所需的

9　Allan Graveson, Towards Reducing the Number of Human Factors-related Accidents, Nautilus International, No. 29, Alert Magazine, Maritime Human Element Bulletin, U.K., May 2012.

海事教育訓練課程，將會變得更爲清楚明瞭的。同時海事教學講師亦必須調整改變其教學重點至受訓學生正在實際操作些什麼及其如何進行學習活動。

十、結語與建議

在海事教育訓練領域中，課程教官一職定是某一特定性格人選，並非人人皆可勝任。根據「國際海員訓練發證當值標準公約」（STCW）所規定：「該海事教官必須擁有適格認證，具有適當的知識及理解程度，並且業已修習過教學技巧、訓練及評估方法等相關適切的訓練課程。」然而，這些教育及訓練師資人員所應俱備的學理知識、技術職能及人格特質等，更是非常多元繁複且包羅萬象的。

一位海事教育訓練師資人員必須熟悉瞭解海上生活作息方式，最好是擁有多年資深的船上工作實務經驗，從而可以累積相當豐富的基礎知識，以便能夠傳授給學生相關資訊。並且其必須能夠瞭解現今船上運作的實際狀況，及最新船舶的相關應用科技等。當然，其亦必須能夠以所有學生都能夠理解的方式，進行知識交流的教授工作。

無論如何，這不僅是單純的「教授」學理知識之動作而已。優秀稱職的海事教育訓練師資人員必須擁有：1.與學生充分融合的能力；2.領導統御及激勵士氣的技能；3.流利紮實的口頭報告能力及純熟幹練的課堂管理技能；4.可以從學生互動中尋求回饋訊息，藉以建立自信心及提昇改善可信服性等能力。

船上工作與岸勤工作的內容是截然不同的。因此，在此一海上環境

中工作的首要調整事務，即是學習更多的合作、談判、協議及實踐，而不僅是決策及行動罷了。對於擁有抱負的教學師資而言，幫助他人學習的信念正是一個極為重要的先決條件。無論如何，幫助他人學習是需要俱備若干關鍵的人格特質，諸如學科知識、溝通交流、正直誠信、文化認知、耐心毅力及教育學原理等。

　　一個準備妥當的訓練師資人員之課程計畫，將協助任何主要科目的教學專家，進而開發其兩個領域的專業技能，即為：1.在規劃階段時，將重點聚焦於受訓人員所需要的能力；2.在教室課堂內，將重點聚焦於受訓人員所需要的能力。然而想要成為一個優秀的訓練師資人員，並非填鴨式餵食受訓學生們的所有需要，而是必須容許及協助他們，或是迫使其自力去進行若干練習工作。

　　在過去時日中，吾人強調的是，在預擬及限制的職能範圍內，及在培養海事專業人員的教學課程中，著重在其技術的熟練程度。這些課程的設計全是科目「內容導向的」；儲訓學員修習愈多訓練科目的課程，即會被認定為「更是俱備有專業資格及能力」。因此，該海事課程教學講師的首要授課任務需求，即是專注於訓練課程所強調的學員技術熟練程度。吾人尚可察覺到，各教學師資人員必須深度瞭解自己所教授的科目內容。即使是一位擁有高度專業能力的海事航技人員，亦未必可以成為一位優秀的海事專業教學講師。

　　在更為現今時代中，該課程規劃必須更進一步擴展延伸至含括一些非技術性的能力，諸如領導統御、管理及文化認知意識等課目，由此可知，更加強調於「以學生為中心」的教學方式，並且海事教學師資人員的工作職責，即是必須創造合適環境機會，藉以引導學生們獲取這些工

作經驗。爲求協助海事教學師資人員得以適應此類轉變，即從「以教師爲中心」移轉至「以學生爲中心」的學習方式，吾人不僅必須開發出一套教學的專業工作實務方法，並且必須協助教學師資人員維持其所教授的技術專業品質。

該爲期一年的研究生修習學程，藉由提供研習學員瞭解人們如何學習，搭配可反映教學工作實務的工具，及使用諸如模擬機的科技器材之能力等，激勵修習學程學員們在其教學方式上能夠獨立創新，以期達到最佳成效。同時該學程亦可備爲研究生的講授教學，甚至特別注重於培養各學生們的獨立自主學習能力。

該研究生學程特別強調「人因要素」的重要性。此即在學習過程中：1.最重要的考量其實是學生自身，而非是訓練教官；2.不是教學型態或是方法，而是學生們的學習型態。該研究生學程引領吾人認識「教學」與「學習」的不同面向。在吾人教學資料夾中所需要加以反映的四個面向，正是：1.教學與學習的支援；2.學習的設計／計劃；3.回饋與評量；4.有效的學習環境等，這些都是吾人必須不斷去反覆思考精進的。現今吾人必須登高一呼地主動倡議，藉以積極招募有潛力的教學師資人員，並且強化那些有意願從事「海事教育訓練」（MET）職涯工作人員的專業技術知能。並且海事教育人員所必需俱備的主題知識、實務經驗及積極行動等特徵條件。

在國際航海人員訓練、發證及航行當值標準公約（STCW）中，第一部份內容要求：「每一業界團體都必須確定每位指導教官人員、督導人員及審查評量人員必須俱備適當的專業資格，無論其是在船上或岸上工作，皆需俱備符合各特定船型及海員能力的訓練與評量等級資格。」

其中有關俱備適當的專業資格部份，係指能夠知道現今船上科技設備的最新狀況，因此「重新上船航海溫習」期間正是確保與時並進的最佳方式。於是，自然形成一個「以能力爲主」，遠勝於「以知識爲主」的教育訓練議題。假若畢業學生僅知如何撰寫船上作業內容，卻無法實際進行船上操作，那將是毫無意義的。

在英國教學制度中，當吾人第一次學習該教育訓練學程的技巧時，所學得的首要訊息即是：「充份準備」正是得以成功講授一門主題課程的重要關鍵元素。另外一個學習的關鍵概念即是：「從知道的到不知道的」，其意謂是訓練講師應該進行課程內容教授，並且引領受訓學生們從其已知的事物經驗，到達新增陌生的知識職能之目標旅程上。倘若時間足夠允許的話，訓練講師應該策劃一些以實務操作爲基礎的模擬學習活動，以使受訓學生們更能得到經驗啓示。任何一位教育人員或是訓練教官所必須俱備最爲重要特質之一，即是要擁有的是確認「受訓學生們能夠將其課程所學知能，從其自身工作經驗上充份反映出來。」

無論如何，俱備海上工作實務經驗僅是成爲一名合格教師工作的要件之一。該教學講師們必須能夠發展出將頗爲困難複雜的課程內容，以簡明扼要方式來表述說明的能力，藉以教授傳達給受訓學生們，並且得以激勵之。至於教授法及學習法的基本要素是極爲重要的，並且其正是學習得以成功的一個根本關鍵。授課教師們需要發展一些訓練科目新興領域的專門技術，諸如在極端的作業環境中工作等。同時「領導統御」技能的密集訓練亦與工程或航海技能等訓練開發般同等重要。因此，激勵人員士氣及卓越領導統御等現代方法，亦是未來講授課程的重要內容之一。

　　無論如何，對於一位海事教學講師而言，持續不斷地更新其專業技術知識及瞭解最新的技術發展情形等，是不可或缺的，不僅是輪機工程、船舶建造、海上航行及海事鑑識工作發展，及日常海運商務等技術要素，並且對於社交聯誼及職業技能等面向亦是不可被輕忽低估的。因此，身為一位海事教學講師必須每日進行自我學習工作，同時假若實務工作訓練是一個永不休止的挑戰，其亦將是一個極富價值的職業生涯機會。

　　在近年間所發生的「協和海岸」號豪華郵輪觸礁災難事故中，「人為因素」已然扮演重要角色。大多數公眾皆曾迅速憤怒地當面指責該船船長，但是卻未對「駕駛臺團隊」給予太多責難。事實上，對於任何船上的「安全性議題」，皆必須是全船所有人員共同妥善管理事項，並且每位船上人員都必須有意識且願意，及可以質疑詢問長官所作的決定。在「船員資源管理」（CRM）訓練課程中，亦應該營造一個工作環境，藉以培養「交叉檢核」及「雙重檢核」的制度氣質，而非將其窄化視為對於船長權威的挑戰。

　　在船上人員實施緊急疏散行動時，「語言與溝通」等議題亦顯其重要性。假若船員必須能夠快速且安全地遵從來自船橋駕駛臺所傳達的指令，因此，所有船上工作人員必須能夠說出一口有效溝通程度的英文，或者船上共通的工作語言。同時，船員們亦必須能夠與船上旅客們，有效地進行溝通工作，尤其是在傳達清晰及簡明指示給予旅客們時，該「人因要素」的重要性更是重要。

　　無論如何，海事安全議題成效的提昇，必須以完整海事人員教育訓練制度為基礎，除海事航技本質知識、職能及特質等均應俱備外，尚需

強化風險預測管理、緊急應變處置能力，才能順利因應海事意外災難案例的搜索協助及救難工程等事務。時至今日，行政院海岸巡防署正積極推動海巡人員海事職能自行發證計畫之際，更應審慎研議海事航技職能的教育訓練機構、師資課程、實習艦艇、品質管制及績效考評等項目，進而建立可大可久的海巡人力資源之永續發展制度，進而實現「藍色革命、海洋興國」願景。

圖10-1　海事教育及訓練師資人員所需學理知識、技術職能及人格特質的相互連結關係　（資料來源：Alert 29, NI，2012年）

字辭索引

國家圖書館出版品預行編目資料

海難事故調查與鑑識工程對策／吳東明著.
－－初版. －－臺北市：五南, 2014.11
　面；　公分
ISBN 978-957-11-7864-6（平裝）
1.海難　2.意外事故　3.鑑識
557.49　　　　　　　　　103019708

5I32

海難事故調查與鑑識工程對策

作　　者 ― 吳東明

發 行 人 ― 楊榮川

總 編 輯 ― 王翠華

編　　輯 ― 王者香

封面設計 ― 簡愷立

出 版 者 ― 五南圖書出版股份有限公司

地　　址：106台北市大安區和平東路二段339號4樓

電　　話：(02)2705-5066　　傳　　真：(02)2706-6100

網　　址：http://www.wunan.com.tw

電子郵件：wunan@wunan.com.tw

劃撥帳號：01068953

戶　　名：五南圖書出版股份有限公司

台中市駐區辦公室/台中市中區中山路6號

電　　話：(04)2223-0891　　傳　　真：(04)2223-3549

高雄市駐區辦公室/高雄市新興區中山一路290號

電　　話：(07)2358-702　　傳　　真：(07)2350-236

法律顧問　林勝安律師事務所　林勝安律師

出版日期　2014年11月初版一刷

定　　價　新臺幣520元